GS칼텍스

생산기술직 **온라인 필기시험**

통합기본서

시대에듀

2026 최신판 시대에듀 GS칼텍스 생산기술직
온라인 필기시험 통합기본서

Always **with you**

사람의 인연은 길에서 우연하게 만나거나 함께 살아가는 것만을 의미하지는 않습니다.
책을 펴내는 출판사와 그 책을 읽는 독자의 만남도 소중한 인연입니다.
시대에듀는 항상 독자의 마음을 헤아리기 위해 노력하고 있습니다. 늘 독자와 함께하겠습니다.

머리말 PREFACE

1967년 국내 최초의 민간정유회사로 출범한 GS칼텍스는 '사람과 사람 사이의 소통을 위한 따뜻한 에너지, 현재와 미래를 연결하는 새로운 에너지를 만들겠다.'는 신념을 바탕으로 국가 경제 성장의 밑거름이 되고, 대한민국을 에너지 강국으로 만들기 위해 끝없는 도전을 하고 있다.

GS칼텍스는 채용절차에서 지원자들이 업무에 필요한 역량을 갖추고 있는지 평가하기 위해 온라인 필기시험을 실시하여 맞춤인재를 선발하고 있다.

GS칼텍스 생산기술직 채용 온라인 필기시험은 직무적성검사와 한국사 및 인성검사 (GSC Way 부합도 검사)로 구성되어 있다. 직무적성검사의 경우 연역적 사고, 도식추리, 기계이해로 이루어져 있으며, 한국사의 경우 기초적인 지식을 필요로 하는 문제로 구성되어 있다.

이에 시대에듀에서는 GS칼텍스 생산기술직에 입사하고자 하는 수험생들에게 도움이 되고자 다음과 같은 특징을 가진 도서를 출간하였다.

도서의 특징

❶ GS칼텍스 생산기술직 온라인 필기시험의 2025년 기출복원문제를 수록하여 최근 출제경향을 한눈에 파악할 수 있도록 하였다.
❷ 직무적성검사와 한국사의 핵심이론 및 적중예상문제를 통해 보다 체계적으로 공부할 수 있도록 하였다.
❸ 최종점검 모의고사와 도서 동형 온라인 실전연습 서비스를 통해 실전과 같은 연습이 가능하도록 하였다.
❹ GS칼텍스 인재상과의 적합 여부를 판별할 수 있는 인성검사(GSC Way 부합도 검사)를 수록하였다.
❺ 합격의 최종 관문인 면접을 수록하여 GS칼텍스 생산기술직 입사 준비에 별도의 도서가 필요하지 않게 하였다.

끝으로 본서를 통해 GS칼텍스 생산기술직 입사를 준비하는 여러분 모두에게 합격의 기쁨이 있기를 진심으로 기원한다.

SDC(Sidae Data Center) 씀

◇ 비전

Value No. 1 Energy & Chemical Partner

GS칼텍스는 업계 최고의 경쟁력을 기반으로
가장 존경받는 에너지 · 화학기업이 될 것이다.

'Value No.1'에 내재되어 있는 '업계 최고의 경쟁력, 가장 존경받는 기업'은 GS칼텍스가 나아갈 방향이자 우리의 기본 신념이다. 에너지 · 화학 분야에서 업계 최고의 경쟁력을 바탕으로 세계 최고 수준의 가치를 구현함은 물론 고객, 투자자, 지역사회, 국가 그리고 조직 구성원 모두와 함께 지속해서 성장해 나가는 동반자가 될 것이다.

◇ 핵심가치

◇ 사업소개

GS칼텍스는 정유 사업과 비정유 사업의 균형 갖춘 성장을 기반으로 글로벌 기업으로 우뚝 섰다. 하루 정제량 80만 배럴의 원유 정제시설과 국내 최대의 정유 고도화 시설을 갖추고, MFC(Mixed Feed Cracker), HDPE(High Density Poly-Ethylene) 공장의 성공적인 가동을 통해 고품질의 석유제품과 방향족, 윤활유, 올레핀과 폴리에틸렌 등 경쟁력과 기술력을 갖춘 제품을 생산하고 있다. 이를 통해 현재 전 세계 50여 개국으로 제품을 수출하여, 국가 경제 성장에 기여하고 있다.

정유 ▶	하루 80만 배럴을 정제할 수 있는 원유정제시설, 등 · 경유 탈황시설 등 최첨단 자동화 생산설비에서 고품질의 석유제품을 생산한다.
방향족 ▶	연간 280만 톤에 이르는 세계적 규모의 방향족(파라자일렌, 벤젠, 톨루엔, 자일렌) 생산능력과 경쟁력을 갖추고 있다.
올레핀 ▶	미래 성장동력을 새롭게 확보하고, 석유화학 분야에서 세계적 기업으로 도약하기 위한 MFC 프로젝트를 성공적으로 완공하여 연간 90만 톤의 고품질 에틸렌을 생산하고 있다.
폴리머 ▶	독보적 기술력을 인정받은 우수한 품질의 폴리에틸렌/폴리프로필렌과 복합수지를 공급한다.
베이스오일 ▶	최첨단 공법으로 친환경 고품질 베이스오일을 생산하며, 아시아 전역에 베이스오일을 공급하는 글로벌 오일 기업으로 나아간다.
윤활유 ▶	국내 윤활유 완제품 시장의 선두업체로서 우수한 제품력과 기술력을 인정받고 있으며, 해외 윤활유 시장에 본격 진출하며 더욱 성장해나갈 것이다.
생산공정 ▶	세계에서 네 번째로 큰 규모의 원유정제시설을 갖추어 고품질의 석유, 석유화학, 윤활유 제품을 생산하고 있다.
연구개발 ▶	GS칼텍스가 미래를 위한 끊임없는 연구로 다양한 분야의 핵심기술을 확보하며 에너지 · 화학 분야를 선도한다.

신입사원 채용 안내 INFORMATION

◇ **모집시기**

　수시채용 실시

◇ **지원방법**

　GS칼텍스 채용 홈페이지(recruit.gscaltex.com)를 통한 온라인 지원

◇ **채용절차**

지원서 작성　　서류 심사　　테스트 전형　　AI면접　　1차 면접　　2차 면접　　인턴 근무

지원서 작성	채용 홈페이지에서 채용 공고를 확인한 후, 입사지원서를 작성한다.
테스트 전형	**❶ GSC Way 부합도 검사** GS칼텍스에서 가장 중요하게 생각하고 있는 조직가치를 지원자가 어느 정도 보유하고 있으며, 얼마나 부합하는지 측정하는 일종의 객관식 인성검사이다. **❷ 직무적성검사** 개인의 직무역량을 판단하는 몇 가지 항목을 측정함으로써 실제 업무에 필요한 역량을 어느 정도 갖추었는지 평가하는 검사이다.　　※ 검사항목 : 연역적 사고, 도식추리, 기계이해 **❸ 한국사** 한국사에 대한 기본 소양이 어느 정도인지 평가하는 시험으로 일반 상식 수준의 난이도로 출제된다.
AI면접	1차 면접에 참석할 지원자를 대상으로 성장 가능성을 종합적으로 평가한다.
1차 면접	팀장급의 면접 위원이 참여하여 지원서 내용 및 실무 능력 중심의 면접을 진행한다.
2차 면접	임원급의 면접 위원이 참여하여 인성 면접을 진행하며, 면접 종료 후 인턴을 선발한다.
인턴 근무	6개월의 근무 기간을 거쳐 교육, 업무수행 및 조직적응 능력 등에 대한 종합적인 평가에 따른 적격자를 정규직으로 전환한다.

❖ 채용절차 및 전형은 채용유형과 직무, 시기 등에 따라 변동될 수 있으므로 반드시 채용공고를 확인하기 바랍니다.

2025년 기출분석 ANALYSIS

총평

2025년 GS칼텍스 생산기술직 온라인 필기시험은 2024년과 동일한 구성으로 출제되었다. 직무적성검사는 연역적 사고 · 도식추리 · 기계이해 세 영역으로 구분되었다. 한국사는 일반 상식 수준으로 출제됐지만, 기계이해 영역의 난도가 크게 높아졌고 이전과 다른 유형의 문제가 출제되어 수험생들이 난항을 겪었다. 이러한 경향으로 미루어 볼 때, 고난도 문제 풀이에 긴 시간을 낭비하기보다 확실하게 정답을 도출할 수 있는 문제를 최대한 많이 푸는 전략적 접근이 필요할 것으로 보인다.

◇ **영역별 출제비중**

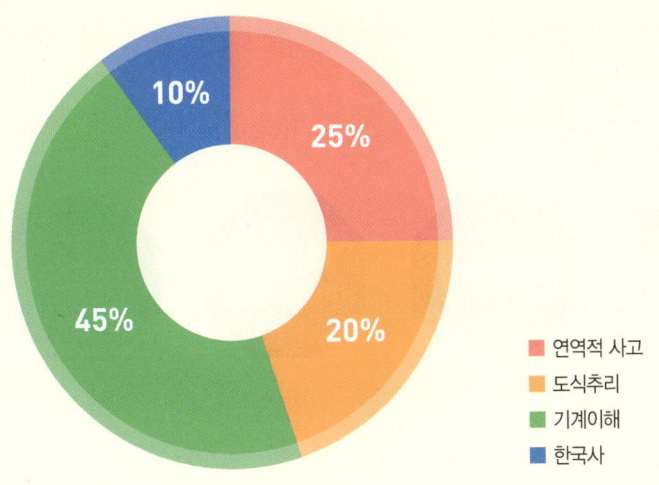

- 🟥 연역적 사고
- 🟧 도식추리
- 🟩 기계이해
- 🟦 한국사

◇ **영역별 출제특징**

구분	영역	문항 수	출제특징
직무적성검사	연역적 사고	24문항	• 제시된 도형의 규칙을 통해 빈칸에 들어갈 도형을 추론하는 문제 • 주어진 문자열 조합식, 도형 조합식, 연산자를 이용하여 추론하는 문제
	도식추리	20문항	• 제시된 도식의 규칙을 통해 빈칸에 들어갈 문자를 추론하는 문제
	기계이해	46문항	• 기계의 동작 원리를 이해하고 있는지 묻는 문제 • GS칼텍스가 취급하는 원재료와 관련된 지식을 활용한 문제
한국사		10문항	• 원시시대와 고조선, 삼국, 고려, 조선, 근현대사에 대한 기본 상식 문제 • 주어진 사건들을 역사적 사실에 따라 순서대로 나열하는 문제

AI면접 소개

◇ 소개

▶ AI면접전형은 '공정성'과 '객관적 평가'를 면접과정에 도입하기 위한 수단으로, 최근 채용과정에 AI 면접을 도입하는 기업들이 급속도로 증가하고 있다.

▶ AI기반의 평가는 서류전형 또는 면접전형에서 활용된다. 서류전형에서는 AI가 모든 지원자의 자기소개서를 1차적으로 스크리닝한 후, 통과된 자기소개서를 인사담당자가 다시 평가하는 방식으로 활용되고 있다. 또한 면접전형에서는 서류전형과 함께, 또는 면접 절차를 대신하여 AI면접의 활용을 통해 지원자의 전반적인 능력을 종합적으로 판단하여 채용에 도움을 준다.

◇ AI면접 프로세스

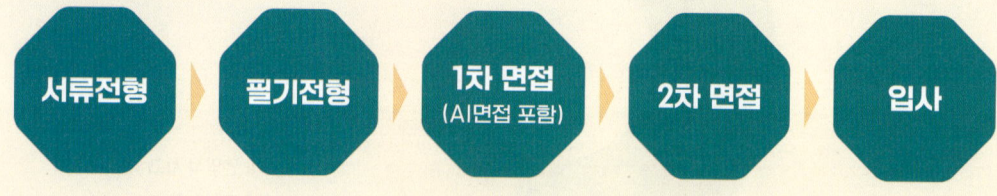

서류전형 ▶ 필기전형 ▶ 1차 면접 (AI면접 포함) ▶ 2차 면접 ▶ 입사

◇ AI면접 분석 종류

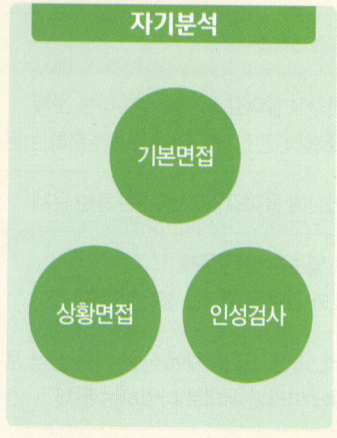

자기분석 — 기본면접, 상황면접, 인성검사

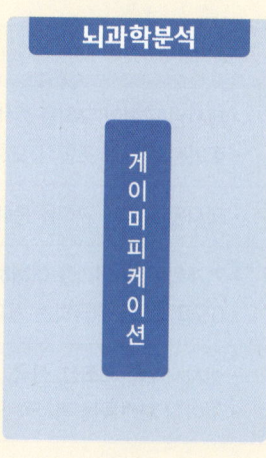

뇌과학분석 — 게이미피케이션

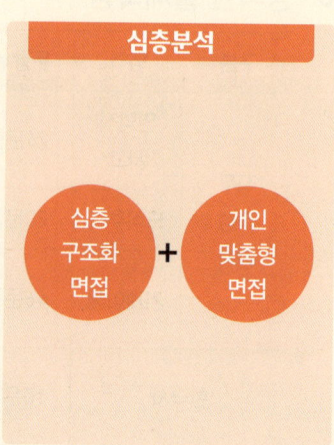

심층분석 — 심층 구조화 면접 + 개인 맞춤형 면접

AI면접 진행과정 AI INTERVIEW

◇ **AI면접 정의**

뇌신경과학 기반의 인공지능 면접

◇ **소요시간**

60분 내외(1인)

◇ **진행순서**

❶ 웹캠/음성체크　　　❷ 안면 등록
❸ 기본 질문　　　　　❹ 탐색 질문
❺ 상황 질문　　　　　❻ 뇌과학게임
❼ 심층/구조화 질문　　❽ 종합평가

▶ 뇌과학게임 : 게임 형식의 AI면접을 통해 지원자의 성과 역량, 성장 가능성 분석
▶ 기본 질문, 상황 질문, 탐색 질문을 통해 지원자의 강점, 약점을 분석하여 심층/구조화 질문 제시

기본적인 질문 및
상황 질문

지원자의 특성을
분석하기 위한 질문

지원자의 강점 /
약점 실시간 분석

심층 / 구조화 질문

◇ **평가요소**

종합 코멘트, 주요 및 세부 역량 점수, 응답신뢰 가능성 등을 분석하여 종합평가 점수 도출

❶ 성과능력지수	스스로 성과를 내고 지속적으로 성장하기 위해 갖춰야 하는 성과 지향적 태도 및 실행력
❷ 조직적합지수	조직에 적응하고 구성원들과 시너지를 내기 위해 갖춰야 하는 심리적 안정성
❸ 관계역량지수	타인과의 관계를 좋게 유지하기 위해 갖춰야 하는 고객지향적 태도 및 감정 파악 능력
❹ 호감지수	대면 상황에서 자신의 감정과 의사를 적절하게 전달할 수 있는 소통 능력

AI면접 준비

◇ 면접 환경 점검

Windows 7 이상 OS에 최적화되어 있다. 웹카메라와 헤드셋(또는 이어폰과 마이크)은 필수 준비물이며, 크롬 브라우저도 미리 설치해 놓는 것이 좋다. 또한, 주변을 정리정돈하고 복장을 깔끔하게 해야 한다.

◇ 이미지

AI면접은 동영상으로 녹화되므로 지원자의 표정이나 자세, 태도 등에서 나오는 전체적인 이미지가 중요하다. 특히, '상황 제시형 질문'에서는 실제로 대화하듯이 답변해야 하므로 표정과 제스처의 중요성은 더더욱 커진다. 그러므로 자연스럽고 부드러운 표정과 정확한 발음은 기본이자 필수 요소이다.

▸ **시선 처리** : 눈동자가 위나 아래로 향하는 것은 피해야 한다. 대면면접의 경우 아이컨택(Eye Contact)이 가능하기 때문에 대화의 흐름상 눈동자가 자연스럽게 움직일 수 있지만, AI면접에서는 카메라를 보고 답변하기 때문에 다른 곳을 응시하거나 시선이 분산되는 경우에는 불안감으로 눈빛이 흔들린다고 평가될 수 있다. 따라서 카메라 렌즈 혹은 모니터를 바라보면서 대화를 하듯이 면접을 진행하는 것이 가장 좋다. 시선 처리는 연습하는 과정에서 동영상 촬영을 하며 확인하는 것이 좋다.

▸ **입 모양** : 좋은 인상을 주기 위해서는 입꼬리가 올라가도록 미소를 짓는 것이 좋으며, 이때 입꼬리는 양쪽 꼬리가 동일하게 올라가야 한다. 그러나 입만 움직이게 되면 거짓된 웃음으로 보일 수 있기에 눈과 함께 미소 짓는 연습을 해야 한다. 자연스러운 미소 짓기는 쉽지 않기 때문에 매일 재미있는 사진이나 동영상, 아니면 최근 재미있었던 일 등을 떠올리면서 자연스러운 미소를 지을 수 있는 연습을 해야 한다.

▸ **발성·발음** : 답변을 할 때, 말을 더듬는다거나 '음…', '아…' 하는 소리를 내는 것은 마이너스 요인이다. 질문마다 답변을 생각할 시간을 함께 주지만, 지원자의 의견을 체계적으로 정리하지 못한 채 답변을 시작한다면 발생할 수 있는 상황이다. 생각할 시간이 주어진다는 것은 답변에 대한 기대치가 올라간다는 것을 의미하므로 주어진 시간 동안에 빠르게 답변구조를 구성하는

연습을 진행해야 하고, 말끝을 흐리는 습관이나 조사를 흐리는 습관을 교정해야 한다. 이때 연습 과정을 녹음하여 체크하는 것이 효과가 좋고, 답변에 관한 부분 또한 명료하고 체계적으로 답변할 수 있도록 연습해야 한다.

◇ 답변방식

AI면접 후기를 보다 보면, 대부분 비슷한 유형의 질문패턴이 진행되는 것을 알 수 있다. 따라서 대면면접 준비 방식과 동일하게 질문 리스트를 만들고 연습하는 과정이 필요하다. 특히, AI면접은 질문이 광범위하기 때문에 출제 유형 위주의 연습이 이루어져야 한다.

▶ **유형별 답변방식 습득**
- **기본 필수 질문** : 지원자들에게 필수로 질문하는 유형으로, 지원자만의 답변이 확실하게 구성되어 있어야 한다.
- **상황 제시형 질문** : AI면접에서 주어지는 상황은 크게 8가지 유형으로 분류된다. 유형별로 효과적인 답변 구성 방식을 연습해야 한다.
- **심층/구조화 질문(개인 맞춤형 질문)** : 가치관에 따라 선택을 해야 하는 질문이 대다수를 이루는 유형으로, 여러 예시를 통해 유형을 익히고 그에 맞는 답변을 연습해야 한다.

▶ **유성(有聲) 답변 연습** : AI면접을 연습할 때에는 같은 유형의 예시를 연습한다고 해도, 실제 면접에서의 세부 소재는 거의 다르다고 할 수 있다. 따라서 새로운 상황이 주어졌을 때 유형을 빠르게 파악하고 답변의 구조를 구성하는 반복연습이 필요하며, 항상 목소리를 내어 답변하는 연습을 하는 것이 좋다.

▶ **면접에 필요한 연기** : 면접은 연기가 반이라고 할 수 있다. 가식적이고 거짓된 모습을 보이라는 것이 아닌, 상황에 맞는 적절한 행동과 답변의 인상을 극대화시킬 수 있는 연기를 해야 한다는 것이다. 면접이 무난하게 흘러가면 무난하게 탈락할 확률이 높다. 이 때문에 하나의 답변에도 깊은 인상을 전달해 주어야 하고, 이때 필요한 것이 연기이다. 특히 AI면접에서는 답변 내용에 따른 표정변화가 필요하고, 답변에 연기를 더할 수 있는 부분까지 연습이 되어 있다면 면접 준비가 완벽히 되어 있다고 말할 수 있다.

지원자의 외면적 요소 V4를 활용한 정서 및 성향, 거짓말 파악

 Vision Analysis 　→　 미세 표정(Micro Expression)

 Voice Analysis 　　　 보디 랭귀지(Body Language)

Verbal Analysis 　　　 진술 분석 기법(Scientific Contents Analysis)

 Vital Analysis 　　　 자기 최면 기법(Auto Hypnosis)

AI면접의 V4를 대비하는 방법으로 미세 표정, 보디 랭귀지, 진술 분석 기법, 자기 최면 기법을 활용

AI면접 구성 AI INTERVIEW

기본 필수 질문

모든 지원자가 공통으로 받게 되는 질문으로, 기본적인 자기소개, 지원동기, 성격의 장·단점 등을 질문하는 구성으로 되어 있다. 이는 대면면접에서도 높은 확률로 받게 되는 질문 유형이므로, AI면접에서 답변한 내용을 대면면접에서도 다르지 않게 답변해야 한다.

탐색 질문 (인성검사)

인적성 시험의 인성검사와 일치하는 유형으로, 정해진 시간 내에 해당 문장과 지원자의 가치관이 일치하는 정도를 빠르게 체크해야 하는 단계이다.

상황 제시형 질문

특정한 상황을 제시하여, 제시된 상황 속에서 어떻게 대응할지에 대한 답변을 묻는 유형이다. 기존의 대면면접에서는 이러한 질문에 대하여 지원자가 어떻게 행동할지에 대한 '설명'에 초점이 맞춰져 있었다면, AI면접에서는 실제로 '행동'하며, 상대방에게 이야기하듯 답변이 이루어져야 한다.

게임

약 5가지 유형의 게임이 출제되고 정해진 시간 내에 해결해야 하는 유형이다. 인적성 시험의 새로운 유형으로, AI면접을 실시하는 기업의 경우, 인적성 시험을 생략하는 기업도 증가하고 있다. AI면접 중에서도 비중이 상당한 게임 문제풀이 유형이다.

심층 / 구조화 질문 (개인 맞춤형 질문)

인성검사 과정 중 지원자가 선택한 항목들에 기반한 질문에 답변을 해야 하는 유형이다. 그렇기 때문에 인성검사 과정에서 인위적으로 접근하지 않는 것이 중요하고, 주로 가치관에 대한 질문이 많이 출제되는 편이다.

AI면접 게임 유형 예시

도형 옮기기 유형

01 기둥에 각기 다른 모양의 도형이 꽂혀 있다. 왼쪽 기본 형태에서 도형을 한 개씩 이동시켜서 오른쪽의 완성 형태와 동일하게 만들기 위한 최소한의 이동 횟수를 고르시오.

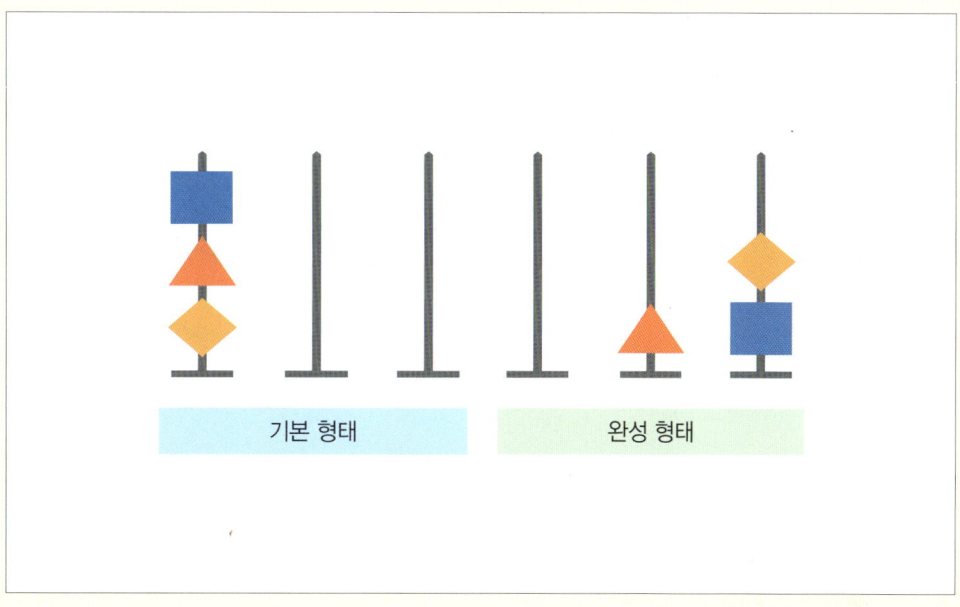

기본 형태　　　　　　완성 형태

① 1회　　　　　　　　　② 2회
③ 3회　　　　　　　　　④ 4회
⑤ 5회

해설

왼쪽 기둥부터 1~3번이라고 칭할 때, 사각형을 3번 기둥으로 먼저 옮기고, 삼각형을 2번 기둥으로 옮긴 뒤 마름모를 3번 기둥으로 옮기면 된다. 따라서 정답은 ③이다.

Solution

온라인으로 진행하게 되는 AI면접에서는 도형 이미지를 드래그하여 실제 이동 작업을 진행하게 된다. 문제 해결의 핵심은 '최소한의 이동 횟수'에 있는데, 문제가 주어지면 머릿속으로 도형을 이동시키는 시뮬레이션을 진행해 보고 손을 움직여야 한다. 해당 유형에 익숙해지기 위해서는 다양한 유형을 접해 보고, 가장 효율적인 이동 경로를 찾는 연습을 해야 하며, 도형의 개수가 늘어나면 다소 난도가 올라가므로 연습을 통해 유형에 익숙해지도록 해야 한다.

동전 비교 유형

02 두 개의 동전이 있다. 왼쪽 동전 위에 쓰인 글씨의 의미와 오른쪽 동전 위에 쓰인 색깔의 일치 여부를 판단하시오.

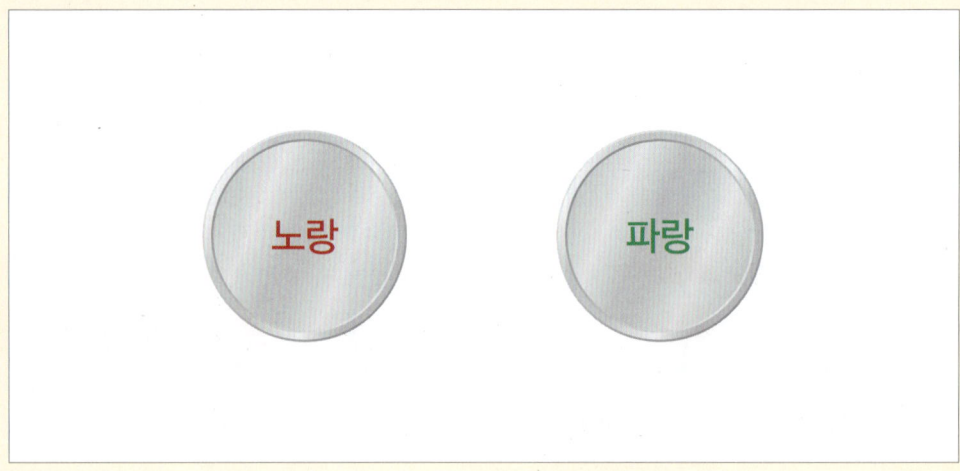

① 일치   ② 불일치

해설

왼쪽 동전 글씨의 '의미'와 오른쪽 동전 글씨의 '색깔' 일치 여부를 선택하는 문제이다. 제시된 문제의 왼쪽 동전 글씨 색깔은 빨강이지만 의미 자체는 노랑이다. 또한, 오른쪽 동전 글씨 색깔은 초록이지만 의미는 파랑이다. 따라서 노랑과 초록이 일치하지 않으므로 왼쪽 동전 글씨의 의미와 오른쪽 동전의 색깔은 불일치한다.

Solution

빠른 시간 내에 다수의 문제를 풀어야 하기 때문에 혼란에 빠지기 쉬운 유형이다. 풀이 방법의 한 예는 오른쪽 글씨만 먼저 보고, 색깔을 소리 내어 읽어보는 것이다. 입으로 내뱉은 오른쪽 색깔이 왼쪽 글씨에 그대로 쓰여 있는지를 확인하도록 하는 등 본인만의 접근법 없이 상황을 판단하다 보면 실수를 할 수밖에 없기 때문에 연습을 통해 유형에 익숙해져야 한다.

❶ 오른쪽 글씨만 보고, 색깔을 소리 내어 읽는다.
❷ 소리 낸 단어가 왼쪽 글씨의 의미와 일치하는지를 확인한다.

무게 비교 유형

03 네 개의 상자 A~D가 있다. 시소를 활용하여 무게를 측정하고, 무거운 순서대로 나열하시오(단, 무게 측정은 최소한의 횟수로 진행해야 한다).

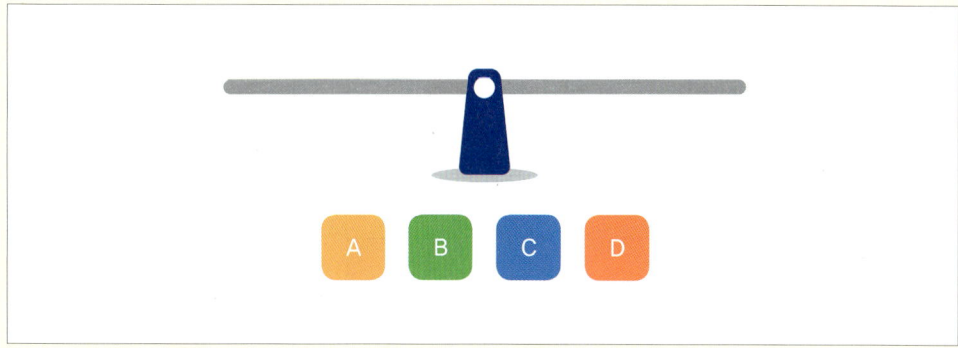

해설

온라인으로 진행하게 되는 AI면접에서는 제시된 물체의 이미지를 드래그하여 계측기 위에 올려놓고, 무게를 측정하게 된다. 비교적 쉬운 유형에 속하나 계측은 최소한의 횟수로만 진행해야 좋은 점수를 받을 수 있다. 측정의 핵심은 '무거운 물체 찾기'이므로 가장 무거운 물체부터 덜 무거운 순서로 하나씩 찾아야 한다. 이전에 진행한 측정에서 무게 비교가 완료된 물체들이 있다면, 그중 무거운 물체를 기준으로 타 물체와의 비교가 이루어져야 한다.

Solution

❶ 임의로 두 개의 물체를 선정하여 무게를 측정한다.

❷ · ❸ 더 무거운 물체는 그대로 두고, 가벼운 물체를 다른 물체와 교체하여 측정한다.

❹ 가장 무거운 물체가 선정되면, 남은 세 가지 물체 중 두 개를 측정한다.

❺ 남아 있는 물체 중 무게 비교가 안 된 상자를 최종적으로 측정한다.

따라서 무거운 상자 순서는 'C > B > A > D'이다.

AI면접 게임 유형 예시 AI INTERVIEW

n번째 이전 도형 맞추기 유형

04 제시된 도형이 2번째 이전 도형과 모양이 일치하면 Y를, 일치하지 않으면 N을 기입하시오.

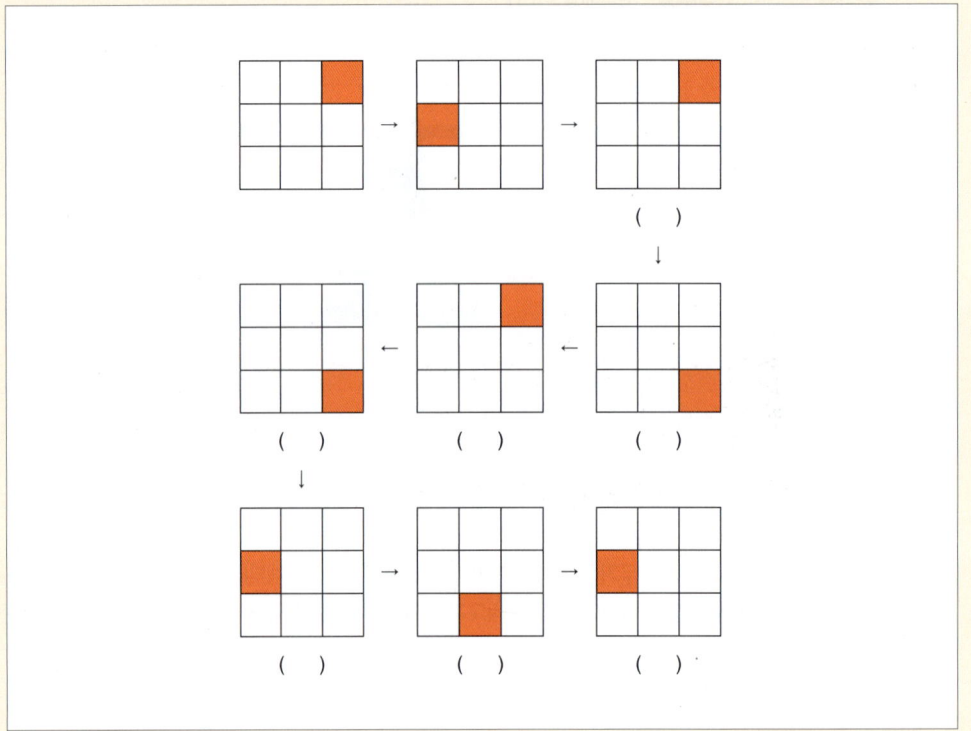

n번째 이전에 나타난 도형과 현재 주어진 도형의 모양이 일치하는지에 대한 여부를 판단하는 유형이다. 제시된 문제는 3번째 도형부터 2번째 이전의 도형인 1번째 도형과 비교해 나가면 된다. 따라서 진행되는 순서를 기준으로 'Y → N → Y → Y → N → N → Y'이다.

Solution

온라인 AI면접에서는 도형이 하나씩 제시되며, 화면이 넘어갈 때마다 n번째 이전 도형과의 일치 여부를 체크해야 한다. 만약 '2번째 이전'이라는 조건이 주어졌다면 인지하고 있던 2번째 이전 도형의 모양을 떠올려 현재 도형과의 일치 여부를 판단함과 동시에 현재 주어진 도형의 모양 역시 암기해 두어야 한다. 이는 판단과 암기가 동시에 이루어져야 하는 문항으로 난도는 상급에 속한다. 순발력과 암기력이 동시에 필요한 어려운 유형이기에 접근조차 못하는 지원자들도 많지만, 끊임없는 연습을 통해 유형에 익숙해질 수 있다. 풀이 방법의 한 예로 여분의 종이를 활용하여 문제를 가린 상태에서 도형을 하나씩 순서대로 보면서 문제를 풀어나가는 것이 있다.

분류코드 일치 여부 판단 유형

05 도형 안에 쓰인 자음, 모음 또는 숫자의 결합이 '분류코드'와 일치하면 Y를, 일치하지 않으면 N을 체크하시오.

ㄹ8

분류코드 : 홀수
(Y / N)

해설

분류코드에는 짝수, 홀수, 자음, 모음 4가지가 존재한다. 분류코드로 짝수 혹은 홀수가 제시된 경우, 도형 안에 있는 자음이나 모음은 신경 쓰지 않아도 되며, 제시된 숫자가 홀수인지 짝수인지만 판단하면 된다. 반대로, 분류코드로 자음 혹은 모음이 제시된 경우에는 숫자를 신경 쓰지 않아도 된다. 제시된 문제에서 분류코드로 홀수가 제시되었지만, 도형 안에 있는 숫자 8은 짝수이므로 N이 정답이다.

Solution

개념만 파악한다면 쉬운 유형에 속한다. 문제는 순발력으로, 정해진 시간 내에 최대한 많은 문제를 풀어야 한다. 계속해서 진행하다 보면 쉬운 문제도 혼동될 수 있으므로 시간을 정해 빠르게 문제를 해결하는 연습을 반복하고 실전에 임해야 한다.

표정을 통한 감정 판단 유형

06 주어지는 인물의 얼굴 표정을 보고 감정 상태를 판단하시오.

① 무표정   ② 기쁨

③ 놀람   ④ 슬픔

⑤ 분노   ⑥ 경멸

⑦ 두려움   ⑧ 역겨움

Solution

제시된 인물의 사진을 보고 어떤 감정 상태인지 판단하는 유형의 문제이다. AI면접에서 제시되는 표정은 크게 8가지로, '무표정, 기쁨, 놀람, 슬픔, 분노, 경멸, 두려움, 역겨움'이다. '무표정, 기쁨, 놀람, 슬픔'은 쉽게 인지가 가능하지만, '분노, 경멸, 두려움, 역겨움'에 대한 감정은 비슷한 부분이 많아 혼동이 될 수 있다. 사진을 보고 나서 5초 안에 정답을 선택해야 하므로 깊게 고민할 시간이 없다. 사실 해당 유형이 우리에게 완전히 낯설지는 않은데, 우리는 일상생활 속에서 다양한 사람들을 마주하게 되며 이때 무의식적으로 상대방의 얼굴 표정을 통해 감정을 판단하기 때문이다. 즉, 누구나 어느 정도의 연습이 되어 있는 상태이므로 사진을 보고 즉각적으로 드는 느낌이 정답일 확률이 높다. 따라서 해당 유형은 직관적으로 정답을 선택하는 것이 중요하다. 다만, 대다수의 지원자가 혼동하는 표정에 대한 부분은 어느 정도의 연습이 필요하다.

카드 조합 패턴 파악 유형

07 주어지는 4장의 카드 조합을 통해 대한민국 국가 대표 야구 경기의 승패 예측이 가능하다. 카드 무늬와 앞뒷면의 상태를 바탕으로 승패를 예측하시오(문제당 제한 시간 3초).

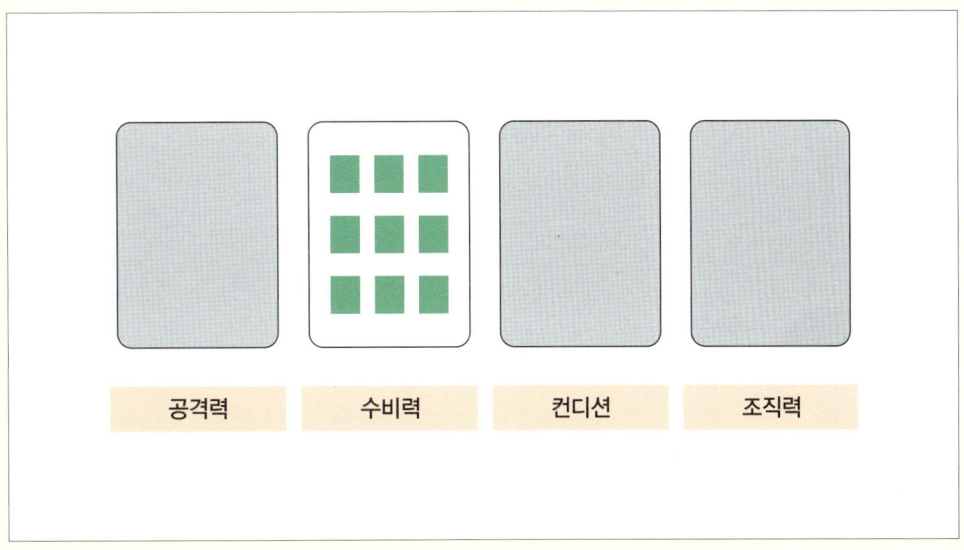

① 승리   ② 패배

Solution

계속해서 제시되는 카드 조합을 통해 정답의 패턴을 파악하는 유형이다. 온라인으로 진행되는 AI면접에서는 답을 선택하면 곧바로 정답 여부를 확인할 수 있다. 이에 따라 하나씩 정답을 확인한 후, 몇 번의 시행착오 과정을 바탕으로 카드에 따른 패턴을 유추해 나갈 수 있게 된다. 그렇기 때문에 초반에 제시되는 카드 조합의 정답을 맞히기는 어려우며, 앞서 얻은 정보들을 잘 기억해 두는 것이 핵심이다. 제시된 문제의 정답은 패배이다.

이 책의 차례 CONTENTS

2025년
기출복원문제

2025년 기출복원문제

01 ▶ 연역적 사고

※ 다음 규칙을 바탕으로 ?에 들어갈 알맞은 도형을 고르시오. [1~3]

- 우선순위(순환) : F → C → S → F → ⋯ / ○ → □ → ◇ → ○ → ⋯
- 규칙

문자열 조합식	F+C=S	F+S=C	C+S=F
도형 조합식	○+□=◇	□+◇=○	○+◇=□
연산자	△ : 우선순위 모두 향상	▽ : 우선순위 모두 하락	✚ : 문자열, 도형 조합
	↗ : 문자열 우선순위 향상 도형 우선순위 하락	↘ : 문자열 우선순위 하락 도형 우선순위 향상	

- 예시

Ⓕ → △ → C → ↗ → Ⓢ

Ⓕ, C → ✚ → ◇S

01

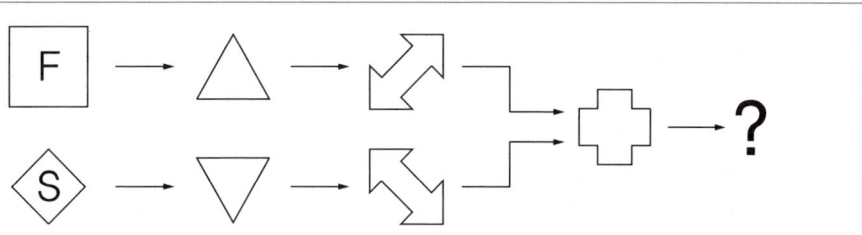

① C

② F

③ ⟨S⟩

④ C

⑤ F

01

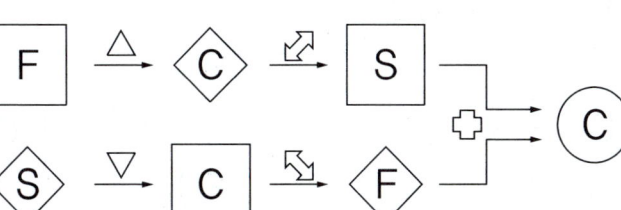

01 ① 정답

02

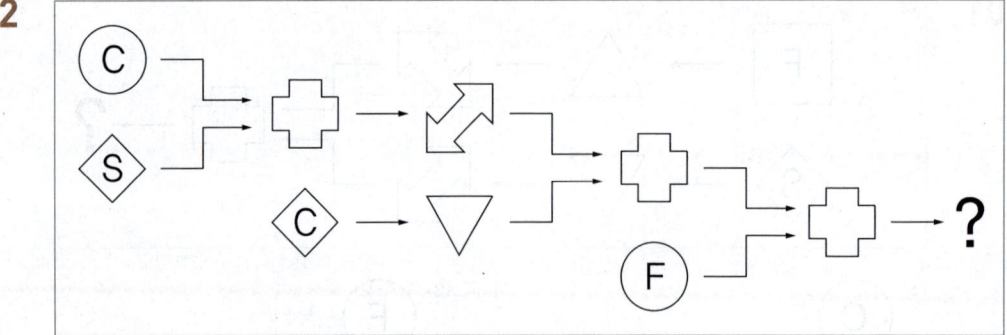

① ◇ C

② ○ F

③ ○ C

④ □ F

⑤ □ C

02

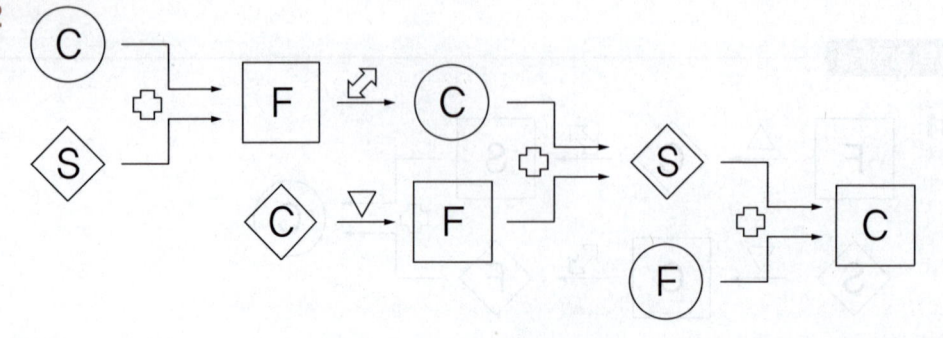

03

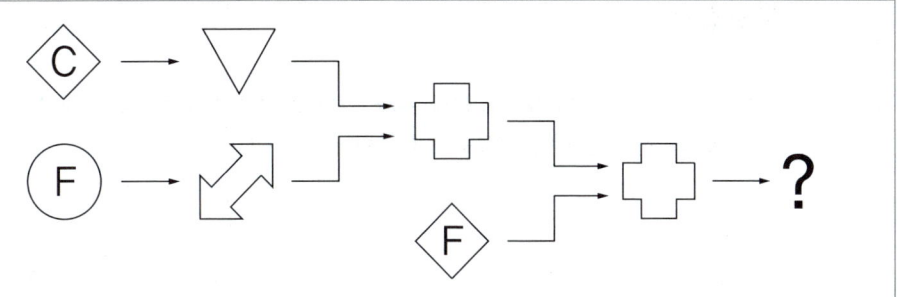

① Ⓢ

② □C

③ Ⓒ

④ □F

⑤ Ⓕ

정답 및 해설

03

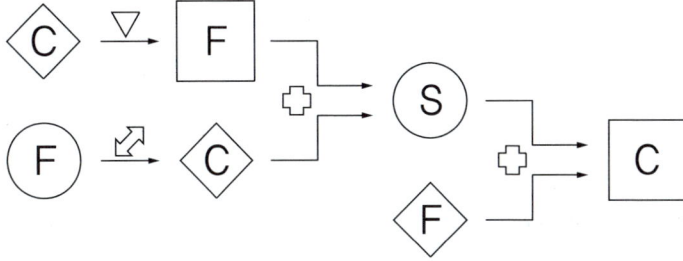

03 ② 〈정답〉

02 ▶ 도식추리

※ 다음 도식에서 기호들은 일정한 규칙에 따라 문자를 변화시킨다. ?에 들어갈 알맞은 문자를 고르시오
  (단, 규칙은 가로와 세로 중 한 방향으로만 적용된다). **[1~4]**

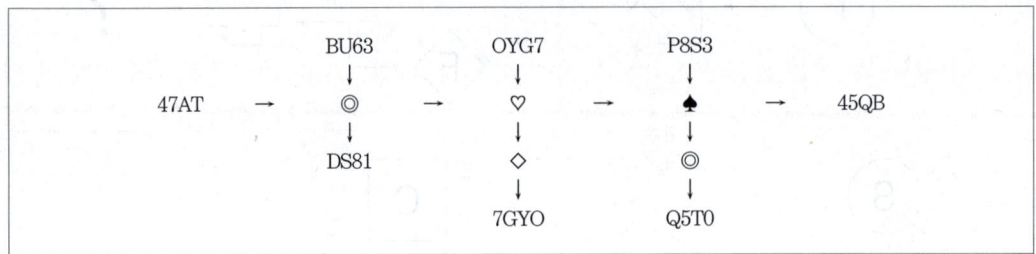

01

| | STOP → ◎ → ♡ → ? | |

① NQUR
③ RNQU
⑤ URQN

② QURN
④ RUNQ

정답 및 해설

[1~4]

- ◎ : 각 자릿수 +2, −2, +2, −2
- ♡ : 1234 → 2143
- ♠ : 각 자릿수 −1
- ◇ : 1234 → 3412

01 STOP → URQN → RUNQ
            ◎   ♡

02

$$18AB \rightarrow \heartsuit \rightarrow \spadesuit \rightarrow ?$$

① AZ70   ② A7Z0
③ ZA07   ④ Z0A7
⑤ 70AZ

03

$$E5D8 \rightarrow \spadesuit \rightarrow \diamondsuit \rightarrow ?$$

① CD47   ② D4C7
③ C7D4   ④ D7C4
⑤ DC74

04

$$H476 \rightarrow \diamondsuit \rightarrow \spadesuit \rightarrow \circledcirc \rightarrow ?$$

① 83I1   ② 813I
③ 318I   ④ 3I81
⑤ I138

정답 및 해설

02   18AB   →   81BA   →   70AZ
                $\heartsuit$ $\spadesuit$

03   E5D8   →   D4C7   →   C7D4
                $\spadesuit$ $\diamondsuit$

04   H476   →   76H4   →   65G3   →   83I1
                $\diamondsuit$ $\spadesuit$ $\circledcirc$

01 다음 그림과 같이 낙하하고 있는 질량 5kg인 공 A, B가 있다. 공 A는 지면으로부터 5m 떨어져 있고 공 B는 지면으로부터 2m 떨어져 있을 때, 두 공의 위치에너지의 차이는?(단, 중력가속도의 크기는 $9.8m/s^2$이고, 공기저항은 무시한다)

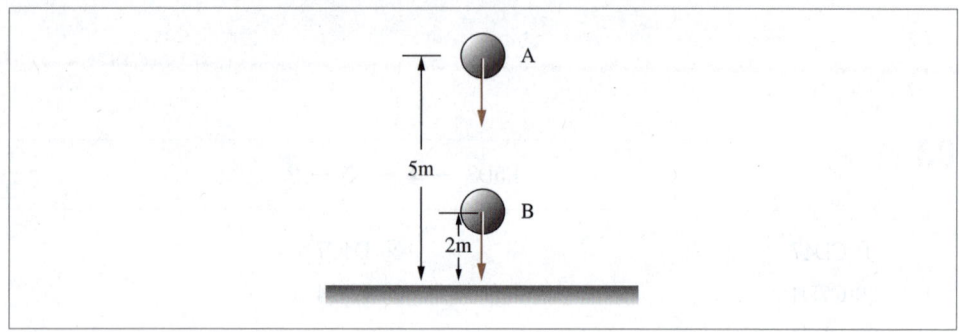

① 139J
② 143J
③ 147J
④ 151J
⑤ 154J

01 공 A와 공 B의 높이 차이가 3m이고, 질량 및 중력가속도는 같으므로 위치에너지의 차이는 5×9.8×(5-2)=147J이다.

01 ③ 정답

02 다음과 같이 굴절률이 큰 매질(n_1)에서 굴절률이 작은 매질(n_2)로 빛을 입사할 때 전반사가 발생하였다. 이때, 전반사에 의해 나온 빛은?(단, $\alpha > \beta$ 이다)

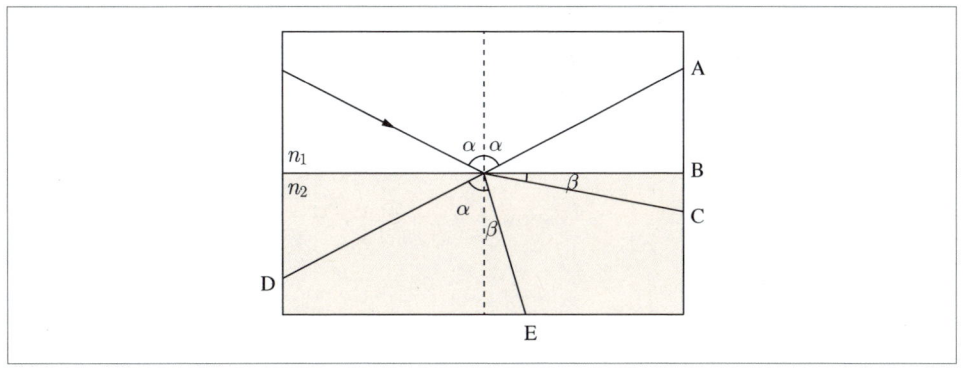

① A

② B

③ C

④ D

⑤ E

03 다음 중 케플러의 행성운동법칙에 대한 설명으로 옳지 않은 것은?

① 공전하는 행성의 타원 궤도의 한 초점에 항성이 있다.

② 케플러의 제2법칙은 각운동량 보존 법칙과 관련이 있다.

③ 항성과 행성뿐만 아니라 행성과 위성 사이에도 성립한다.

④ 혜성이 태양 근처를 지나갈 때, 케플러의 법칙이 적용된다.

⑤ 고전역학을 바탕으로 추측 후 관측 데이터를 통해 증명하였다.

정답 및 해설 ──────────────────────────────────────○

02 빛은 굴절률이 큰 매질에서 굴절률이 작은 매질로 입사할 때 진행방향이 꺾이며, 이때 굴절각은 입사각보다 크다. 굴절각이 90°가 되는 각을 임계각이라고 하며, 입사각이 임계각보다 클 경우, 빛은 굴절하지 않고 반사만 하게 된다.

03 케플러의 행성운동법칙은 처음에는 관측한 데이터를 분석하여 도출된 결과였으나, 훗날 뉴턴이 고전역학을 바탕으로 케플러의 법칙을 이론적으로 증명하였다.

[오답분석]

① 타원 궤도의 법칙(케플러의 제1법칙)은 행성은 항성을 한 초점으로 하는 타원 궤도로 공전한다는 법칙이다.

② 면적속도 일정의 법칙(케플러의 제2법칙)에 의하면 한 초점을 기준으로 타원 궤도를 공전하는 행성은 같은 시간 동안 초점과 행성을 잇는 선이 만드는 면적은 같으므로 각운동량 보존 법칙과 관련이 있다.

③·④ 케플러의 행성운동법칙은 항성과 행성뿐만 아니라 행성과 혜성, 행성과 위성 등 공전하는 모든 것에 적용되는 법칙이다.

02 ① **03** ⑤ 〈정답〉

04 다음 중 힘의 방향이 변하지 않는 운동을 〈보기〉에서 모두 고르면?

> **보기**
> ㄱ. 포물선 궤도로 떨어지는 야구공
> ㄴ. 지구 주위를 공전하는 인공위성
> ㄷ. 바람이 불지 않는 날 하늘에서 떨어지는 빗방울

① ㄱ   ② ㄷ
③ ㄱ, ㄷ   ④ ㄴ, ㄷ
⑤ ㄱ, ㄴ, ㄷ

정답 및 해설

04 야구공과 빗방울 모두 지표면과 수직 방향으로 중력이 계속 작용한다. 하지만 지구 주위를 공전하는 인공위성은 궤도를 따라 이동하면서 중력의 방향이 실시간으로 변한다.

04 ③ 정답

10 • GS칼텍스 생산기술직 온라인 필기시험

01 다음 중 (가), (나) 국가의 경제 활동에 대한 설명으로 옳지 않은 것은?

> 그는 고구려가 멸망한 후 무리를 이끌고 계루부의 옛 땅을 차지하여 동모산에 성을 쌓고 (가)을/를 세웠다. 그 땅은 영주 동쪽 2천 리 밖에 있으며, 남쪽은 (나)와/과 서로 접하고 있다. 서쪽으로는 월희말갈과 접하고 동북으로 흑수말갈에 이른다. 풍속은 고구려 및 거란과 같다.

① (가)는 밭농사를 주로 지었고 목축이 발달하였다.
② (가)는 경시서를 두어 불법적인 상행위를 감독하였다.
③ (나)는 당항성을 통한 중국과의 무역이 발달하였다.
④ (나)는 상품 수요의 증가로 수도에 서시와 남시를 증설하였다.
⑤ (가), (나)는 동해안을 따라 이어진 교통로를 통해 교류하였다.

02 다음 중 흥선대원군의 왕권 강화책으로 옳은 것을 〈보기〉에서 모두 고르면?

> **보기**
> ㄱ. 경복궁 중건
> ㄴ. 군역을 호포제로, 환곡제를 사창제로 개혁
> ㄷ. 비변사의 강화
> ㄹ. 서원 정리

① ㄱ, ㄴ   ② ㄱ, ㄷ
③ ㄴ, ㄹ   ④ ㄱ, ㄴ, ㄹ
⑤ ㄱ, ㄷ, ㄹ

정답 및 해설

01 '고구려가 멸망한 후', '동모산', '영주 동쪽 2천 리'라는 단서를 통해 (가)에 해당하는 국가는 '발해'이며, 발해의 남쪽에 서로 접하고 있던 (나)는 통일신라임을 알 수 있다. 경시서는 고려 목종 때 수도인 개경의 시전을 감독하는 기관이므로 발해와는 관련 없는 기관이다.

[오답분석]
① 발해는 밭농사와 목축이 발달하였다.
③ 통일신라는 당항성을 통해 중국과 무역하였다.
④ 통일신라는 상업의 발달로 인해 수도에 동시, 서시, 남시와 같은 시장을 설치하기도 했다.
⑤ 발해는 신라도, 조공도, 거란도, 일본도와 같은 무역로를 통해 통일신라, 당, 거란, 일본 등과 무역하였다.

02 흥선대원군의 왕권 강화책으로는 세도 가문의 인물 축출, 문벌을 가리지 않는 인재 등용, 경복궁 중건(ㄱ), 삼정의 개혁(ㄴ), 서원 정리(ㄹ), 비변사의 폐지, 『대전회통』·『육전조례』 편찬 등이 있다.

01 ② **02** ④ 〈 **정답**

PART

1

직무적성검사

대표유형 연역적 사고

다음 규칙을 바탕으로 ?에 들어갈 알맞은 도형은?

- 우선순위(순환) : M → Y → C → M → ⋯ / □ → ◇ → ○ → □ → ⋯
- 규칙

문자열 조합식	M+Y=C	M+C=Y	C+Y=M
도형 조합식	□+◇=○	□+○=◇	◇+○=□
연산자	△ : 우선순위 모두 향상	▽ : 우선순위 모두 하락	✚ : 문자열, 도형 조합

- 예시

Ⓜ → △ = Y

Ⓜ, Y → ✚ = ◇C

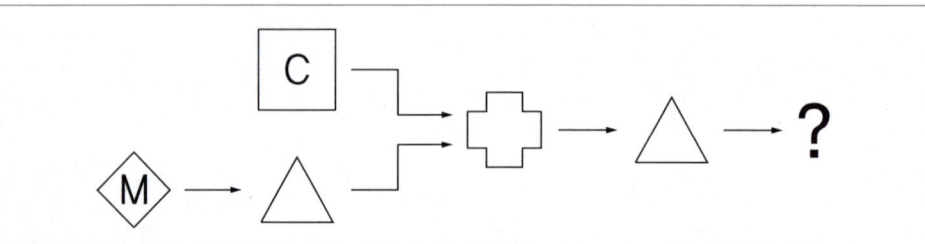

① □C
② ◇M
③ ◇Y
④ Ⓜ
⑤ Ⓨ

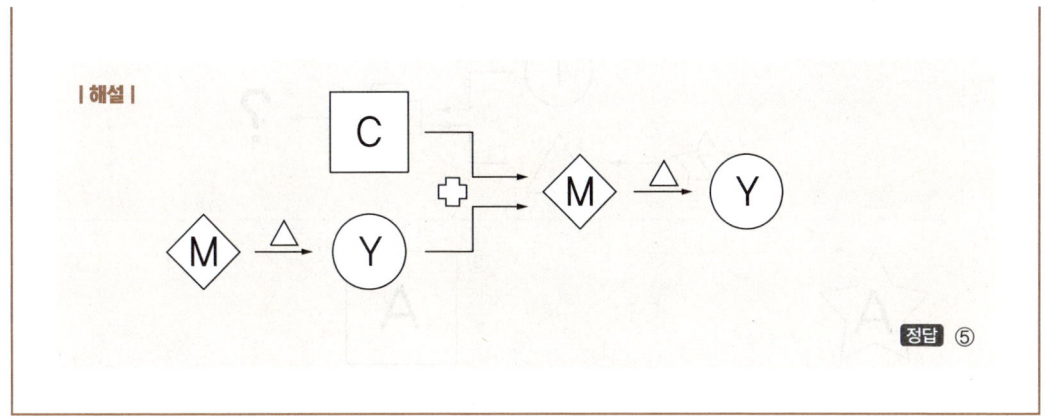

정답 ⑤

※ 다음 규칙을 바탕으로 ?에 들어갈 알맞은 도형을 고르시오. [1~4]

- 우선순위(순환) : A → I → Z → A → ⋯ / ☆ → □ → ○ → ☆ → ⋯
- 규칙

문자열 조합식	A+I=Z	A+Z=I	I+Z=A
	같은 문자끼리 더하면 그 문자를 유지한다.		
도형 조합식	☆+□=○	☆+○=□	□+○=☆
	같은 도형끼리 더하면 그 도형을 유지한다.		
연산자	△ : 우선순위 모두 향상	▽ : 우선순위 모두 하락	✚ : 문자열, 도형 조합

- 예시

A → △ → I

A, Z → ✚ → ☆

01

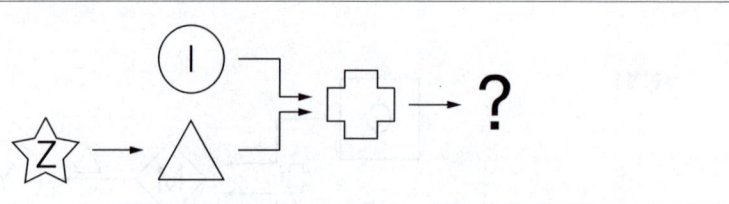

① (star) A
② (square) A
③ (circle) Z
④ (star) Z
⑤ (square) Z

02

(circle I) → (inverted triangle) → (cross) → (triangle) → ?
(star I) → (triangle) →

① (circle) Z
② (star) Z
③ (circle) A
④ (star) I
⑤ (square) Z

03

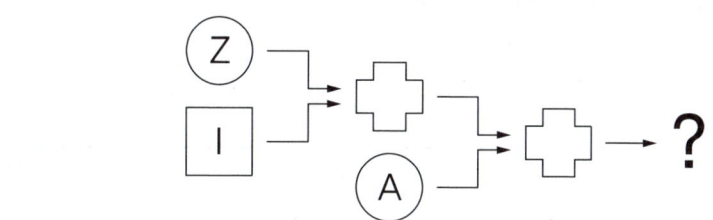

①  ☆Z

② ▢Z

③ ◯Z

④ ▢A

⑤ ◯A

04

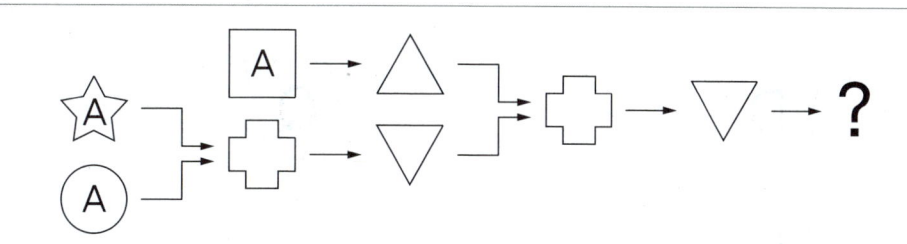

①  ◯Z

② ▢I

③ ▢Z

④ ☆A

⑤ ☆Z

PART 1

※ 다음 규칙을 바탕으로 ?에 들어갈 알맞은 도형을 고르시오. [5~8]

- 우선순위(순환) : Q → E → D → Q → ⋯ / ▱ → ▽ → ◇ → △ → ⋯
- 규칙

문자열 조합식	Q+E=D	Q+D=E	E+D=Q
도형 조합식	▱+▽=◇	▱+◇=▽	▽+◇=△
연산자	△ : 우선순위 모두 향상	▽ : 우선순위 모두 하락	✚ : 문자열, 도형 조합

- 예시

Q → △ → E

Q
E → ✚ → D

05

E → ▽ ┐
         ├ → ✚ → **?**
Q → △ ┘

① ▱ D

② 台 D

③ ▽ D

④ ▱ Q

⑤ 台 E

06

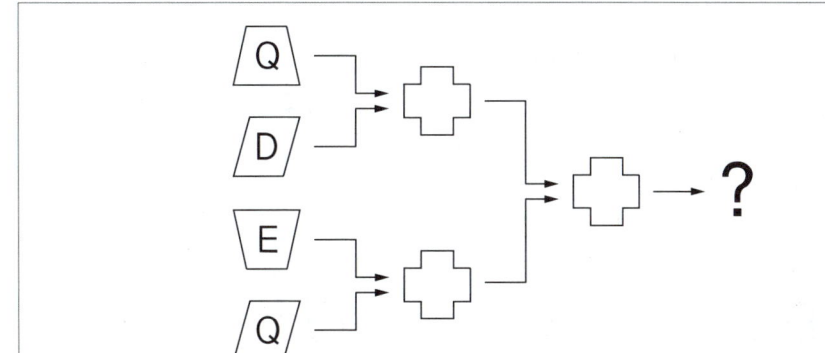

① D

② E

③ Q

④ D

⑤ Q

07

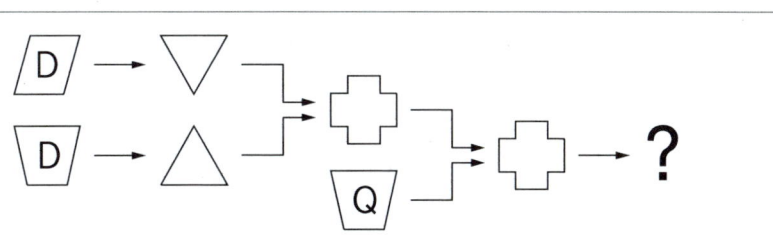

① E

② D

③ E

④ D

⑤ Q

08

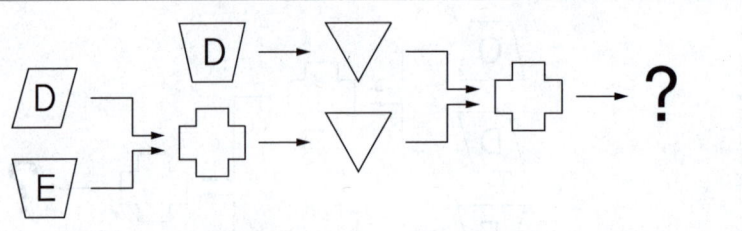

①  E

② Q

③  D

④ Q

⑤ E

※ 다음 규칙을 바탕으로 ?에 들어갈 알맞은 도형을 고르시오. **[9~12]**

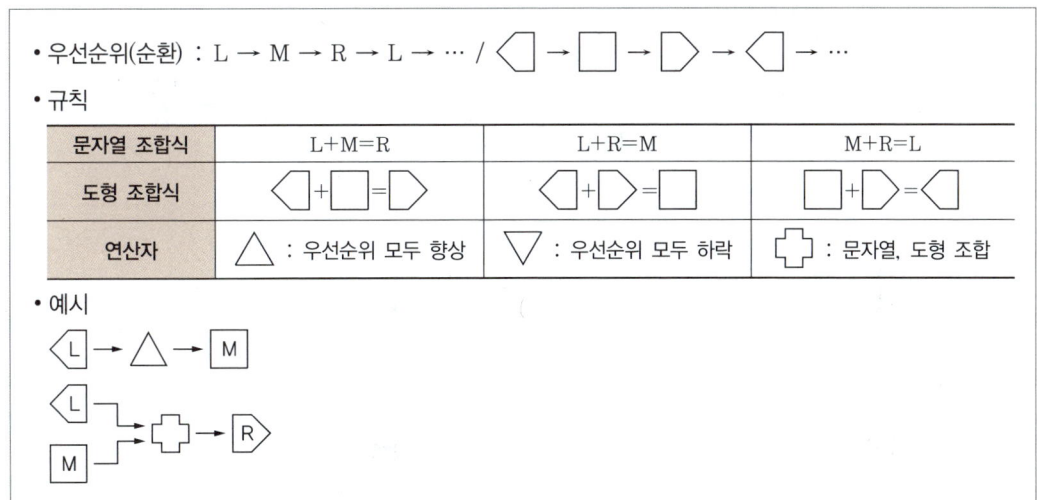

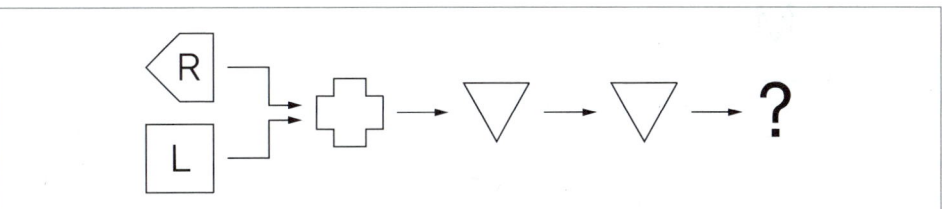

09

10

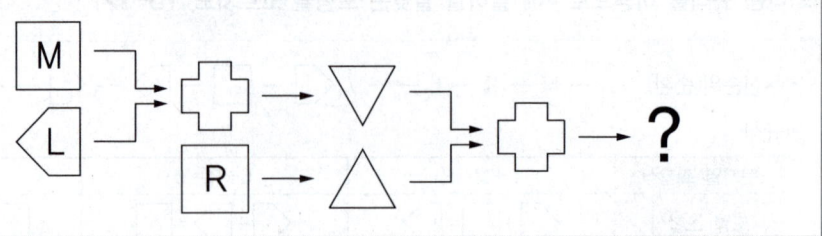

① L

② L

③ R

④ R

⑤ M

11

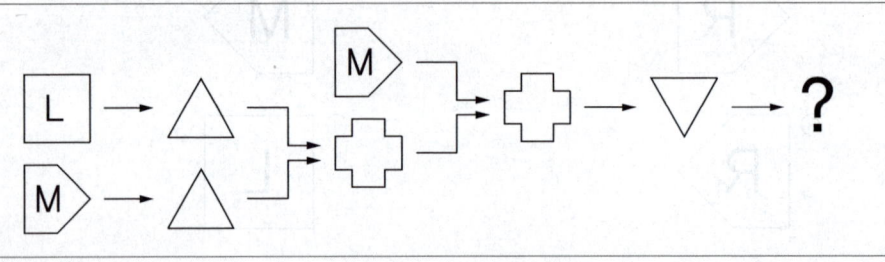

① L

② L

③ M

④ R

⑤ L

12

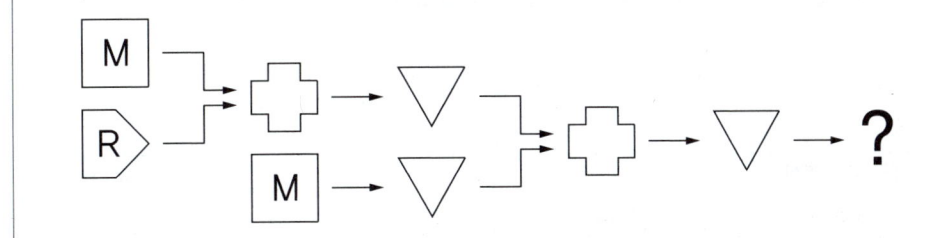

①

②

③

④

⑤

※ 다음 규칙을 바탕으로 ?에 들어갈 알맞은 도형을 고르시오. [13~16]

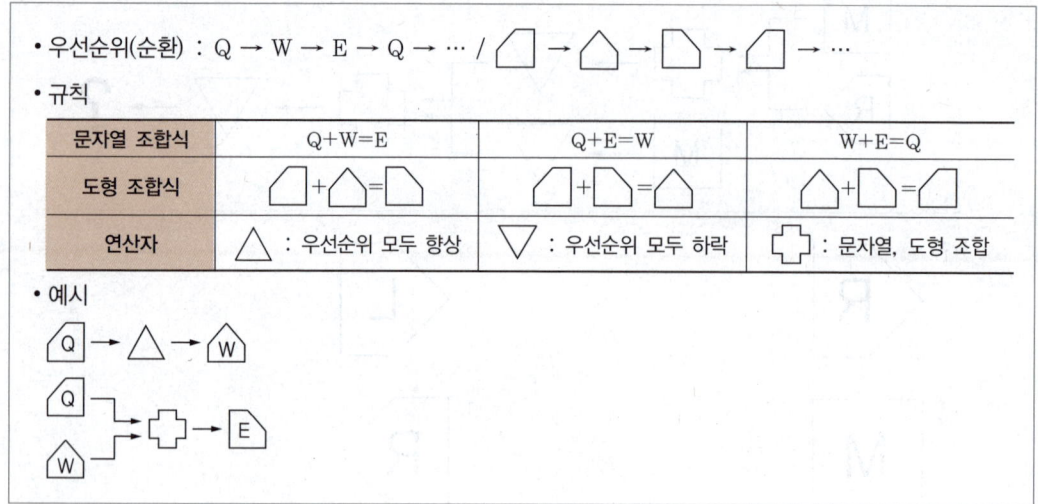

13

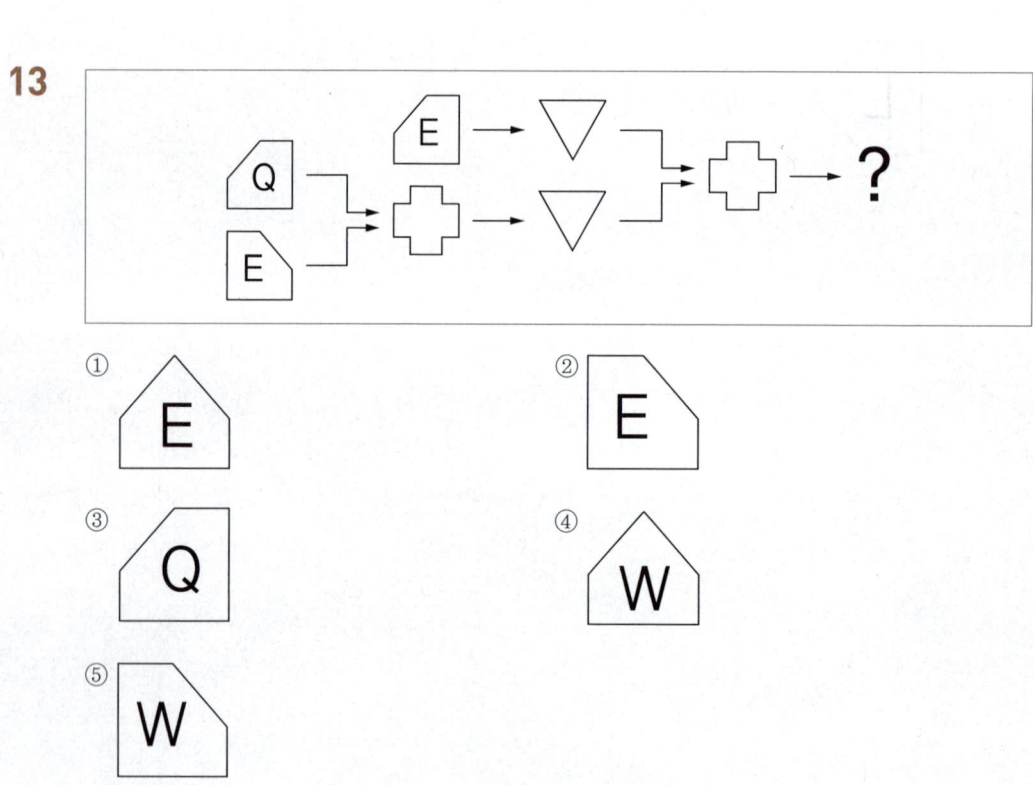

① E

② E

③ Q

④ W

⑤ W

14

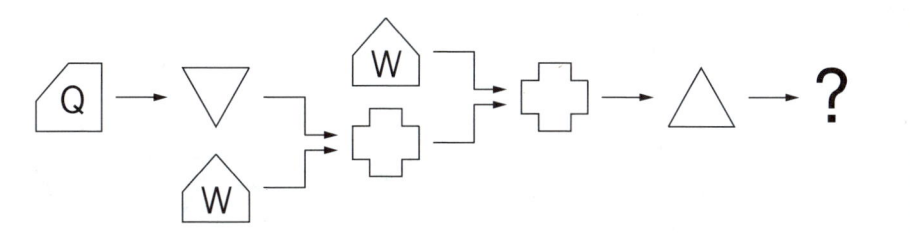

①

②

③

④

⑤

15

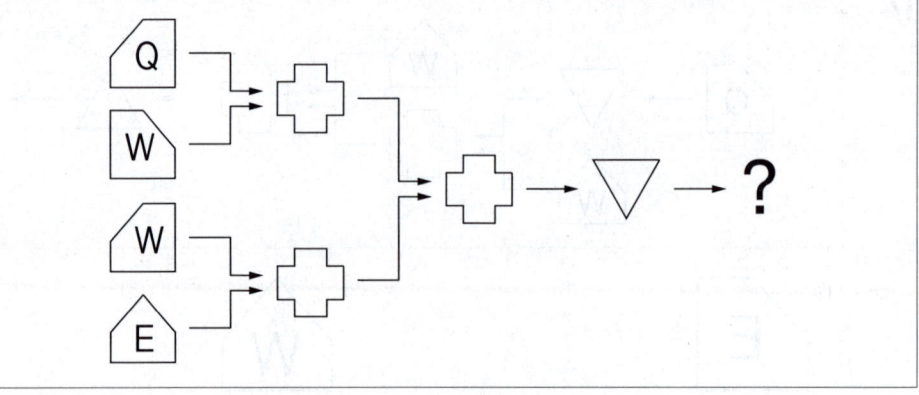

①    ②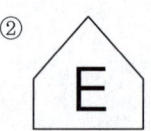

③    ④

⑤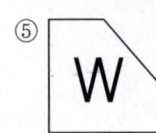

16

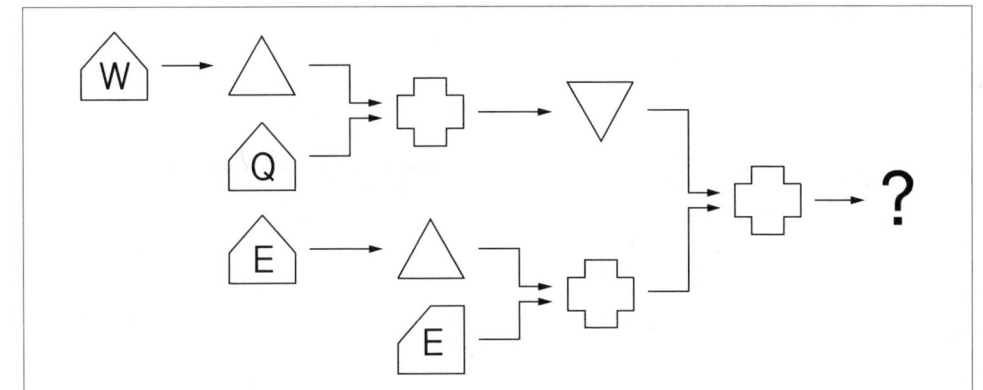

①  E

②  Q

③  Q

④  W

⑤ E

※ 다음 규칙을 바탕으로 ?에 들어갈 알맞은 도형을 고르시오. [17~20]

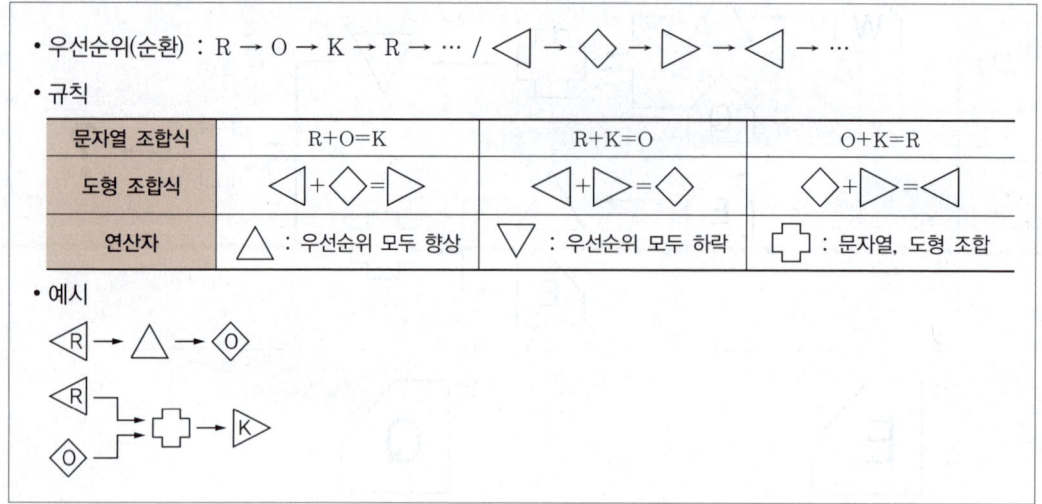

• 우선순위(순환) : R → O → K → R → ⋯ / ◁ → ◇ → ▷ → ◁ → ⋯
• 규칙

문자열 조합식	R+O=K	R+K=O	O+K=R
도형 조합식	◁ + ◇ = ▷	◁ + ▷ = ◇	◇ + ▷ = ◁
연산자	△ : 우선순위 모두 향상	▽ : 우선순위 모두 하락	✛ : 문자열, 도형 조합

• 예시

17

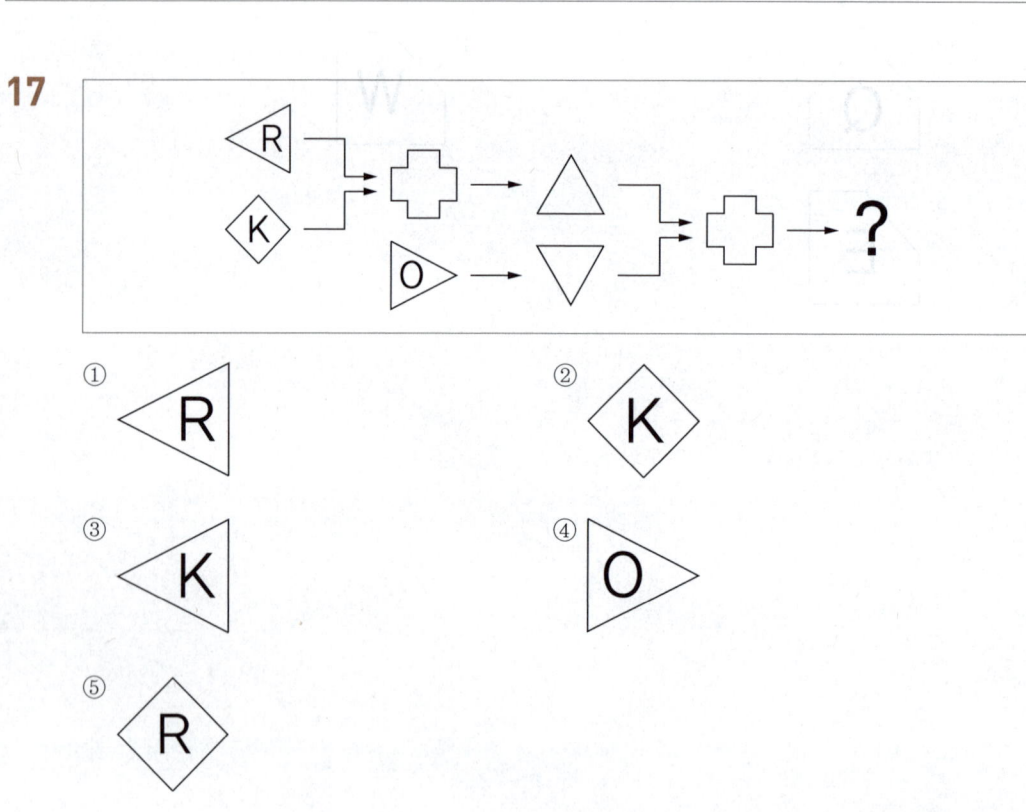

① ◁R

② ◇K

③ ◁K

④ ▷O

⑤ ◇R

18

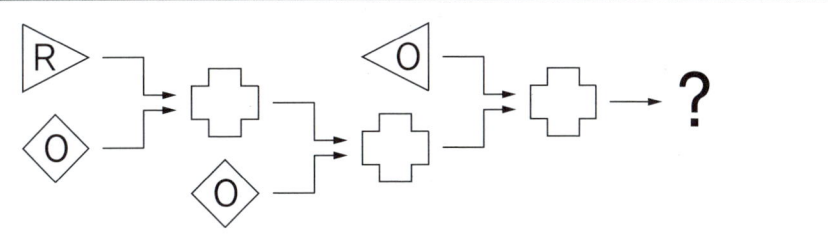

①

②

③

④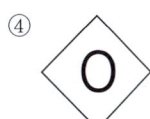

⑤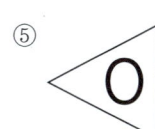

19

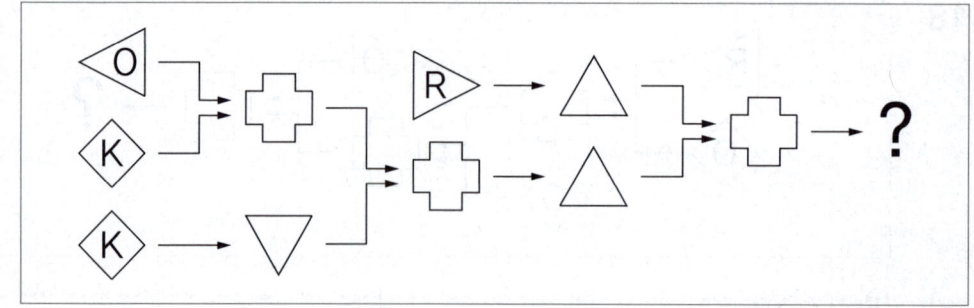

①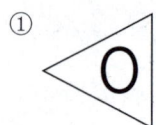

②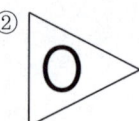

③

④

⑤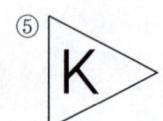

20

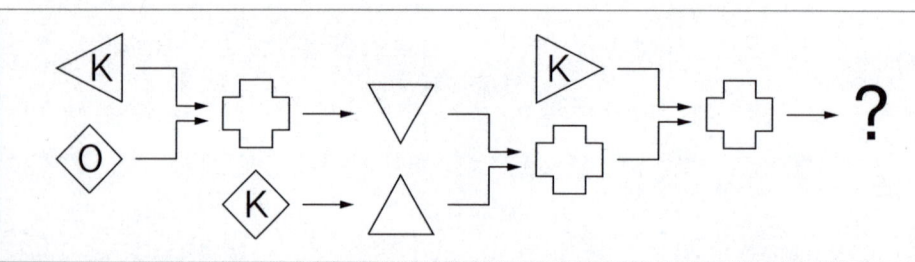

①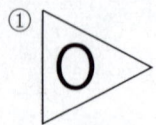

②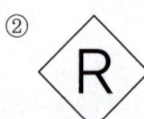

③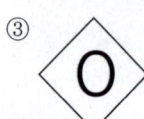

④

⑤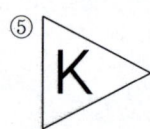

※ 다음 규칙을 바탕으로 ?에 들어갈 알맞은 도형을 고르시오. [21~24]

- 우선순위(순환) : A → B → O → A → ⋯ / □ → ○ → ◇ → □ → ⋯
- 규칙

문자열 조합식	A+B=O	A+O=B	B+O=A
도형 조합식	□+○=◇	□+◇=○	○+◇=□
연산자	△ : 우선순위 모두 향상	▽ : 우선순위 모두 하락	✚ : 문자열, 도형 조합
	⤢ : 문자열 우선순위 향상 도형 우선순위 하락	⤡ : 문자열 우선순위 하락 도형 우선순위 향상	

- 예시

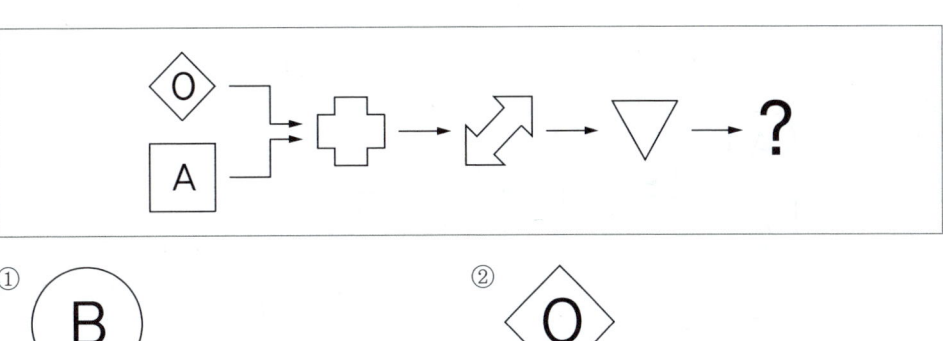

21

① 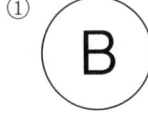 B (원)

② 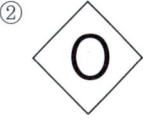 O (마름모)

③ 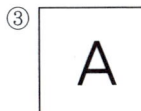 A (정사각형)

④ 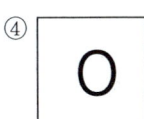 O (정사각형)

⑤  B (마름모)

22

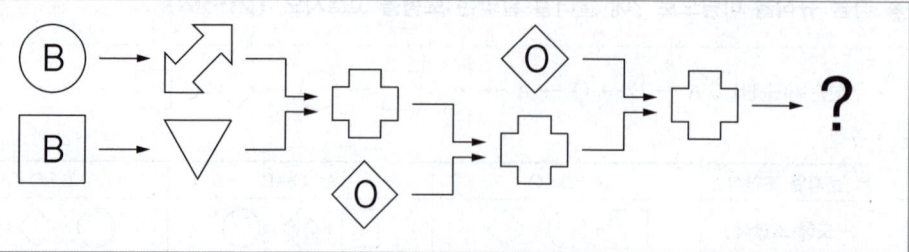

① B (in circle)

② B (in square)

③ A (in diamond)

④ A (in square)

⑤ O (in diamond)

23

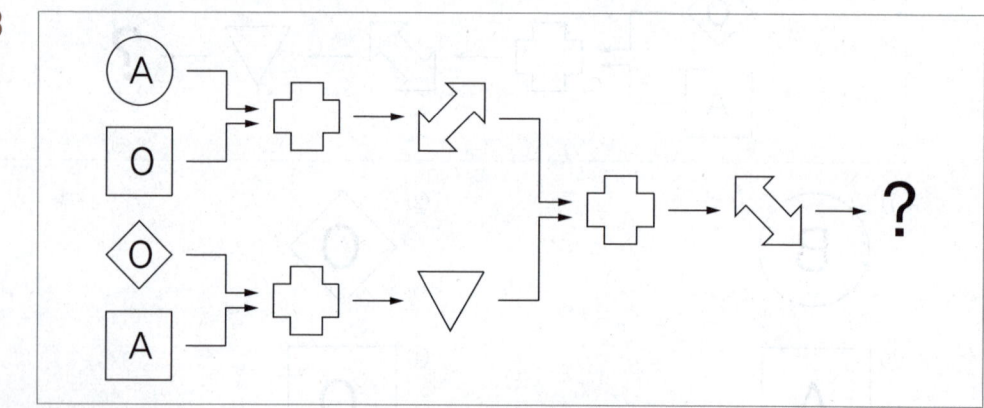

① A (in circle)

② B (in diamond)

③ O (in circle)

④ A (in square)

⑤ B (in circle)

24

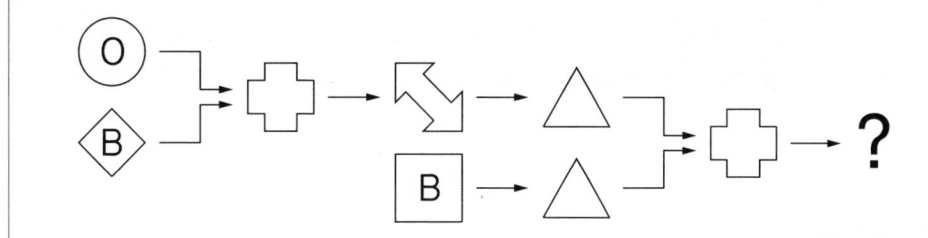

① ⭕ O

② ⬜ B

③ ⬜ A

④ ◇ B

⑤ ◇ A

대표유형　　도식추리

다음 도식에서 기호들은 일정한 규칙에 따라 문자를 변화시킨다. ?에 들어갈 알맞은 문자는?(단, 규칙은 가로와 세로 중 한 방향으로만 적용된다)

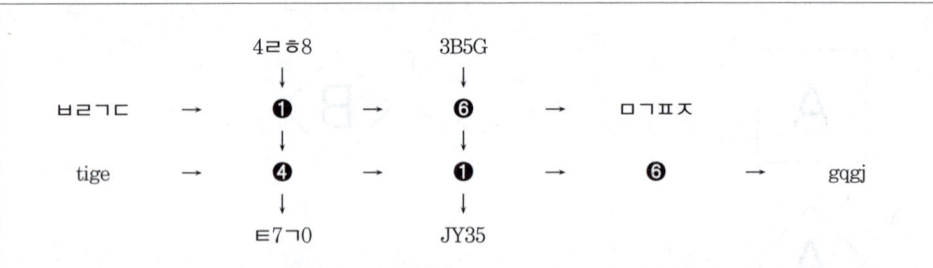

fL52 → ❹ → ❶ → ❶ → ?

① 1yH5　　　　　　　　　　② 1zH6
③ 2zG6　　　　　　　　　　④ 2zG5
⑤ 1yH6

| 해설 | • 규칙
　　　❶ : 각 자릿수에서 차례대로 +3, -3, -2, +2
　　　❹ : 세 번째 문자 맨 앞으로 보내기
　　　❻ : 맨 앞자리와 마지막 자리 바꾸기

　　　fL52　→　5fL2　→　8cJ4　→　1zH6
　　　　　　　❹　　　　❶　　　　❶

정답 ②

※ 다음 도식에서 기호들은 일정한 규칙에 따라 문자를 변화시킨다. ?에 들어갈 알맞은 문자를 고르시오 (단, 규칙은 가로와 세로 중 한 방향으로만 적용되며, 모음은 일반모음 10개만 세는 것을 기준으로 한다). [1~4]

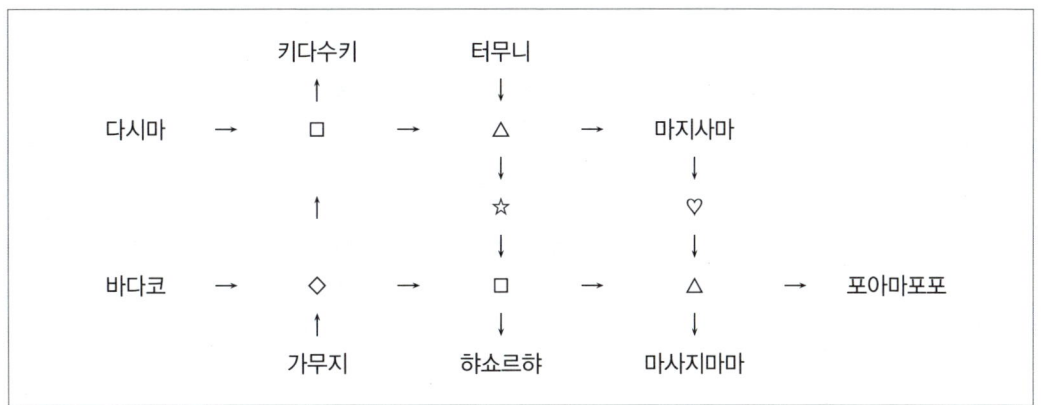

01

우리사이 → □ → □ → □ → □ → □ → ?

① 다히나디
② 루히다리
③ 오리서이
④ 우리사이우우우우우
⑤ 이이이이이우리사이

02

오르골 → ? → ☆ → 여류결여

① △
② □
③ ☆
④ ◇
⑤ ♡

03

무미니 → ◇ → ♡ → ?

① 미무니
② 마모니
③ 니미무니
④ 니무미니
⑤ 미무니미

04

오조담 → □ → ◇ → ?

① 요죠담댬
② 맛초코맛
③ 초코맛초
④ 우주덤우
⑤ 덤우주덤

※ 다음 도식에서 기호들은 일정한 규칙에 따라 문자를 변화시킨다. ?에 들어갈 알맞은 문자를 고르시오
　(단, 규칙은 가로와 세로 중 한 방향으로만 적용된다). **[5~7]**

```
                7ㅊ8b            ㄷrㄹ            ㅗㅜㅑㅓ
                  ↓               ↓               ↓
   ks8ㄷ   →      ▽      →      ►◄     →       ♥      →    9TLㄹ
                  ↓               ↓               ↓
   ㄱcㅏ   →     ►◄     →      ◄►     →       ▽      →    ㅏㄷㄱㄱ
                  ↓               ↓               ↓
                8ㅊ7B            ㄷRㄹㄷ           ►◄
                                                  ↓
                                               ㅓㅠㅛㅕ
```

05

ㅁㅎㅑg → ►◄ → ▽ → ?

① ㅕㅎgㅁㅁ　　　　　　　② ㅕㅁㅎgㅁ
③ ㅑㅋㅁgㅂ　　　　　　　④ ㅑㅎㅁgㅁ
⑤ ㅠㅎㅁㅁg

06

ㅋㄱ63ㅈ → ♥ → ♥ → ?

① ㅍㄷ85ㅋ　　　　　　　② 85ㅍㄷㅋ
③ ㅍㄴ74ㅋ　　　　　　　④ ㅍㄱ75ㅋ
⑤ ㅎ85ㄷㅋ

07

ㅣㅠㅑㅜ → ? → ►◄ → ㅣㅠFㅏㅜㅣ

① ▽　　　　　　　　　　② ►◄
③ ♥　　　　　　　　　　④ ◄►
⑤ ►◄ → ♥

※ 다음 도식에서 기호들은 일정한 규칙에 따라 문자를 변화시킨다. ?에 들어갈 알맞은 문자를 고르시오
(단, 규칙은 가로와 세로 중 한 방향으로만 적용되며, 모음은 일반모음 10개만 세는 것을 기준으로 한다).
[8~10]

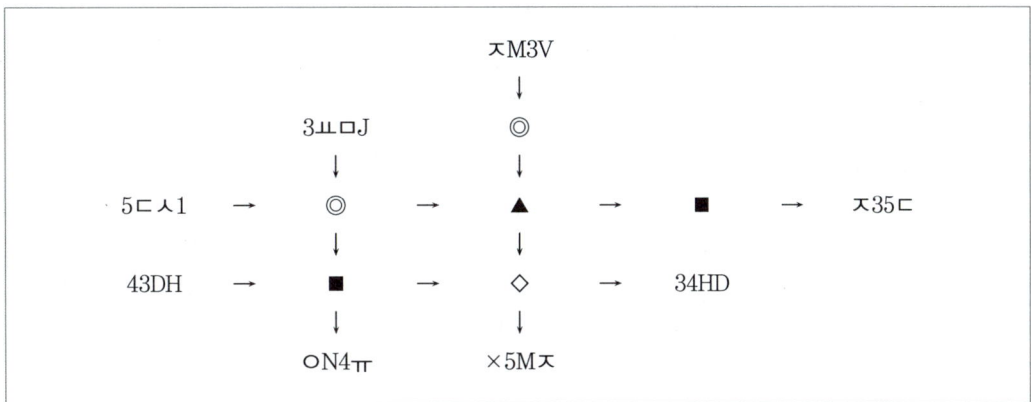

08

2Uㅓㅋ → ◇ → ▲ → ?

① T1ㅈㅑ   ② ㅈ3Rㅠ
③ 4ㅍㅗS   ④ ㅊㅏT0
⑤ ㅋ5Oㅑ

09

ㅂ5ㄴ6 → ■ → ◎ → ?

① ㄷ8ㅈ9   ② ㅊ8ㄹ7
③ 67ㅅㄱ   ④ 68ㄱㄷ
⑤ 79ㄹㅅ

10

4ㅜDH → ▲ → ◇ → ◎ → ?

① DㅗㅗC5   ② GEㅠ7
③ 6ㅜID   ④ 6FㅗㅗC
⑤ ㅗㅗ2BG

※ 다음 도식에서 기호들은 일정한 규칙에 따라 문자를 변화시킨다. ?에 들어갈 알맞은 문자를 고르시오 (단, 규칙은 가로와 세로 중 한 방향으로만 적용된다). **[11~14]**

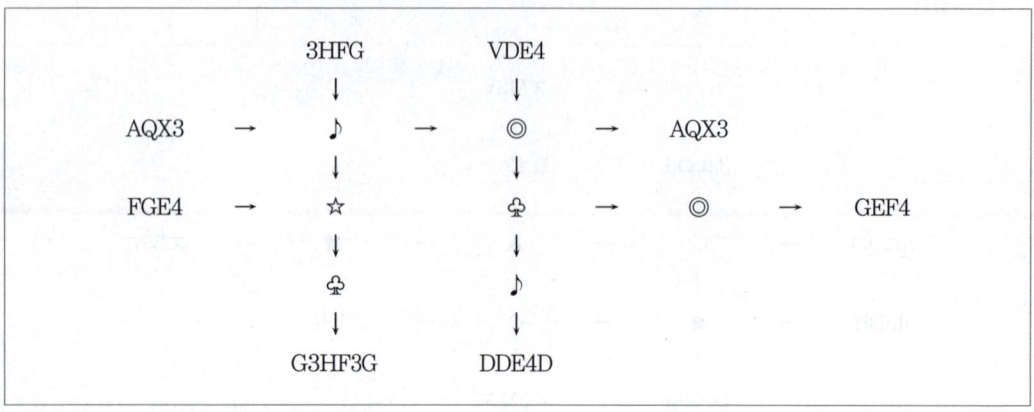

11

MD4R → ♪ → ?

① MD4RR   ② MMD4R
③ RD4M   ④ D4R
⑤ MD4

12

HKLU → ☆ → ◎ → ?

① KLU   ② KLH
③ ULK   ④ KLUH
⑤ UKLH

13

SWQX → ♣ → ♪ → ?

① SWQXS   ② SWQXSS
③ SSWQXS   ④ WWQX
⑤ XWQS

14

NB5R → ♣ → ☆ → ◎ → ?

① B5RN   ② RB5N
③ N5RB   ④ NB5RN
⑤ RNB5R

※ 다음 도식에서 기호들은 일정한 규칙에 따라 문자를 변화시킨다. ?에 들어갈 알맞은 문자를 고르시오
  (단, 규칙은 가로와 세로 중 한 방향으로만 적용된다). **[15~18]**

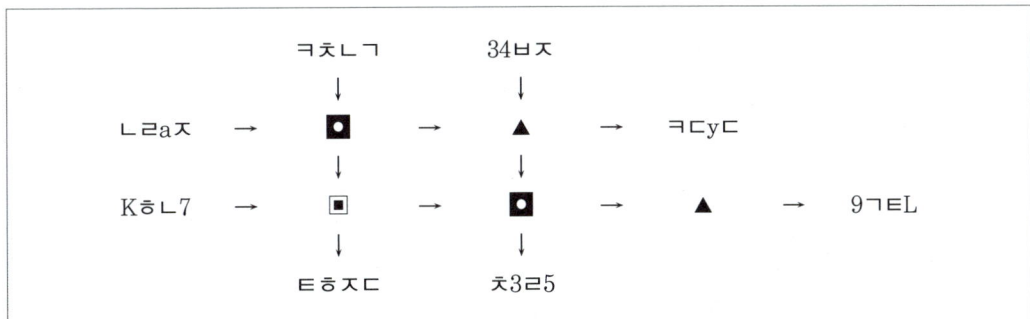

15

ㅇPㄱㅎ → ■ → ▲ → ?

① ㄱㅎPㅇ
② ㅋㄱQㅇ
③ ㅋㄴQㅇ
④ ㅋQㅎㅇ
⑤ ㅎㄱPㅇ

16

2ㅂㅌㄷ → ▲ → ◨ → ?

① ㄹㅊㅁ8
② ㄷㅁ4ㅈ
③ ㄹㅁㅊ4
④ ㅁㄹㅊ7
⑤ ㄴㅁㅊ4

17

ㅁㄹbㅍ → ▲ → ◨ → ? → ㅎzㄷㅅ

① ◨
② ■
③ ▲
④ ◨ → ■
⑤ ▲ → ■

18

ㅈㅊㄴㅎ → ? → ◨ → ■ → ㅊㅇㄱㄴ

① ◨
② ■
③ ▲
④ ◨ → ■
⑤ ▲ → ■

※ 다음 도식에서 기호들은 일정한 규칙에 따라 문자를 변화시킨다. ?에 들어갈 알맞은 문자를 고르시오
(단, 규칙은 가로와 세로 중 한 방향으로만 적용된다). **[19~20]**

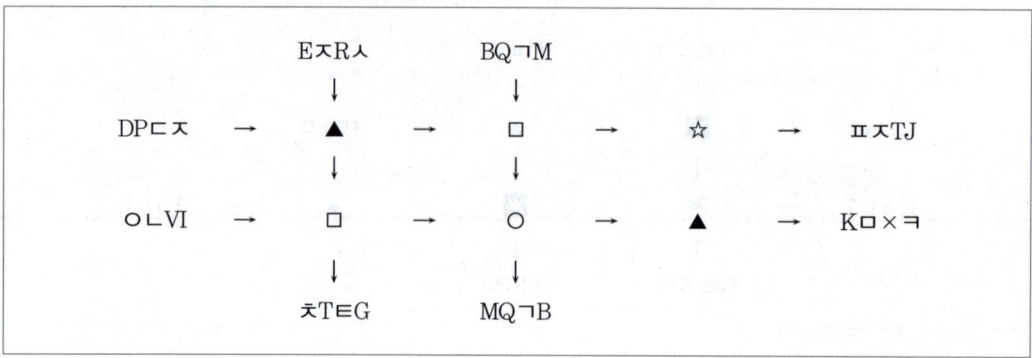

19

P3T7 → ▲ → ○ → ?

① P0V6

② RV60

③ P6V0

④ V6R0

⑤ 6RPV

20

ㅎ49ㅇ → ○ → ☆ → ?

① ㄱ35ㅌ

② ㄴ3ㅍ8

③ ㅌ53ㄱ

④ ㄴ8ㅍ3

⑤ ㄷ63L

※ 다음 도식에서 기호들은 일정한 규칙에 따라 문자를 변화시킨다. ?에 들어갈 알맞은 문자를 고르시오 (단, 규칙은 가로와 세로 중 한 방향으로만 적용된다). **[21~24]**

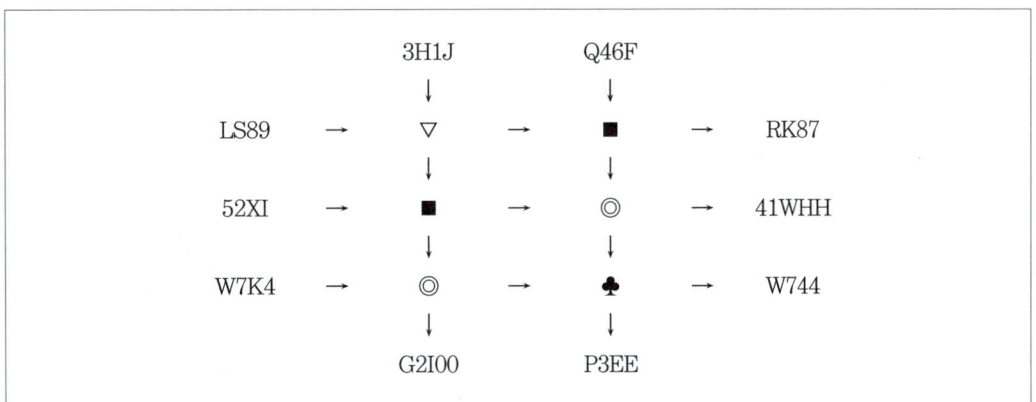

```
                        3H1J            Q46F
                         ↓               ↓
        LS89    →        ▽       →       ■       →     RK87
                         ↓               ↓
        52XI    →        ■       →       ◎       →     41WHH
                         ↓               ↓
        W7K4    →        ◎       →       ♣       →     W744
                         ↓               ↓
                        G2I00           P3EE
```

21

$$D5N8 → ▽ → ◎ → ?$$

① 5D8NN ② M62E2
③ 8ND5N ④ M6E22
⑤ C47MM

22

$$WB16 → ◎ → ♣ → ■ → ?$$

① W16B ② C80R
③ VA55 ④ RC80
⑤ A55V

23

$$XQ5M → ■ → ◎ → ?$$

① Q5MXX ② A3CZZ
③ WP4LL ④ QX5MM
⑤ PU4LL

24

$$RS94 → ▽ → ◎ → ■ → ?$$

① QR833 ② RQ388
③ SP722 ④ PS277
⑤ JP544

CHAPTER 02 도식추리 · **29**

※ 다음 도식에서 기호들은 일정한 규칙에 따라 문자를 변화시킨다. ?에 들어갈 알맞은 문자를 고르시오
　(단, 규칙은 가로와 세로 중 한 방향으로만 적용된다). **[25~28]**

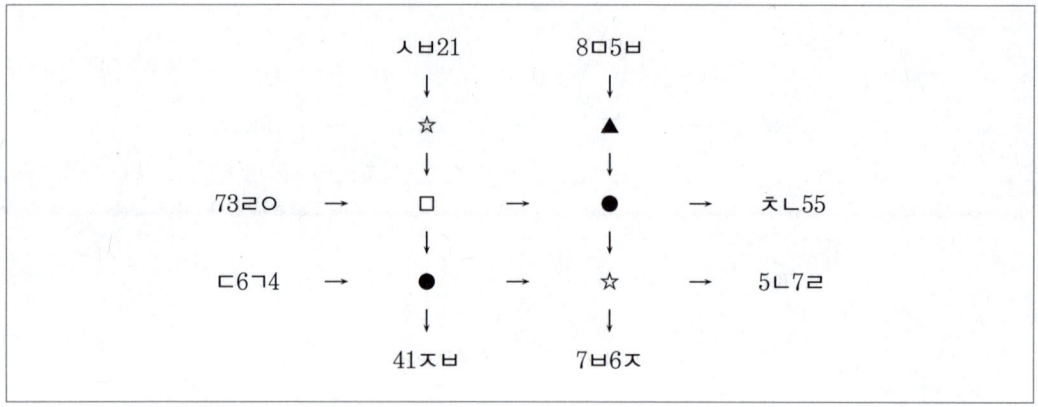

25

89ㅂㄱ → □ → ● → ☆ → ?

① 72ㄹㅁ　　　　　　　　② ㅂㄷ61
③ 2ㄹ7ㅁ　　　　　　　　④ 61ㅂㄷ
⑤ ㄹㅁ27

26

E7H6 → ▲ → □ → ?

① 5J9K　　　　　　　　② K95J
③ 6H3I　　　　　　　　④ 3I6H
⑤ H63I

27

KㅂㄹH → ● → ☆ → ?

① IㅁㅅL　　　　　　　② JㄴㅇI
③ IㅇㄴJ　　　　　　　④ ㅁㅅIL
⑤ FㅂㄹM

28

75J1 → □ → ☆ → ▲ → ?

① KJ6D　　　　　　　　② CI8G
③ GI8C　　　　　　　　④ FH9D
⑤ D9HF

※ 다음 도식에서 기호들은 일정한 규칙에 따라 문자를 변화시킨다. ?에 들어갈 알맞은 문자를 고르시오 (단, 규칙은 가로와 세로 중 한 방향으로만 적용된다). [29~32]

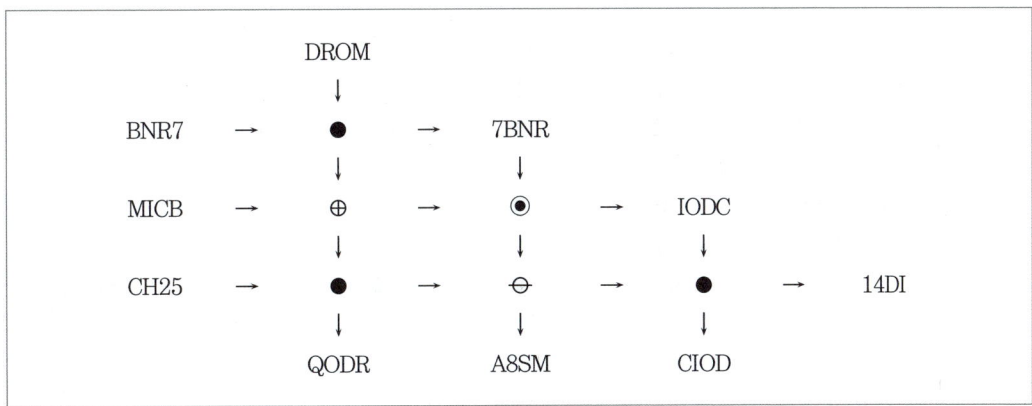

29

$$BUS8 \rightarrow ◉ \rightarrow ⊕ \rightarrow ?$$

① WB8U   ② BUW8
③ UB8S   ④ BUS8
⑤ SUB8

30

$$IU93 \rightarrow ◉ \rightarrow ● \rightarrow ⊖ \rightarrow ?$$

① 8J2V   ② 8VJ2
③ 9UI3   ④ 39UI
⑤ UI39

31

$$? \rightarrow ⊖ \rightarrow ◉ \rightarrow XMAS$$

① MSAX   ② MXSA
③ NBRW   ④ NWRB
⑤ WRBW

32

$$? \rightarrow ⊕ \rightarrow ⊖ \rightarrow PINK$$

① OHJM   ② OHMJ
③ QHML   ④ QMHL
⑤ MHQL

※ 다음 도식에서 기호들은 일정한 규칙에 따라 문자를 변화시킨다. ?에 들어갈 알맞은 문자를 고르시오
(단, 규칙은 가로와 세로 중 한 방향으로만 적용된다). **[33~36]**

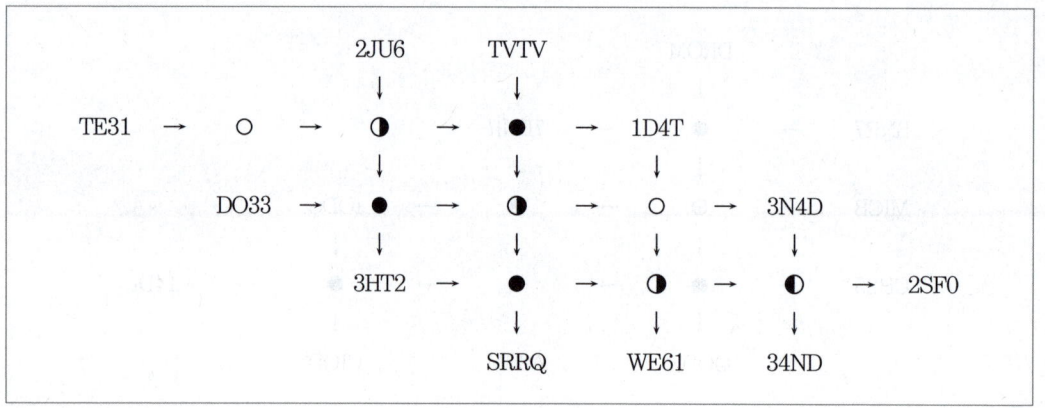

33

BE13 → ◑ → ● → ?

① 1BF3
② 3F1B
③ 0BF0
④ 0F0B
⑤ 0C0B

34

RABI → ◑ → ○ → ?

① RBAI
② RBIA
③ RLCC
④ RCCL
⑤ RCLC

35

? → ○ → ◑ → BVJH

① BTIE
② BITE
③ BJVH
④ BIVE
⑤ BIJE

36

? → ◑ → ● → IDHE

① DIFE
② LIFE
③ HIHE
④ LFIE
⑤ LEIF

※ 다음 도식에서 기호들은 일정한 규칙에 따라 문자를 변화시킨다. ?에 들어갈 알맞은 문자를 고르시오 (단, 규칙은 가로와 세로 중 한 방향으로만 적용된다). **[37~40]**

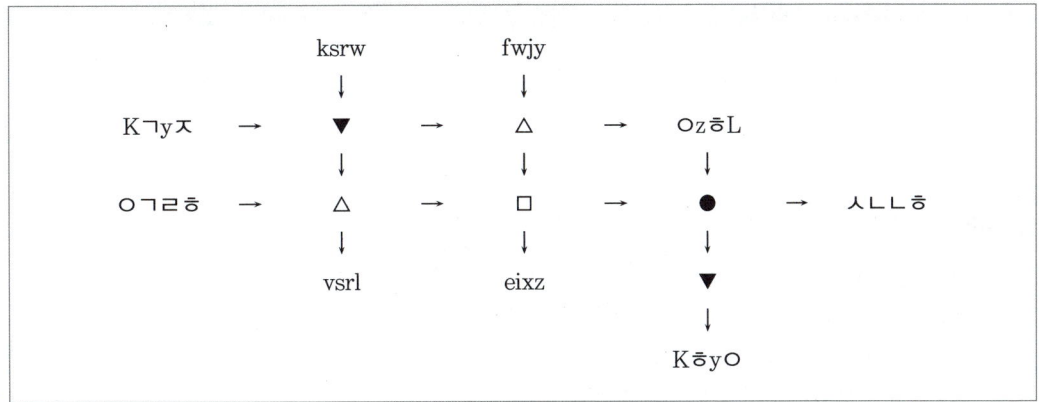

37

ㅅㄴㄹㅁ → ▼ → □ → ?

① ㅁㄴㄹㅅ   ② ㅁㄹㄴㅅ
③ ㅁㅅㄴㄹ   ④ ㅇㄱㄷㅂ
⑤ ㅅㄱㄹㄹ

38

isog → ● → △ → ?

① hsog   ② iosg
③ gosi   ④ hsng
⑤ irof

39

? → ▼ → ● → yenv

① neyv   ② vney
③ yfnw   ④ wyfn
⑤ wnfy

40

? → □ → △ → ㅇㅌㄷㄹ

① ㅈㄹㅋㄷ   ② ㅊㄹㄷㅈ
③ ㅈㅊㄹㄷ   ④ ㅅㅌㄴㄹ
⑤ ㅅㅌㄱㄹ

03 | 기계이해 핵심이론

1. 힘

(1) 여러 가지 힘

① **힘** : 물체의 모양이나 운동 상태를 변화시키는 원인이 되는 것

② **탄성력** : 탄성체가 변형되었을 때 원래의 상태로 되돌아가려는 힘

  ㉠ 탄성체 : 용수철, 고무줄, 강철판 등

  ㉡ 방향 : 변형된 방향과 반대로 작용한다.

③ **마찰력** : 두 물체의 접촉면 사이에서 물체의 운동을 방해하는 힘

  ㉠ 방향 : 물체의 운동 방향과 반대

  ㉡ 크기 : 접촉면이 거칠수록, 누르는 힘이 클수록 커진다(접촉면의 넓이와는 무관).

④ **자기력** : 자석과 자석, 자석과 금속 사이에 작용하는 힘

⑤ **전기력** : 전기를 띤 물체 사이에 작용하는 힘

⑥ **중력** : 지구와 지구상의 물체 사이에 작용하는 힘

  ㉠ 방향 : 지구 중심 방향

  ㉡ 크기 : 물체의 질량에 비례

(2) 힘의 작용과 크기

① **힘의 작용**

  ㉠ 접촉하여 작용하는 힘 : 탄성력, 마찰력, 사람의 힘

  ㉡ 떨어져서 작용하는 힘 : 자기력, 중력, 전기력

  ㉢ 쌍으로 작용하는 힘 : 물체에 힘이 작용하면 반드시 반대 방향으로 반작용의 힘이 작용한다.

② **힘의 크기**

  ㉠ 크기 측정 : 용수철의 늘어나는 길이는 힘의 크기에 비례하므로 이를 이용하여 힘의 크기를 측정한다.

  ㉡ 힘의 단위 : N, kgf(1kgf＝9.8N)

〈힘의 화살표〉

1N의 힘

3N의 힘   힘의 방향   작용선

작용점   힘의 크기

(3) 힘의 합성과 평형

　① 힘의 합성 : 두 개 이상의 힘이 작용하여 나타나는 효과를 하나의 힘으로 표현

　　㉠ 방향이 같은 두 힘의 합력 : $F = F_1 + F_2$

　　㉡ 방향이 반대인 두 힘의 합력 : $F = F_1 - F_2 \, (F_1 > F_2)$

　　㉢ 나란하지 않은 두 힘의 합력 : 평행사변형법

　② 힘의 평형 : 한 물체에 여러 힘이 동시에 작용하여도 움직이지 않을 때이며, 합력은 0임

　　㉠ 두 힘의 평형 조건 : 크기가 같고 방향이 반대이며, 같은 작용선상에 있어야 한다.

　　㉡ 평형의 예 : 실에 매달린 추, 물체를 당겨도 움직이지 않을 때

2. 힘과 운동의 관계

(1) 물체의 운동

　① 물체의 위치 변화

　　㉠ 위치 표시 : 기준점에서 방향과 거리로 표시

　　㉡ (이동 거리)=(나중 위치)-(처음 위치)

　② 속력 : 단위 시간 동안 이동한 거리

　　㉠ $(속력) = \dfrac{(이동\ 거리)}{(걸린\ 시간)} = \dfrac{(나중\ 위치) - (처음\ 위치)}{(걸린\ 시간)}$

　　㉡ 단위 : m/s, km/h 등

(2) 여러 가지 운동

　① 속력이 변하지 않는 운동 : 등속(직선)운동

　② 속력이 일정하게 변하는 운동 : 낙하 운동

　　$(속력) = \dfrac{(처음\ 속력) + (나중\ 속력)}{2}$

　③ 방향만 변하는 운동 : 등속 원운동

　④ 속력과 방향이 모두 변하는 운동 : 진자의 운동, 포물선 운동

(3) 힘과 운동의 관계

　① 힘과 속력의 변화

　　㉠ 힘이 가해지면 물체의 속력이 변한다.

　　㉡ 힘이 클수록, 물체의 질량이 작을수록 속력의 변화가 크다.

　② 힘과 운동 방향의 변화

　　㉠ 힘이 가해지면 힘의 방향과 운동 방향에 따라 방향이 변할 수도 있고 속력만 변할 수도 있다.

　　㉡ 힘이 클수록, 물체의 질량이 작을수록 물체의 운동 방향 변화가 크다.

③ 뉴턴의 운동 법칙

㉠ 운동의 제1법칙(관성의 법칙) : 물체는 외부로부터 힘이 작용하지 않는 한 현재의 운동상태를 계속 유지하려 한다.

㉡ 운동의 제2법칙(가속도의 법칙) : 속력의 변화는 힘의 크기(F)에 비례하고 질량(m)에 반비례한다.

〈운동의 제2법칙〉

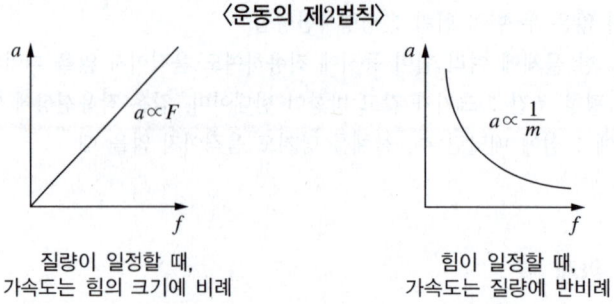

질량이 일정할 때,
가속도는 힘의 크기에 비례

힘이 일정할 때,
가속도는 질량에 반비례

㉢ 운동의 제3법칙(작용·반작용의 법칙) : 한 물체가 다른 물체에 힘을 가할 때, 힘을 받는 물체도 상대 물체에 같은 크기의 힘이 반대 방향으로 작용한다.

3. 일과 에너지

(1) 일

① 일의 크기와 단위

㉠ 일의 크기 : 힘의 크기(F)와 물체가 이동한 거리(S)의 곱으로 나타낸다.

$W = F \times S$

㉡ 단위 : 1N의 힘으로 물체를 1m만큼 이동시킨 경우의 크기를 1J이라 한다.

$1J = 1N \times 1m = 1N \cdot m$

② 들어 올리는 힘과 미는 힘

㉠ 물체를 들어 올리는 일 : 물체의 무게만큼 힘이 필요하다.

[드는 일(중력에 대한 일)] = (물체의 무게) × (높이)

㉡ 물체를 수평면상에서 밀거나 끄는 일 : 마찰력만큼의 힘이 필요하다.

[미는 일(마찰력에 대한 일)] = (마찰력) × (거리)

㉢ 무게와 질량

• 무게 : 지구가 잡아당기는 중력의 크기
• 무게의 단위 : 힘의 단위(N)와 같다.
• 무게는 질량에 비례한다.

(2) 일의 원리

① 도르래를 사용할 때

    ㉠ 고정 도르래 : 도르래축이 벽에 고정되어 있다.

        • 힘과 일의 이득이 없고, 방향만 바꾼다.

        • 힘＝물체의 무게($F=w=m \times g$)

        • 물체의 이동 거리(h)＝줄을 잡아당긴 거리(s)

        • 힘이 한 일＝도르래가 물체에 한 일

    ㉡ 움직 도르래 : 힘에는 이득이 있으나 일에는 이득이 없다.

        • 힘의 이득 : 물체 무게의 절반$\left(F=\dfrac{w}{2}\right)$

        • (물체의 이동 거리)＝(줄을 잡아당긴 거리)$\times \dfrac{1}{2}$

② 지레를 사용할 때 : 힘의 이득은 있으나, 일에는 이득이 없다.

    ㉠ 원리 : 그림에서 물체의 무게를 W, 누르는 힘을 F라 하면 식은 다음과 같다.

        $W \times b = F \times a$, r＝반지름, R＝지름

    ㉡ 거리 관계

        [물체가 움직인 거리(h)] < [사람이 지레를 움직인 거리(s)]

〈지레의 원리〉

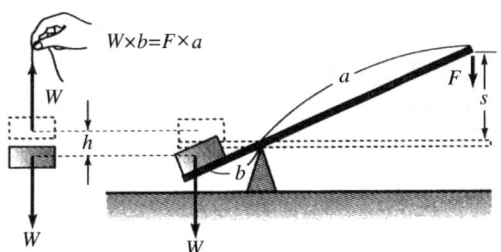

③ 축바퀴를 사용할 때

    ㉠ 축바퀴의 원리 : 지레의 원리를 응용한 도구

    ㉡ 줄을 당기는 힘

        $F = \dfrac{w \times r}{R}$ (r＝반지름, R＝지름)

    ㉢ (물체가 움직인 거리) < (당긴 줄의 길이)

    ㉣ 일의 이득 : 일의 이득은 없다.

④ 빗면을 이용할 때

    ㉠ 힘의 이득 : 빗면의 경사가 완만할수록 힘의 이득이 커진다.

        (힘)＝(물체의 무게)$\times \dfrac{(수직높이)}{(빗면의 길이)}$ $\left(F=w \times \dfrac{h}{s}\right)$

    ㉡ 일의 이득 : 일의 이득은 없다.

    ㉢ 빗면을 이용한 도구 : 나사, 쐐기, 볼트와 너트

⑤ 일의 원리 : 도르래나 지레, 빗면 등의 도구를 사용하여도 일의 이득이 없지만, 작은 힘으로 물체를 이동시킬 수 있다.

(3) 역학적 에너지

① 위치 에너지 : 어떤 높이에 있는 물체가 가지는 에너지

    ㉠ (위치 에너지)$=9.8\times$(질량)$\times$(높이) $\rightarrow 9.8mh$

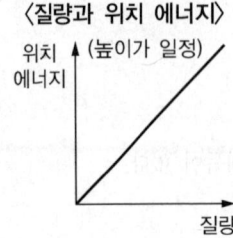
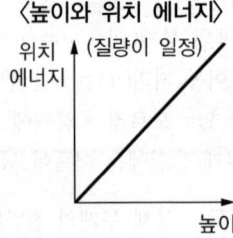

    ㉡ 위치 에너지와 일
- 물체를 끌어올릴 때 : 물체를 끌어올리면서 한 일은 위치 에너지로 전환된다.
- 물체가 낙하할 때 : 물체의 위치 에너지는 지면에 대하여 한 일로 전환된다.

    ㉢ 위치 에너지의 기준면
- 기준면에 따라 위치 에너지의 크기가 다르다.
- 기준면은 편리하게 정할 수 있으나, 보통 지면을 기준으로 한다.
- 기준면에서의 위치 에너지는 0이다.

② 운동 에너지 : 운동하고 있는 물체가 갖는 에너지(단위 : J)

    ㉠ 운동 에너지의 크기 : 물체의 질량과 (속력)^{2}에 비례한다.

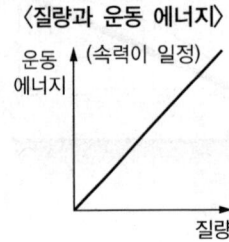
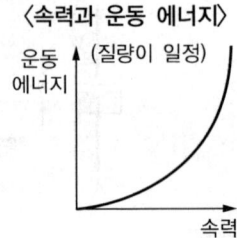

    ㉡ (운동 에너지)$=\dfrac{1}{2}\times$(질량)$\times$(속력)$^2 \rightarrow \dfrac{1}{2}mv^2$

③ 역학적 에너지

    ㉠ 역학적 에너지의 전환 : 높이가 변하는 모든 운동에서는 위치 에너지와 운동 에너지가 서로 전환된다.
- 높이가 낮아지면 : 위치 에너지 → 운동 에너지
- 높이가 높아지면 : 운동 에너지 → 위치 에너지

    ㉡ 역학적 에너지의 보존
- 운동하는 물체의 역학적 에너지
  - 물체가 올라갈 때 : (감소한 운동 에너지)=(증가한 위치 에너지)
  - 물체가 내려갈 때 : (감소한 위치 에너지)=(증가한 운동 에너지)
- 역학적 에너지의 보존 법칙 : 물체가 운동하고 있는 동안 마찰이 없다면 역학적 에너지는 일정하게 보존된다[(위치 에너지)+(운동 에너지)=(일정)].

- 낙하하는 물체의 역학적 에너지 보존

  - (감소한 위치 에너지)$=9.8mh_1-9.8mh_2=9.8m(h_1-h_2)$

  - (증가한 운동 에너지)$=\dfrac{1}{2}mv_2{}^2-\dfrac{1}{2}mv_1{}^2=\dfrac{1}{2}m(v_2{}^2-v_1{}^2)$

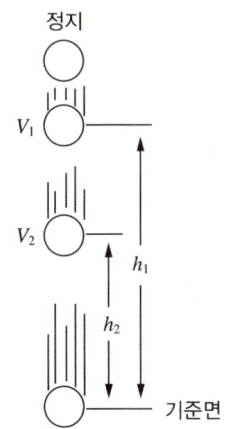

4. 전압 · 전류 · 저항

(1) 전류의 방향과 세기

① 전류의 방향 : (+)극 → (−)극

② 전자의 이동 방향 : (−)극 → (+)극

③ 전류의 세기(A) : 1초 동안에 도선에 흐르는 전하의 양

④ 전하량(C)＝전류의 세기(A)×시간(s)

(2) 전압과 전류의 관계

① 전류의 세기는 전압에 비례한다.

② 전기 저항(R) : 전류의 흐름을 방해하는 정도

③ 옴의 법칙 : 전류의 세기(A)는 전압(V)에 비례하고, 전기 저항(R)에 반비례한다.

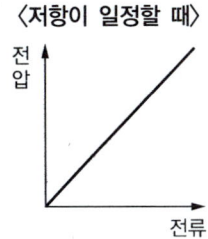
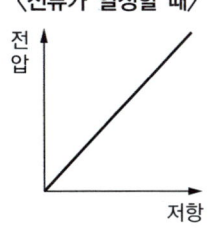
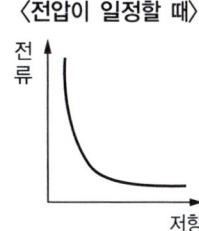

(3) 저항의 연결

① **직렬 연결** : 저항을 한 줄로 연결

　㉠ 전류 : $I = I_1 = I_2$

　㉡ 각 저항의 전합 : $V_1 : V_2 = R_1 : R_2$

　㉢ 전체 전압 : $V = V_1 + V_2$

　㉣ 전체 저항 : $R = R_1 + R_2$

② **병렬 연결** : 저항의 양끝을 묶어서 연결

　㉠ 전체 전류 : $I = I_1 + I_2$

　㉡ 전체 전압 : $V = V_1 = V_2$

　㉢ 전체 저항 : $\dfrac{1}{R} = \dfrac{1}{R_1} + \dfrac{1}{R_2}$

③ **혼합 연결** : 직렬 연결과 병렬 연결을 혼합

④ $V = IR$

03 | 기계이해 적중예상문제

정답 및 해설 p.015

대표유형　물리

그림과 같이 수평면 위에 정지해 있는 1kg의 물체에 수평 방향으로 4N과 8N의 힘이 서로 반대 방향으로 작용한다면, 이 물체의 가속도 크기는?(단, 모든 마찰과 저항은 무시한다)

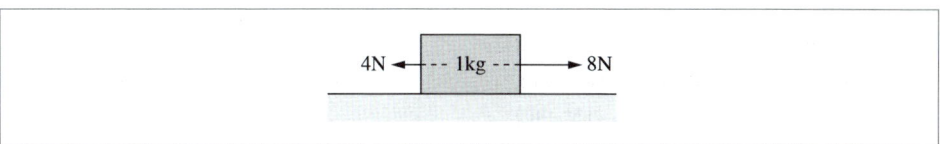

① 4m/s^2

② 5m/s^2

③ 6m/s^2

④ 7m/s^2

⑤ 8m/s^2

| 해설 | 가속도는 시간에 대한 속도 변화의 비율을 나타내는 양으로, 질량을 m, 가속도를 a, 힘을 F라고 하면 운동 방정식 F=ma가 성립한다. 그림에서 질량은 1kg이므로, 가속도 a는 힘 F와 같고, 서로 반대 방향으로 작용하는 힘 때문에 가속도의 크기는 4m/s^2가 된다.

정답 ①

01 다음 중 자기장을 변화시켜 전류가 유도되는 원리를 이용하지 않는 것은?

① 발전기

② 고정 도르래

③ 금속탐지기

④ 도난경보기

⑤ 변압기

02 다음 그림과 같이 일정한 속력으로 운동하던 물체가 곡면을 따라 이동하였을 때, 〈보기〉 중 옳은 것을 모두 고르면?(단, 물체와 접촉면과의 마찰은 무시한다)

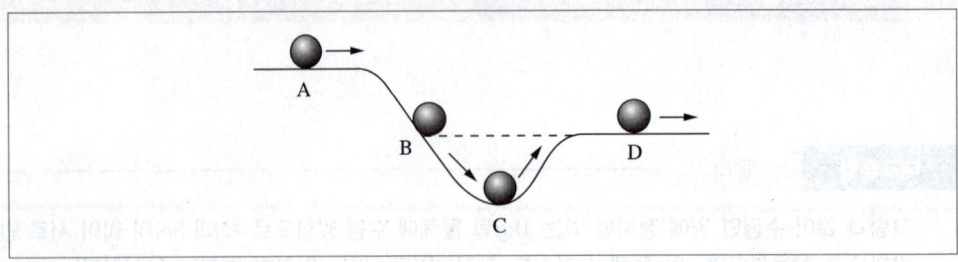

보기

㉠ A점에서의 역학적 에너지가 가장 크다.
㉡ B점과 D점에서 위치 에너지는 같다.
㉢ C점에서의 운동 에너지가 가장 크다.

① ㉠   ② ㉡
③ ㉢   ④ ㉡, ㉢
⑤ ㉠, ㉡, ㉢

03 다음 그래프는 운동하는 A~C 세 물체의 시간에 따른 이동 거리를 나타낸 것이다. 속력이 가장 빠른 물체는?

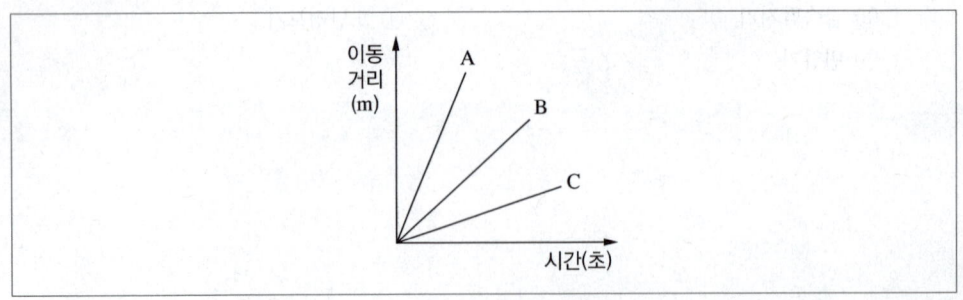

① A   ② B
③ C   ④ 모두 같다.
⑤ 알 수 없다.

04 다음 그림과 같이 추를 실로 묶어 천장에 매달았을 때, 지구가 추를 당기는 힘에 대한 반작용은?

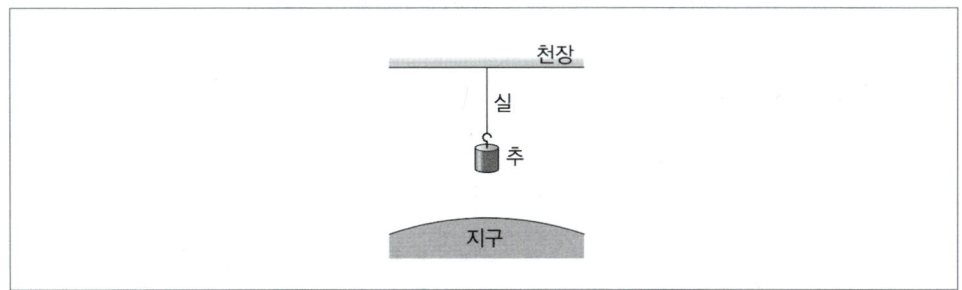

① 실이 추를 당기는 힘   ② 실이 천장을 당기는 힘

③ 추가 실을 당기는 힘   ④ 추가 지구를 당기는 힘

⑤ 천장이 추를 당기는 힘

05 크기가 $10\,\Omega$ 인 저항 2개와 $20\,\Omega$ 1개를 다음과 같이 연결하였을 때, a, b 사이의 합성 저항의 크기는?

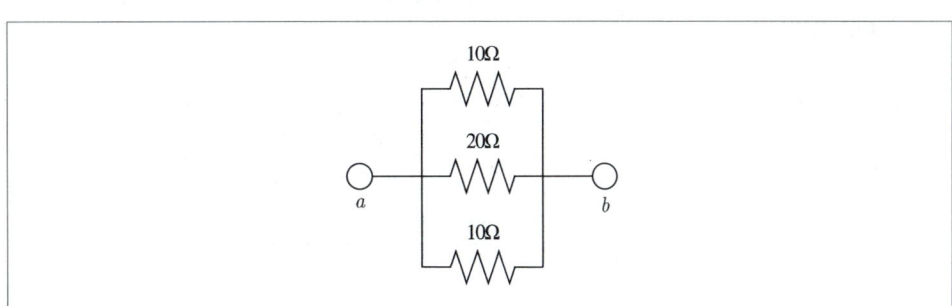

① $0.25\,\Omega$ ② $5\,\Omega$

③ $4\,\Omega$ ④ $20\,\Omega$

⑤ $40\,\Omega$

06 다음 그림은 '가'에서 '나'로 공이 운동한 경로를 나타낸 것이다. 구간 A ~ D 중 위치 에너지가 운동 에너지로 전환된 곳은?(단, 공기 저항과 마찰은 무시한다)

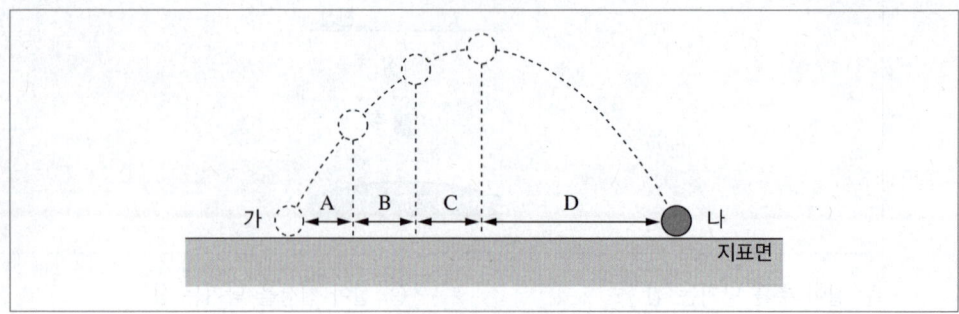

① A   ② B
③ C   ④ D
⑤ 변화 없음

07 다음 그림과 같이 지레에 무게가 10N인 물체를 놓고 지렛대를 수평으로 하기 위하여 필요한 힘 F의 크기는?

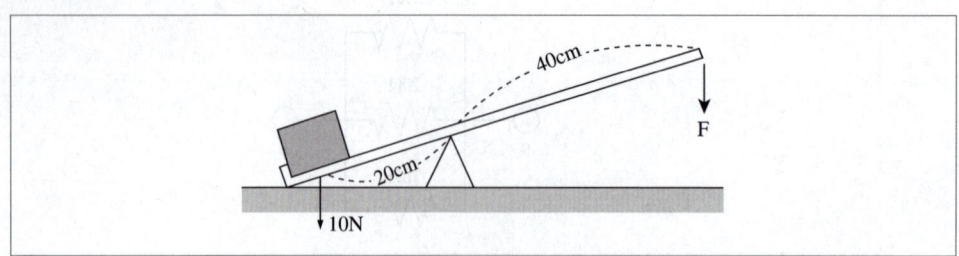

① 5N   ② 10N
③ 15N   ④ 20N
⑤ 25N

08 케플러의 법칙 중 다음 설명에 해당하는 것은?

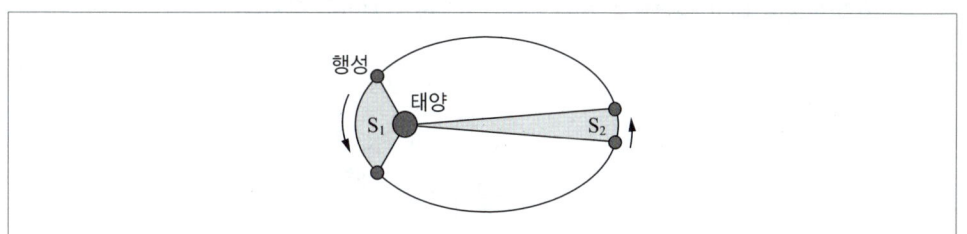

그림과 같이 동일한 시간에 태양과 행성을 연결하는 선이 쓸고 지나가는 면적은 항상 같다($S_1 = S_2$).

① 조화 법칙   ② 열역학 법칙

③ 질량 보존 법칙   ④ 면적속도 일정 법칙

⑤ 만유인력 법칙

09 길이가 50cm이고 용수철상수가 150N/m인 용수철에 무게가 w인 추를 매달았더니 15cm 늘어난 상태에서 평형을 유지하였다. 이때, 추의 무게는?

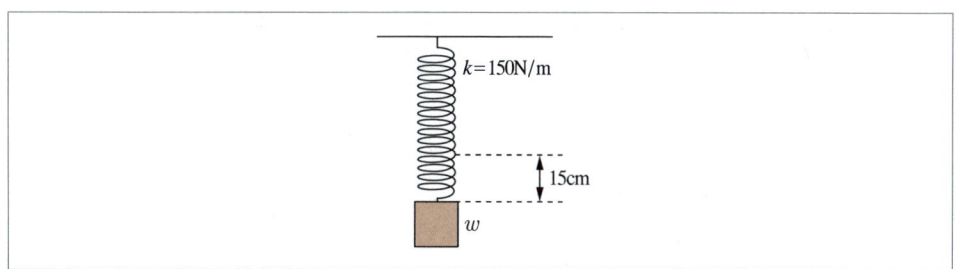

① 22.5N   ② 52.5N

③ 75N   ④ 97.5N

⑤ 150N

10 다음 그림은 건물 옥상에서 수평으로 던진 공의 운동 경로를 나타낸 것이다. A, B, C 세 지점에서 공의 운동에 대한 설명으로 옳은 것은?(단, 공기 저항은 무시한다)

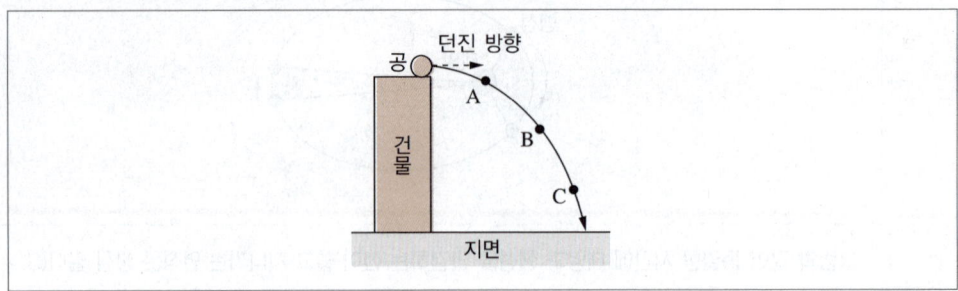

① 속도가 가장 빠른 지점은 A이다.

② 위치 에너지가 가장 큰 지점은 B이다.

③ 운동 에너지가 가장 작은 지점은 C이다.

④ 역학적 에너지가 가장 큰 지점은 A이다.

⑤ A, B, C지점에서 역학적 에너지의 크기는 모두 같다.

11 다음 그림과 같이 2N의 추를 용수철에 매달았더니 용수철이 4cm 늘어났다. 이 용수철을 손으로 잡아당겨 10cm 늘어나게 했을 때, 손이 용수철에 작용한 힘의 크기는 몇 N인가?

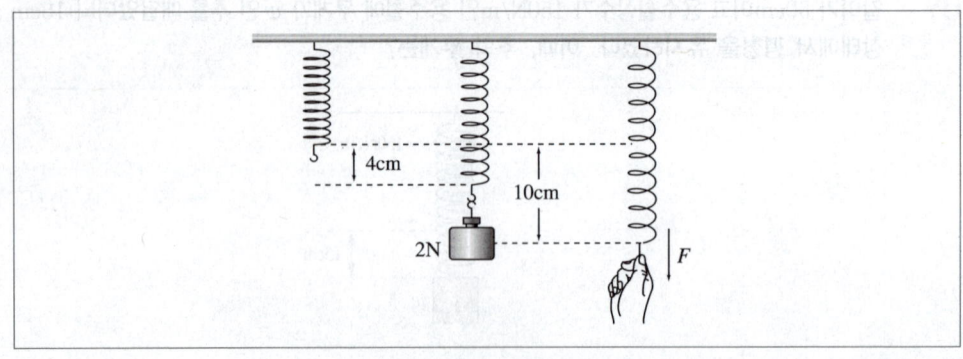

① 2.5N   ② 5N

③ 7.5N   ④ 9N

⑤ 9.5N

12 다음 설명에 해당하는 것은?

> • 사람이 볼 수 있는 전자기파의 한 종류이다.
> • 텔레비전 영상은 이 빛을 통해 보는 것이다.
> • 연속 스펙트럼의 무지개색 빛이다.

① X선   ② 자외선
③ 적외선   ④ 가시광선
⑤ 감마선

PART 1

13 다음 그림과 같이 마찰이 없는 수평면에 놓여 있는 물체를 철수와 영수가 반대 방향으로 당기고 있으나, 물체는 움직이지 않고 있다. 이러한 상황에서 물체에 작용하는 힘에 대한 내용으로 옳지 않은 것을 〈보기〉에서 모두 고르면?

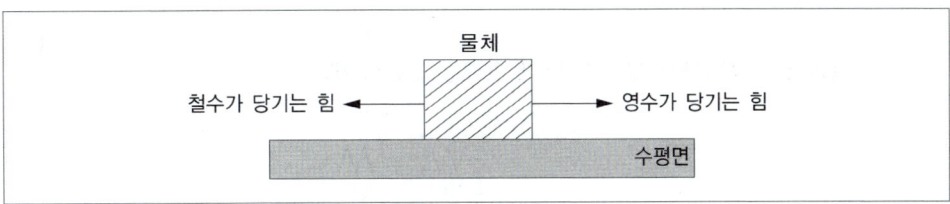

보기

> ㄱ. 물체는 정지해 있으므로, 물체에 작용하는 합력은 0이다.
> ㄴ. 합력이 0이므로, 철수가 물체를 당기는 힘과 영수가 물체를 당기는 힘은 크기가 같고 방향만 반대이다.
> ㄷ. 따라서 위의 두 힘은 뉴턴의 제3법칙에서 말하는 작용과 반작용의 관계에 있다.

① ㄴ   ② ㄷ
③ ㄱ, ㄴ   ④ ㄱ, ㄷ
⑤ ㄴ, ㄷ

14 다음과 같이 포물선 운동을 하고 있는 공에서 운동 에너지가 가장 큰 곳은 어디인가?(단, 공기 저항은 무시한다)

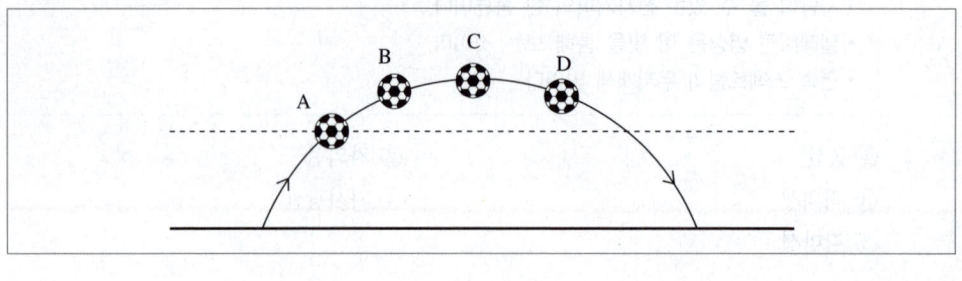

① A
② B
③ C
④ D
⑤ 모두 같다.

15 다음과 같은 회로에서 저항 10Ω에 흐르는 전류의 세기는?

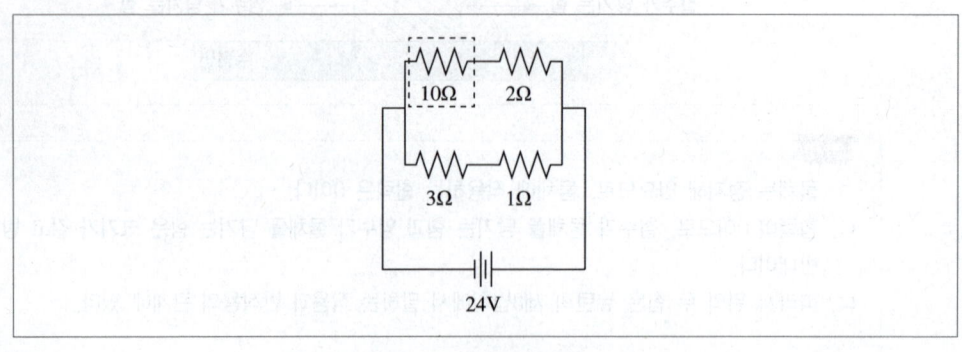

① 1A
② 2A
③ 4A
④ 6A
⑤ 8A

16 다음 그래프는 마찰이 없는 수평면에서 세 물체 A～C에 같은 크기의 힘을 가할 때, 시간에 따른 속도 변화를 나타낸 것이다. 다음 중 질량이 가장 큰 것은?

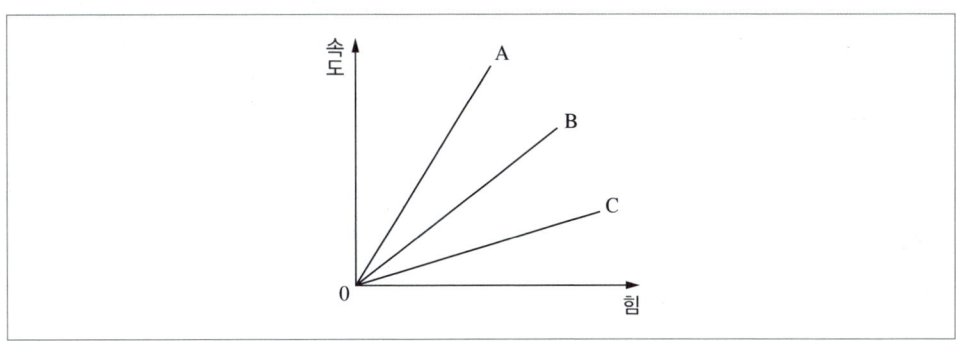

① A

② B

③ C

④ 모두 같다.

⑤ 알 수 없다.

17 가속도 a로 등가속도 직선 운동하는 물체가 있다. 이 물체의 속도가 v_0 상태에서 t초 동안 운동하였다. t초 후의 속도는 얼마인가?

① $v_0 + at$

② $v_0 t + \dfrac{1}{2} a t^2$

③ $\dfrac{1}{2} a t^2$

④ $a^2 - v_0^2$

⑤ $\dfrac{1}{2} a t + v_0$

18 저항을 가진 전구가 직렬연결일 때의 전체 저항은 $R = R_1 + R_2$이며, 병렬연결에서의 전체 저항은 $R = \dfrac{R_1 R_2}{R_1 + R_2}$이다. 저항이 서로 다른 4개의 전구가 다음과 같이 연결되어 있을 때, 이 회로의 전체 저항은 몇 Ω인가?

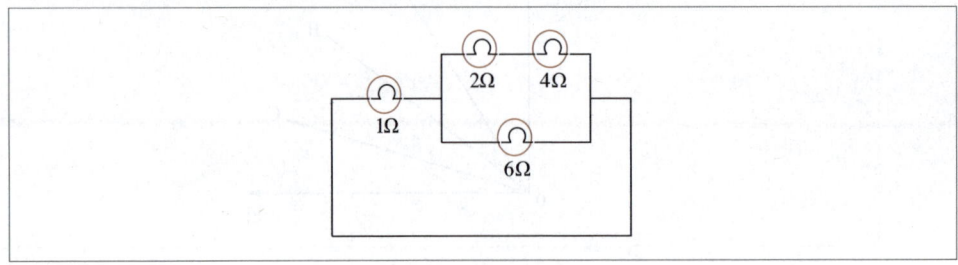

① 4Ω ② 5Ω

③ 6Ω ④ 7Ω

⑤ 8Ω

19 다음 설명에 해당하는 의료기기는?

> • 진동수가 20,000Hz 이상인 음파가 체내 각 조직에서 흡수, 반사되는 정도 차이를 영상화하여 보여주는 장치이다.
> • 자궁 내 태아의 상태 등을 검사하는 데 이용된다.

① 내시경   ② 체온계

③ 혈압계   ④ 초음파 진단기

⑤ 자기공명영상(MRI) 장치

20 다음은 길이가 다른 3개의 원통을 사용하여 만든 솔레노이드 A, B, C를 나타낸 것이다. A, B, C에 흐르는 전류의 세기가 같다면, 내부의 자기장 B^A, B^B, B^C의 세기를 바르게 비교한 것은?(단, 세 솔레노이드 모두 같은 종류의 코일이 일정한 간격으로 고르게 감겨 있다)

솔레노이드	원통의 길이(cm)	코일을 감은 수(횟수)
A	5	200
B	10	200
C	20	400

① $B^A > B^B = B^C$ 　　② $B^A < B^B < B^C$

③ $B^A = B^B < B^C$ 　　④ $B^A > B^B > B^C$

⑤ $B^A = B^B = B^C$

21 그림과 같이 수평면 위에 정지해 있는 1kg의 물체에 수평 방향으로 4N과 8N의 힘이 서로 반대 방향으로 작용한다면, 이 물체의 가속도 크기는?(단, 모든 마찰과 저항은 무시한다)

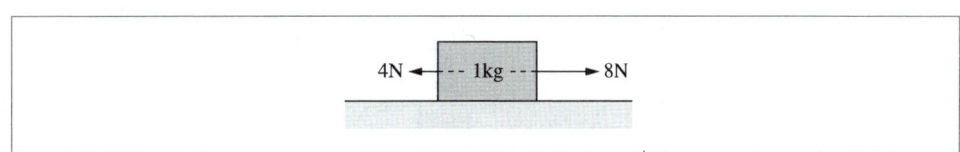

① $4m/s^2$ 　　② $5m/s^2$

③ $6m/s^2$ 　　④ $7m/s^2$

⑤ $8m/s^2$

22 다음 중 전자기파를 파장이 짧은 영역부터 나열한 것은?

① 적외선 – 가시광선 – 자외선 – X선

② 가시광선 – 적외선 – 자외선 – X선

③ 자외선 – X선 – 가시광선 – 적외선

④ X선 – 적외선 – 가시광선 – 자외선

⑤ X선 – 자외선 – 가시광선 – 적외선

23 다음 그림은 태양 주위를 공전하는 어떤 행성의 타원 궤도를 나타낸 것이다. A ~ D 중 행성의 공전 속도가 가장 빠른 곳은?

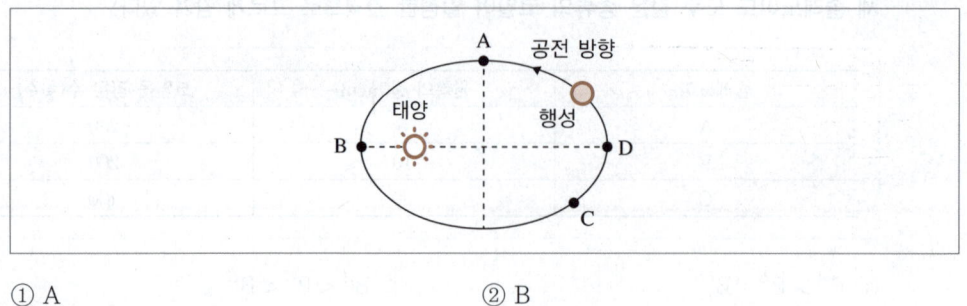

① A

② B

③ C

④ D

⑤ 모두 같다.

24 다음 그림은 자석이 움직이면서 생긴 자기장의 변화로 코일에 전류가 발생하는 실험을 나타낸 것이다. 이와 같은 원리를 이용하는 센서는?

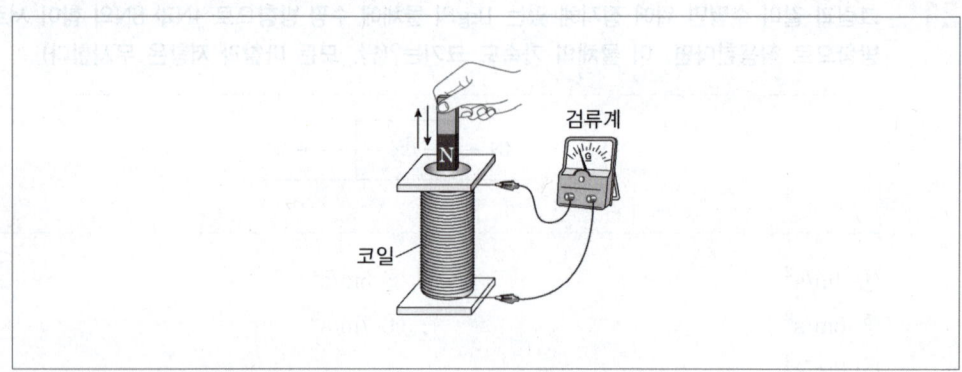

① 광센서

② 가스 센서

③ 이온 센서

④ 전자기 센서

⑤ 온도 센서

25 500번 감은 코일 내부의 자속의 세기가 10ms동안 0.04Wb/m²만큼 변할 때, 코일에 의해 유도되는 기전력의 크기는?

① 500V

② 1,000V

③ 2,000V

④ 4,000V

⑤ 5,000V

26 다음은 고압 송전을 하는 이유를 설명한 것이다. (가)와 (나)에 들어갈 알맞은 값을 순서대로 나열한 것은?

> 동일한 송전선을 사용하여 같은 전력을 공급할 때, 송전 전압을 10배로 높여 송전하면 송전선에 흐르는 전류는 __가__ 배로 감소한다. 따라서 송전선에서의 전력 손실은 __나__ 배로 감소한다.

① 0.1, 0.1 ② 0.1, 0.01

③ 0.01, 0.1 ④ 0.01, 0.01

⑤ 0.01, 0.001

27 다음 그림에서 수평이 되기 위한 막대의 무게는 얼마인가?

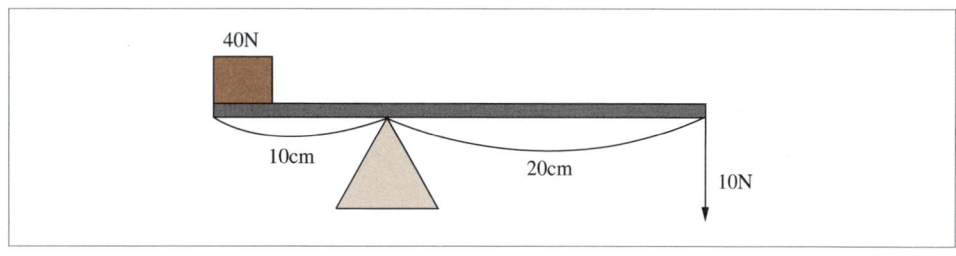

① 20N ② 30N

③ 40N ④ 50N

⑤ 60N

28 다음 물체가 수평면에서 4m 이동한다고 할 때, 물체가 하는 일은 얼마인가?(단, 모든 마찰 및 공기 저항은 무시한다)

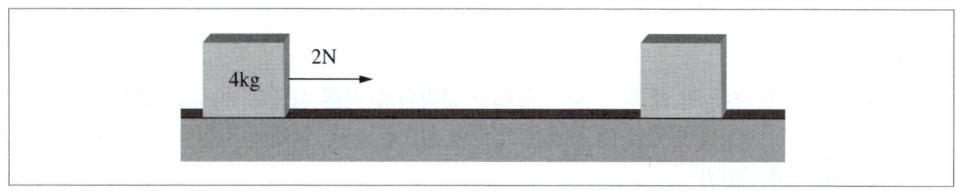

① 2J ② 4J

③ 8J ④ 12J

⑤ 16J

29. 다음과 같이 직렬과 병렬이 모두 있는 회로에서 (A)의 저항은 얼마인가?

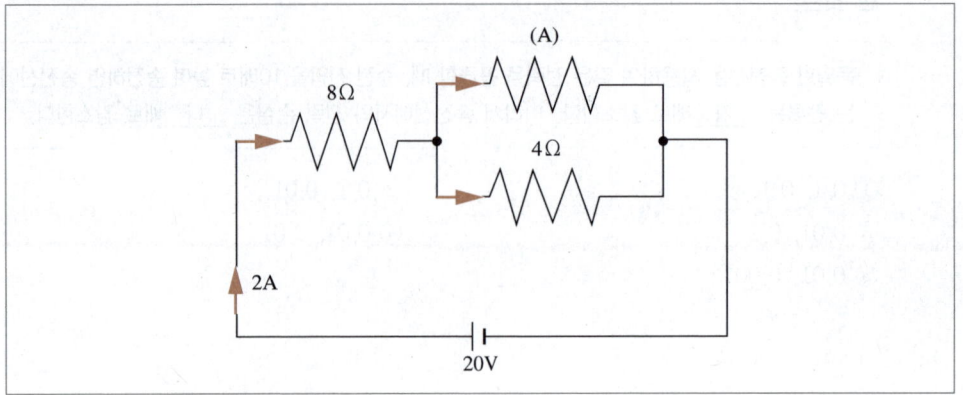

① 2Ω
② 4Ω
③ 6Ω
④ 8Ω
⑤ 10Ω

30. 열량계 안에 300g의 물과 200g의 물체가 열평형을 이룬 상태로 20℃를 유지하고 있다. 여기에 50℃의 물 100g을 부었을 때 새로운 열평형 온도는?(단, 물체의 비열은 0.5kcal/kg · ℃이고 열손실은 전혀 없다)

① 20℃
② 23.5℃
③ 25℃
④ 26℃
⑤ 26.5℃

31 다음 그림처럼 병따개를 사용할 때 그 원리를 바르게 설명한 것은?(단, a의 길이는 변화가 없고, 병따개의 무게는 무시한다)

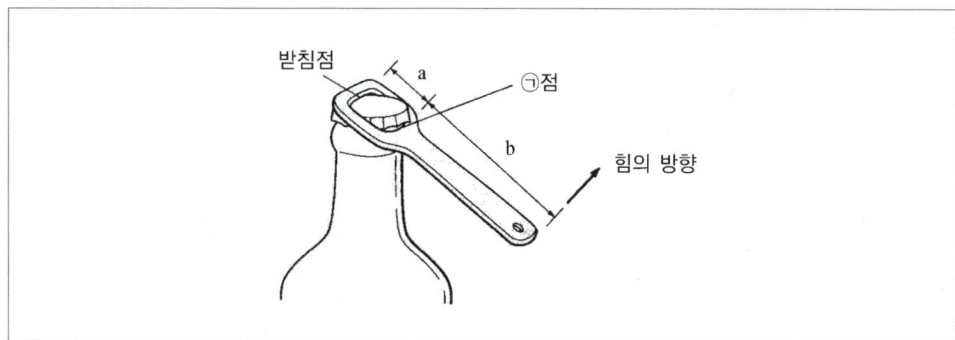

① ㉠점은 힘점이다.
② b가 길어질수록 힘이 더 든다.
③ b가 길어질수록 한 일의 양은 작아진다.
④ b가 짧아져도 한 일의 양에는 변함이 없다.
⑤ a가 b의 길이보다 작으면 ㉠점이 받침점이 된다.

32 혜린이는 건물 1층에서 맨 위층까지 올라가기 위해 엘리베이터를 탔다. 질량이 50kg인 혜린이가 엘리베이터 바닥에 놓인 저울 위에 서서 올라가는 동안 시간에 따른 엘리베이터의 속도가 다음과 같았다. 이에 대한 설명으로 적절한 것을 〈보기〉에서 모두 고르면?(단, 중력가속도는 10m/s^2 이고 모든 저항력과 마찰력은 무시한다)

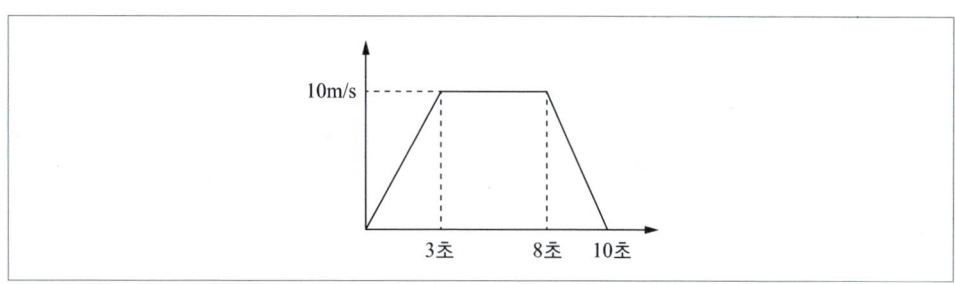

보기

ㄱ. 3초부터 8초 사이에 혜린이의 몸무게는 변함이 없다.
ㄴ. 8초부터 10초 사이에 저울이 가리키는 눈금은 250N이다.
ㄷ. 이 건물의 높이는 70m 이상이다.

① ㄱ 　　　　　　　　　② ㄱ, ㄴ
③ ㄱ, ㄷ 　　　　　　　④ ㄴ, ㄷ
⑤ ㄱ, ㄴ, ㄷ

33 다음에서 설명하고 있는 원리가 활용된 것은?

> 온도가 높아지면 공기 분자들의 움직임이 빨라지고, 분자들 사이의 거리가 넓어져 부피가 팽창하게 된다. 부피가 넓어짐에 따라 밀도는 낮아지며, 따라서 중력이 작용하는 공간 내에서 고온의 공기는 상승하며, 저온의 공기는 하강하는 대류 현상이 발생한다.

① 증기기관차

② 엘리베이터

③ 자동차

④ 열기구

⑤ 물로켓

34 다음 그래프는 직선 도로에서 운동하는 물체의 속도를 시간에 따라 나타낸 것이다. 이 운동에 대한 설명으로 옳지 않은 것은?

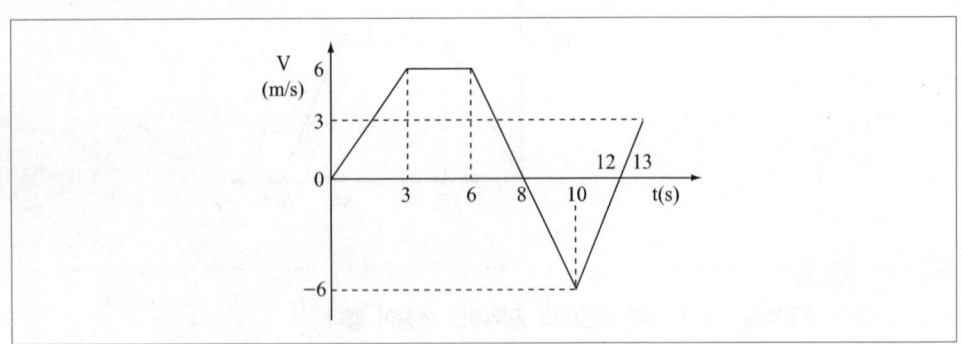

① 등속운동으로 이동한 거리는 18m이다.
② 이 물체의 운동 방향은 3번 바뀌었다.
③ 8초 동안의 이동거리는 33m이다.
④ 6초일 때의 위치와 10초일 때의 위치는 같다.
⑤ 3~6초 동안 이동한 거리는 18m이다.

35 용수철상수가 100N/m인 용수철에 질량이 3kg인 물체를 연결한 후 잡고 있던 손을 가만히 놓았더니 0.1m 늘어난 상태로 지면에 정지하였다. 이에 대한 설명으로 옳은 것을 〈보기〉에서 모두 고르면?(단, 중력가속도는 10m/s^2이다)

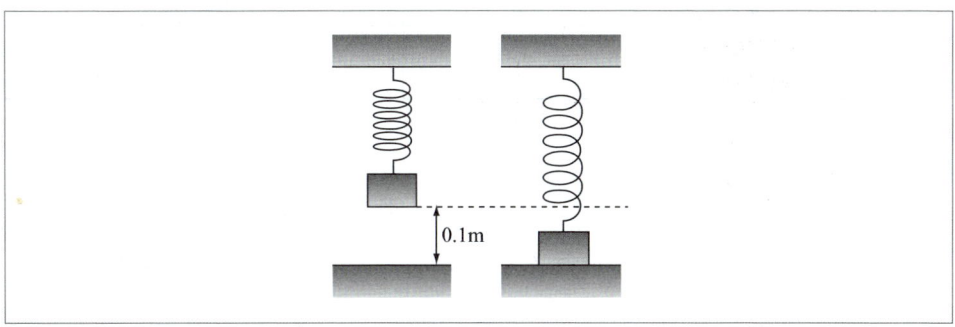

> **보기**
>
> ㄱ. 물체가 지면을 누르는 힘은 20N이다.
> ㄴ. 물체에 작용하는 중력과 수직항력은 평형을 이룬다.
> ㄷ. 용수철상수가 3배 커질 경우 질량이 3kg인 물체를 매달아도 용수철의 늘어난 길이는 같을 것이다.

① ㄱ   ② ㄱ, ㄴ
③ ㄱ, ㄷ   ④ ㄴ, ㄷ
⑤ ㄱ, ㄴ, ㄷ

36 그림과 같은 핀셋에서 힘점, 받침점, 작용점을 바르게 연결한 것은?

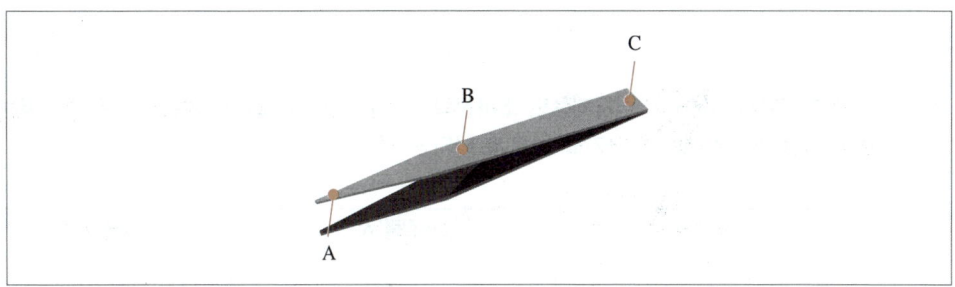

	힘점	받침점	작용점
①	A	B	C
②	A	C	B
③	B	A	C
④	B	C	A
⑤	C	B	A

37 동일한 크기의 비커 A, B, C에 각각 다른 질량의 물을 넣고 가열하였다. 가한 열량과 물의 온도변화가 다음 표와 같을 때, 비커 A, B, C에 들어 있는 물의 질량의 크기를 옳게 비교한 것은?

비커	A	B	C
가한 열량(kcal)	1	2	3
온도변화(℃)	6	8	9

① A< B< C

② A< B＝C

③ A< C< B

④ A＝B＝C

⑤ B< C< A

38 다음 설명에 해당하는 것은?

- 전류에 의한 자기장을 이용한다.
- 전기 에너지를 소리 에너지로 전환시킨다.

① 다리미

② 배터리

③ 백열등

④ 스피커

⑤ 모니터

39 민희네 집에서 사용하는 전자제품의 소비전력과 1일 사용 시간을 조사하였다. 각 전자제품이 1일 동안 사용하는 전력량의 크기를 바르게 나타낸 것은?

전자제품	소비전력(W)	1일 사용 시간(h)
A	45	5
B	240	2.5
C	128	0.5
D	75	3

① B> A＝D> C

② B> A> C> D

③ C> A> B＝D

④ C> A> B> D

⑤ D> B> A> C

40 다음은 A와 B 각각의 핵반응식을 나타낸 것이다. 이에 대한 설명으로 옳은 것을 〈보기〉에서 모두 고른 것은?

A : ${}_{1}^{2}H + {}_{1}^{3}H \rightarrow {}_{2}^{4}He + (가) + 에너지$

B : ${}_{92}^{235}U + (나) \rightarrow {}_{56}^{141}Ba + {}_{36}^{92}Kr + 3{}_{0}^{1}n + 에너지$

보기

ㄱ. A는 핵융합 과정, B는 핵분열 반응이다.
ㄴ. (가)는 양성자이다.
ㄷ. (나)는 중성자이다.

① ㄱ
② ㄱ, ㄴ
③ ㄱ, ㄷ
④ ㄴ, ㄷ
⑤ ㄱ, ㄴ, ㄷ

41 질량이 다른 물체 A, B가 수평면 위에 정지해 있다. 두 물체에 힘(F)을 일정하게 작용할 때, A, B의 가속도를 각각 a_A, a_B라 하면 $a_A : a_B$는?(단, 마찰은 무시한다)

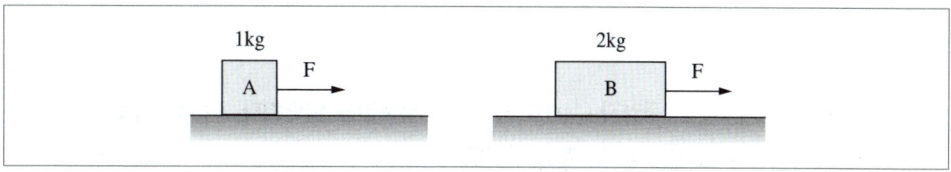

① $1 : 1$
② $2 : 1$
③ $3 : 1$
④ $5 : 1$
⑤ $1 : 2$

42 다음 그림과 같이 저항 $5\,\Omega$에 10V의 전압이 걸릴 경우, 회로에 흐르는 전류의 세기는?

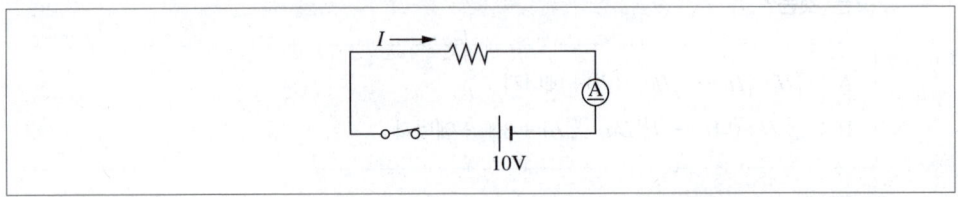

① 2A
② 5A
③ 10A
④ 50A
⑤ 100A

43 다음 설명에 해당하는 파동은?

- 매질이 없는 공간에서도 전파된다.
- 파장에 따라 전파, 가시광선, 적외선, X선 등으로 분류된다.

① 종파
② 지진파
③ 초음파
④ 전자기파
⑤ 횡파

44 우라늄 핵종 $^{235}_{92}U$는 중성자 $(^{1}_{0}n)$를 포획해서 핵분열을 일으킨다. 이 핵분열로 $^{92}_{36}Kr$와 $^{141}_{56}Ba$이 생겼을 경우 중성자는 몇 개 방출되는가?

① 0개
② 1개
③ 2개
④ 3개
⑤ 4개

45 다음 〈보기〉 중 지레의 원리가 작용된 생활 속 제품을 모두 고르면?

> **보기**
>
> ㄱ. 병따개 　　　　　　　　　　ㄴ. 가위
> ㄷ. 손톱깎이 　　　　　　　　　　ㄹ. 젓가락

① ㄱ, ㄴ　　　　　　　　　　　　② ㄱ, ㄷ
③ ㄱ, ㄴ, ㄷ　　　　　　　　　　④ ㄱ, ㄷ, ㄹ
⑤ ㄱ, ㄴ, ㄷ, ㄹ

46 무게가 각각 1kg, 2kg인 두 공을 10m 높이의 건물에서 동시에 떨어뜨릴 때, 〈보기〉 중 옳은 것을 모두 고르면?(단, 공기의 저항이나 마찰력은 무시한다)

> **보기**
>
> ㄱ. 동시에 떨어진다.
> ㄴ. 위치 에너지는 같다.
> ㄷ. 가속도는 증가한다.

① ㄱ　　　　　　　　　　　　　　② ㄴ
③ ㄱ, ㄴ　　　　　　　　　　　　④ ㄴ, ㄷ
⑤ ㄱ, ㄴ, ㄷ

47 다음 설명에 해당하는 것은?

> 파동을 발생시키는 파원과 그 파동을 관측하는 관측자의 상대적인 운동에 따라 파원과 관측자의 거리가 가까워질 때는 파동의 주파수가 더 높게, 멀어질 때는 파동의 주파수가 더 낮게 관측되는 현상이다. 사이렌을 울리며 달려오는 구급차의 사이렌 소리가 높게 들리다가 지나가면 소리가 낮아지는 현상, 스피드건으로 자동차의 속력을 측정하는 것이 대표적인 예이다.

① 도플러 효과　　　　　　　　　② 간섭
③ 회절　　　　　　　　　　　　　④ 굴절
⑤ 베르누이의 정리

48 다음 중 나머지 넷과 다른 물리법칙 또는 원리가 적용되는 것은?

① 원심분리기

② 팔을 휘두르며 포환을 던지는 투포환 선수

③ 불이 붙은 깡통을 돌리는 쥐불놀이

④ 자동차로 커브길 운전을 할 때 발생하는 쏠림 현상

⑤ 팔을 벌렸다가 오므리면서 회전속도를 올리는 피겨스케이팅 선수

49 다음 중 회전 방향이 나머지와 다른 것은?

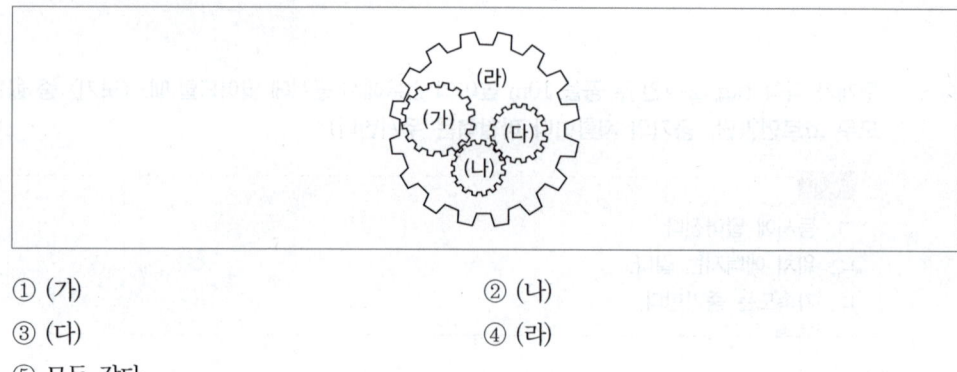

① (가)   ② (나)

③ (다)   ④ (라)

⑤ 모두 같다.

50 다음 그림과 같은 전기 회로에서 스위치 S를 열면 전류계는 2.0A를 가리킨다. 스위치 S를 닫을 때 전류계에 나타나는 전류의 세기는?

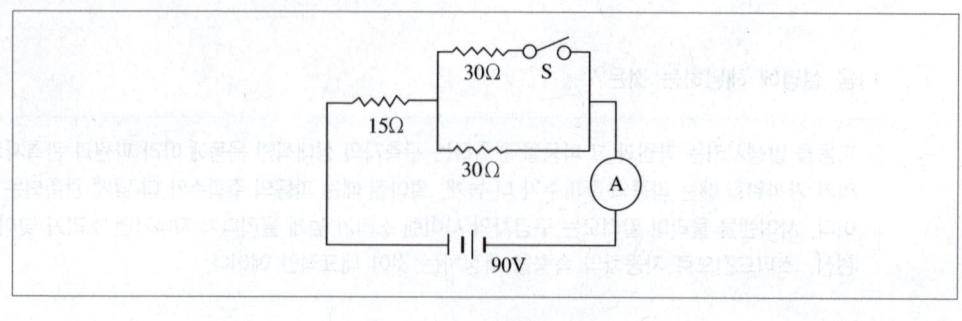

① 1A   ② 2A

③ 3A   ④ 4A

⑤ 5A

2

한국사

1. 원시시대와 고조선

(1) 정치

① 정치제도

군장 중에서 왕을 추대 → 왕의 권력 취약

② 지방행정

군장세력이 각기 자기 부족 통치 : 군장의 관료 명칭이 왕의 관료와 동일한 명칭으로 사용 → 왕의 권력 취약

③ 군사제도 : 군장세력이 독자적으로 지휘

(2) 사회

① 신분제

㉠ 구석기 : 무리 생활, 평등사회(이동 생활)

㉡ 신석기 : 부족사회, 평등사회(정착 생활 시작)

㉢ 청동기 : 사유재산제, 계급 발생(고인돌), 군장국가(농경 보편화)

㉣ 초기 철기 : 연맹왕국 형성

② 사회조직

㉠ 구석기 : 가족 단위의 무리 생활

㉡ 신석기 : 씨족이 족외혼을 통해 부족 형성

㉢ 청동기 : 부족 간의 정복활동, 군장사회

㉣ 초기 철기 : 군장이 부족을 지배하면서 국왕 선출

(3) 경제

① 구석기

㉠ 빙하기 : 고기잡이와 사냥, 채집 생활 → 무리 생활 → 이동 생활 → 동굴과 막집 생활(뗀석기, 골각기)

㉡ 주먹도끼 : 연천군 전곡리 출토 → 서구 우월주의 비판

② 신석기

㉠ 농경의 시작 → 정착 생활 → 강가나 해안가(물고기 잡이 병행) : 움집 생활, 씨족 공동체사회(부족·평등사회)

㉡ 빗살무늬 토기, 간석기 사용, 원시 신앙 발달

③ 청동기
　　㉠ 청동기 사용 → 전반적인 기술의 급격한 발달 → 부와 권력에 의한 계급 발생 → 국가(고조선)
　　　등장
　　㉡ 비파형 동검과 미송리식 토기(고조선의 세력 범위와 일치)
　　㉢ 벼농사의 시작과 농경의 보편화 → 구릉지대 생활

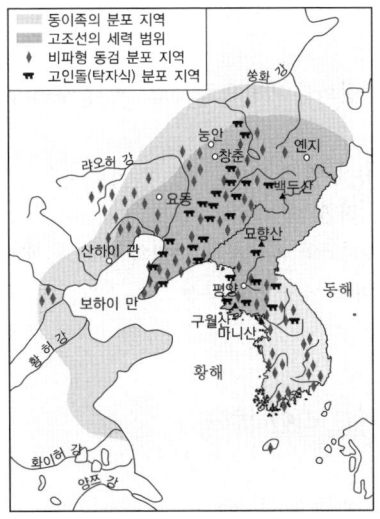

〈동이족과 고조선의 세력 범위〉

④ 철기
　　㉠ 세형 동검, 명도전과 거푸집, 암각화
　　㉡ 연맹왕국이 나타나기 시작
　　㉢ 배산임수의 취락 구조 정착, 장방형 움집, 지상가옥화

(4) 문화
① **신석기** : 애니미즘, 샤머니즘, 토테미즘, 영혼숭배와 조상숭배(원시신앙)
② **청동기** : 선민사상(정치이념)

(5) 고조선
① 청동기 문화를 바탕으로 기원전 2333년에 건국
② 만주의 요령 지방과 한반도 서북 지방의 여러 부족을 통합
③ **건국이념** : 홍익인간(弘益人間, 널리 인간을 이롭게 한다)
④ **변천과정** : 건국 → 중국의 연과 대립으로 쇠퇴 → 철기 도입 → 위만조선 건국(기원전 194년) →
　　철기와 중계무역으로 성장 → 한의 침입으로 멸망
⑤ **의의** : 민족사의 유구성과 독자성

⑥ 사회 모습
  ㉠ 선민사상 : 환인과 환웅의 후손
  ㉡ 농경사회 : 농사에 필요한 비, 바람, 구름을 주관
  ㉢ 토테미즘 : 곰과 호랑이 숭배
  ㉣ 제정일치 사회

(6) 여러 나라의 성장
① 고조선이 멸망할 무렵 철기 문화를 바탕으로 성립 → 각 부족의 연합 또는 전쟁을 통해 국가 형성
② 만주지방 : 부여, 고구려
③ 한반도 북부 동해안 : 옥저, 동예
④ 한반도 남부 : 마한, 변한, 진한
  ㉠ 마한 : 54개의 소국, 목지국의 지배자가 마한의 왕으로 행세
  ㉡ 진한과 변한 : 각각 12개의 소국으로 구성

2. 삼국시대와 남북국시대(통일신라와 발해)

(1) 정치
① 삼국시대(민족 문화의 동질적 기반 확립)
  ㉠ 정치제도(왕권강화와 중앙 집권화)
    • 왕위 세습, 율령 반포, 관등제
    • 귀족합의제도 : 제가, 정사암, 화백회의는 국가 중대사 결정 → 왕권 중심의 귀족국가정치
  ㉡ 지방행정
    • 군사적 성격, 부족적 전통
    • 고구려 : 5부(욕살)
    • 백제 : 5방(방령)
    • 신라 : 5주(군주)
  ㉢ 군사제도 : 군사조직은 지방제도와 관련, 국왕이 직접 군사를 지휘
② 남북국시대
  ㉠ 정치제도(왕권의 전제화 – 신라 중대)
    • 집사부 시중의 권한 강화
    • 국학설치 : 유교정치이념 수용
    ※ 발해 : 왕위의 장자상속, 독자적 연호 사용
  ㉡ 지방행정(지방 제도 정비)
    • 신라
      – 9주(도독) : 행정 중심
      – 5소경 : 지방세력 통제
    • 발해 : 5경·15부·62주

       © 군사제도
- 신라 : 9서당(왕권강화, 민족 융합), 10정(지방군)
- 발해 : 8위

(2) 경제

① 토지제도
       〇 왕토사상 : 토지 공유
       〈 통일신라의 토지 분급, 녹읍(귀족의 농민 징발도 가능) → 관료전 지급(신문왕, 왕권강화)
           → 녹읍의 부활(신라 하대, 왕권약화)
       〉 농민에게 정전 분급
② 조세제도
       〇 조세 : 생산량의 1/10
       〈 역 : 군역과 요역
       〉 공물 : 토산물세
③ 산업
       〇 신석기 : 농경 시작
       〈 청동기 : 벼농사 시작, 농경의 보편화
       〉 철기 : 철제 농기구 사용 → 경작지 확대
       《 지증왕 : 우경 시작
       》 신라통일 후 상업 발달, 아라비아 상인 출입(울산항)

(3) 사회

① 신분제(신분제도 성립)
       〇 지배층 특권을 유지하기 위해 율령제도, 신분제도 마련
       〈 신분은 친족의 사회적 위치에 따라 결정
- 귀족 : 권력과 경제력 독점
- 평민 : 생산 활동에 참여, 조세 부담
- 천민 : 노비, 부곡민
       〉 신라 골품제
- 골품은 개인의 신분과 정치활동 제한
- 관등조직은 골품제와 연계 편성, 복색은 관등에 따라 지정
② 사회조직
       〇 골품제도 : 중앙집권국가 성립시기에 군장세력 재편 → 신라 하대에 골품제도의 모순 노출
       〈 귀족합의기구 : 화백, 정사암, 제가회의 → 왕권 견제
       〉 화랑제도 : 교육의 기능, 계급갈등을 조절
       《 진골 귀족의 왕위 쟁탈전
       》 반신라 세력 : 호족, 6두품, 도당유학생, 선종, 풍수지리설
       「 신라 하대 전국적 농민 봉기

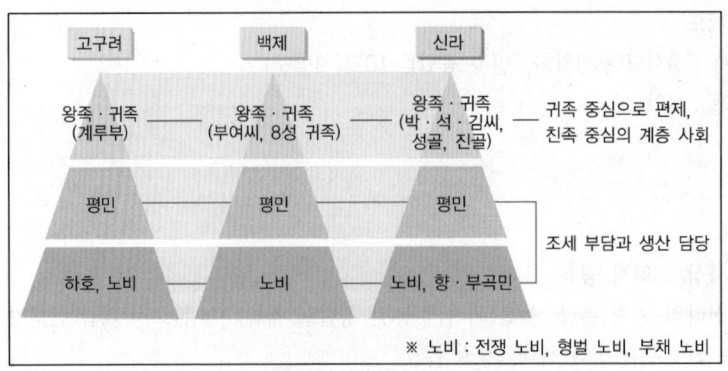

〈삼국의 신분 구조〉

(4) 문화

① 삼국시대

㉠ 불교

- 수용 : 중앙 집권 체제 확립과 통합
- 발전 : 왕실불교, 귀족불교

㉡ 유교

- 고구려 : 태학, 경당(모든 계층 망라)
- 백제 : 5경 박사
- 신라 : 임신서기석

㉢ 전통사상 및 도교

- 시조신 숭배 : 지배층
- 샤머니즘, 점술 : 민중
- 도교 : 사신도, 산수무늬 벽돌, 사택지적비, 백제 봉래산 향로

② 남북국시대

㉠ 불교

- 원효의 정토종 : 불교의 대중화, 화쟁 사상(불교 통합)
- 의상의 화엄종 : 전제왕권 지지
- 교종 : 경전, 귀족 – 신라 중대
- 선종 : 참선, 호족 – 신라 하대(반신라), 개인의 정신 중시 → 신라 중대에 탄압
- 발해 : 고구려 불교 계승

㉡ 유교

- 유교이념 수용 : 국학, 독서삼품과(귀족의 반대로 실패)
- 강수 : 외교 문서
- 설총 : 이두 정리
- 김대문 : 주체적
- 최치원 : 사회개혁

© 전통사상 및 도교
  • 도교 : 최치원의 난랑비, 정효공주 묘비
  • 풍수지리설 : 중국서 전래, 국토 재편론(호족 지지) → 신라 왕권의 권위 약화

3. 고려시대

(1) 정치

① 정치제도
  ㉠ 최승로의 시무28조 : 중앙집권적, 귀족정치, 유교정치이념 채택
  ㉡ 귀족제 : 공음전과 음서제
  ㉢ 합좌기구 : 도병마사 → 도평의사사(귀족연합체제)
  ㉣ 지배계급 변천 : 호족 → 문벌귀족 → 무신 → 권문세족 → 신진사대부
  ㉤ 서경제 : 관리임명 동의, 법률개폐 동의

② 지방행정
  ㉠ 지방제도의 불완전성(5도 양계 : 이원화)
  ㉡ 중앙집권의 취약성(속군, 속현)
    ※ 속군과 속현 : 지방관이 파견 안 된 곳으로 향리가 실제 행정을 담당하고 이들 향리가 후에 신진사대부로 성장함
  ㉢ 중간행정기구의 미숙성(임기 6개월, 장관품계의 모순)
  ㉣ 지방의 향리세력이 강함

③ 군사제도
  ㉠ 중앙 : 2군 6위(직업군인)
  ㉡ 지방 : 주현군, 주진군(국방담당)
  ㉢ 특수군 : 광군, 별무반, 삼별초
  ㉣ 합의기구 : 중방

(2) 경제

① 토지제도(전시과 체제 정비)
  ㉠ 역분전(공신)
  ㉡ 전시과 제도 : 수조권만 지급, 시정전시과 → 개정전시과(직·산관) → 경정전시과(직관)
  ㉢ 귀족의 경제 기반 : 공음전
  ㉣ 고려 후기 : 농장 발달(권문세족)

② 조세제도
  ㉠ 전세 : 민전은 1/10세
  ㉡ 공납 : 상공, 별공
  ㉢ 역 : 정남(16 ~ 60세), 강제노동
  ㉣ 잡세 : 어세, 염세, 상세

③ 산업

    ㉠ 농업 중심의 자급자족사회 : 유통경제 부진

    ㉡ 농업 : 심경법, 2년 3작, 시비법, 목화

    ㉢ 상업 : 화폐주조

    ㉣ 무역발달(송, 여진, 거란, 일본, 아랍), 예성강 입구의 벽란도

〈고려 전기의 대외 무역〉

(3) 사회

① 신분제(신분제도의 재편성)

    ㉠ 골품제도의 붕괴 : 호족 중심의 중세 사회 형성

    ㉡ 호족의 문벌 귀족화

    ㉢ 중간계층의 대두

      • 귀족 : 왕족, 문무고위 관리

      • 중간계층 : 남반, 서리, 향리, 군인

      • 양인 : 농·상·공민

      • 천민 : 노비, 향·소·부곡민

    ㉣ 여성의 지위가 조선시대보다 높음

② 사회조직
　　㉠ 법률 : 대가족 제도를 운영하는 관습법 중심
　　㉡ 지배층의 성격 비교
　　　　• 문벌귀족(고려 중기) : 과거나 음서를 통해 권력 장악
　　　　• 권문세족(몽골간섭기) : 친원파로 권력 독점, 농장소유
　　　　• 사대부(무신집권기부터) : 성리학자, 지방향리출신, 중소지주
　　㉢ 사회시설
　　　　• 의창·제위보 : 빈민구제
　　　　• 상평창 : 물가 조절

(4) 문화

① 불교
　　㉠ 숭불정책(훈요 10조 : 연등회, 팔관회)
　　㉡ 연등회, 팔관회 : 왕실 권위 강화
　　㉢ 불교의 통합운동(원효 화쟁론의 영향)
　　　　• 의천의 천태종 : 교종 중심, 귀족적(중기)
　　　　• 지눌(돈오점수, 정혜쌍수)의 조계종 : 선종 중심, 무신정권기
　　　　• 혜심의 유불일치설

② 유교
　　㉠ 유교정치이념 채택(최승로의 시무 28조)
　　㉡ 유학성격변화 : 자주적(최승로) → 보수적(김부식) → 쇠퇴(무신)
　　㉢ 성리학의 수용(몽골간섭기) : 사대부의 정치사상으로 수용, 사회개혁 촉구
　　㉣ 이제현의 사략(성리학적 사관)

③ 전통사상 및 도교
　　㉠ 도교행사 빈번 : 장례
　　㉡ 풍수지리설 : 서경길지설(북진정책 기반 – 묘청의 서경천도 운동)
　　㉢ 묘청의 서경천도 운동 : 귀족사회의 구조적 모순에서 비롯됨

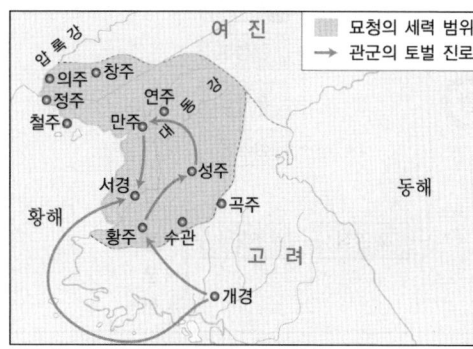

〈묘청의 서경천도 운동〉

4. 조선시대(전기)

(1) 정치

① 정치제도(15C : 훈구파 주도, 16C : 사림파의 성장과 주도)
  ㉠ 왕권과 신권의 균형(성리학을 바탕으로 한 왕도정치)
  ㉡ 의정부 : 합의기구, 왕권강화
  ㉢ 6조 : 행정분담
  ㉣ 3사 : 왕권견제
  ㉤ 승정원·의금부 : 왕권강화

② 지방행정(중앙집권과 지방자치의 조화)
  ㉠ 8도(일원화) : 부, 목, 군, 현 – 면, 리, 통
  ㉡ 모든 군현에 지방관 파견
  ㉢ 향리의 지위 격하(왕권강화)
  ㉣ 향·소·부곡 소멸 : 양인수 증가
  ㉤ 유향소·경재소 운영 : 향촌자치를 인정하면서도 중앙집권 강화
  ㉥ 사림은 향약과 서원을 통해 향촌지배

③ 군사제도(양인개병제, 농병일치제)
  ㉠ 중앙 : 5위, 궁궐 수비·수도 방비
  ㉡ 지방 : 영진군
  ㉢ 잡색군 : 전직관리, 서리, 노비로 구성된 예비군

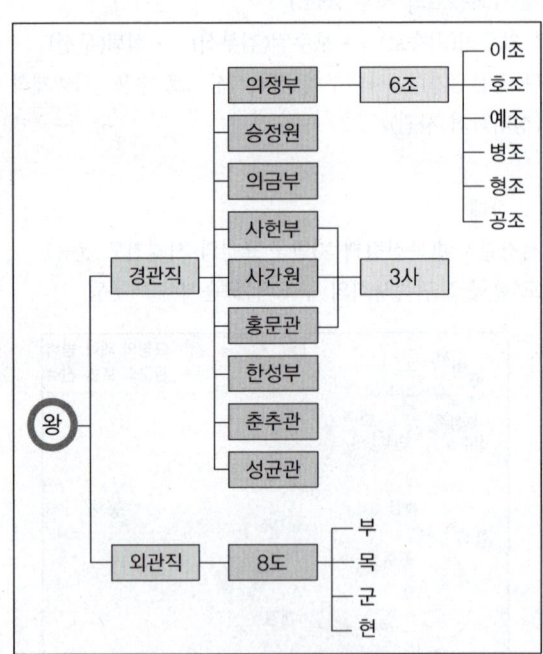

〈조선의 통치 체제〉

(2) 경제

① 토지제도(과전법 체제)

    ㉠ 과전법 : 사대부의 경제기반 마련

    ㉡ 직전법(세조, 직관) : 농장의 출현

    ㉢ 관수관급제(성종) : 국가의 토지 지배 강화, 양반의 농장 보편화 촉진

    ㉣ 녹봉제(명종) : 과전법 체제의 붕괴, 지주 전호제 강화, 농민 토지 이탈 → 부역제와 수취제의 붕괴(임란과 병란이 이를 촉진시킴)

② 조세제도

    ㉠ 전세 : 수확의 1/10세, 영정법(4두)

    ㉡ 공납 : 호구세, 상공과 별공

    ㉢ 군역 : 양인개병제, 농병일치제

③ 산업(중농억상 정책으로 상공업 부진)

    ㉠ 농업 : 이앙법 시작, 이모작 보급

    ㉡ 상업 : 시전 중심, 지방 중심, 화폐유통 부진

    ㉢ 수공업 : 장인은 관청에 부역

    ㉣ 무역 : 조공무역 중심

(3) 사회

① 신분제(양반 관료제 사회)

    ㉠ 양인수 증가 : 향·소·부곡의 해체, 다수의 노비 해방

    ㉡ 양천제 실시(양인과 천민)

    ㉢ 과거를 통한 능력 중심의 관료 선발

    ㉣ 16C 이후 양반, 중인, 상민, 천민으로 구별

② 사회조직

    ㉠ 법률 : 경국대전 체제(성리학적 명분질서의 법전화)

    ㉡ 종법적 가족제도 발달 : 유교적 가족제도로 가부장의 권한 강화, 적서차별

    ㉢ 사회시설

      • 환곡 : 의창 → 상평창(1/10)

      • 사창 : 양반지주층 중심의 자치적인 구제기구

    ㉣ 사회통제책 : 오가작통법, 호패법

(4) 문화

① 불교

    ㉠ 불교의 정비 : 유교주의적 국가기초확립

    ㉡ 재정확보책 : 도첩제, 사원전 몰수, 종파의 통합

      ※ 고대 : 불교 / 중세 : 유·불교 / 근세 : 유교

② 유교
  ㉠ 훈구파(15C) : 중앙집권, 부국강병, 사장중시, 과학기술 수용, 단군숭배
  ㉡ 사림파(16C) : 향촌자치, 왕도정치, 경학중시, 과학기술 천시, 기자숭배
  ㉢ 주리론 : 이황(영남학파, 남인, 도덕중시)
  ㉣ 주기론 : 이이(기호학파, 서인, 현실중시)
③ 전통사상 및 도교
  ㉠ 도교 행사 정비 : 소격서(중종 때 조광조에 의해 폐지)
  ㉡ 풍수지리설 : 한양천도(왕권강화), 풍수·도참사상 – 관상감에서 관리
  ㉢ 민간신앙의 국가신앙화
    ※ 기타 종교와 사상에 대한 국가 관리는 유교사회를 확립하려는 의도

5. 조선시대(후기)

(1) 정치

① 정치제도
  ㉠ 임란을 계기로 비변사의 강화 → 왕권의 약화(상설기구 전환)
  ㉡ 정쟁의 심화 → 서인의 일당 독재화, 영·정조의 탕평책 실패 → 세도정치의 등장 → 대원군의 개혁(왕권강화, 농민 안정책)
② 군사제도
  ㉠ 중앙 : 5군영(용병제), 임란과 병란으로 인한 부역제의 해이로 실시
  ㉡ 지방 : 속오군(향촌자체방위, 모든 계층)
  ㉢ 조선 초기(진관체제) → 임란(제승방략체제) → 조선 후기(진관체제 복구, 속오군 편성)

(2) 경제

① 토지제도
중농학파 "농민의 토지 이탈과 부역제의 붕괴를 막는 것은 체제의 안정을 유지하는 것"
  ㉠ 유형원 : 균전제(계급 차등분배)
  ㉡ 이익 : 한전제(영업전 지급)
  ㉢ 정약용 : 여전제(급진적 내용, 공동생산과 공동분배)
② 조세제도
농민의 불만 해소와 재정 확보를 위해, 궁극적으로는 양반지배체제의 유지를 위하여 수취제도를 개편
  ㉠ 영정법(전세) : 1결 4두 → 지주 유리
  ㉡ 대동법(공납) : 공납의 전세화, 토지 결수로 징수
  ㉢ 균역법 : 2필 → 1필, 선무군관포, 결작
    ※ 조세의 전세화, 금납화 → 화폐경제, 도시와 시장 발달 → 수요 증대 → 상품경제와 상공업 발달 ⇒ 자본주의 맹아

③ 산업

서민경제의 성장 → 서민의식의 향상

㉠ 농업 : 이앙법, 견종법의 보급 → 광작 → 농촌사회의 계층 분화

㉡ 상업 : 사상, 도고의 성장 → 상인의 계층 분화, 장시의 발달 → 도시의 발달

㉢ 민영수공업 발달 : 납포장, 선대제

㉣ 광업
- 17C : 사채의 허용과 은광 개발이 활발(대청 무역)
- 18C : 상업 자본의 광산 경영 참여로 잠채성행(금·은광)
- 자본과 경영의 분리 : 덕대가 채굴 노동자 고용

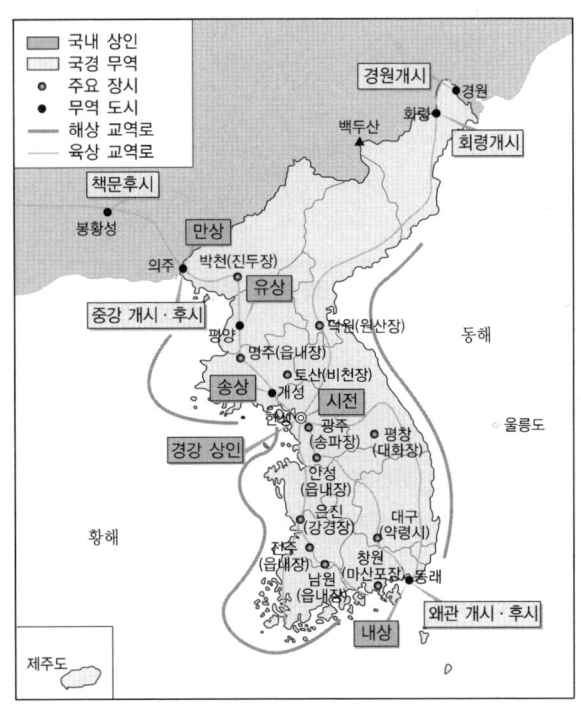

〈조선 후기의 상업〉

(3) 사회

① 신분제(신분제도의 동요)

㉠ 양반수의 증가 : 납속책, 공명첩, 족보 위조

㉡ 중인층의 지위 향상 : 서얼의 규장각 등용, 역관

㉢ 평민의 분화 : 농민(경영형 부농, 임노동자), 상인(도고상인, 영세상인)

㉣ 노비 수의 감소 : 공노비 해방(순조), 양인 확보

② 사회조직(사회 불안의 고조)

㉠ 신분제 동요 : 몰락양반의 사회개혁 요구

㉡ 삼정(전정, 군정, 환곡)의 문란 : 서민의식의 향상(비판의식)

㉢ 위기의식의 고조 : 정감록 유행, 도적의 출현, 이양선의 출몰

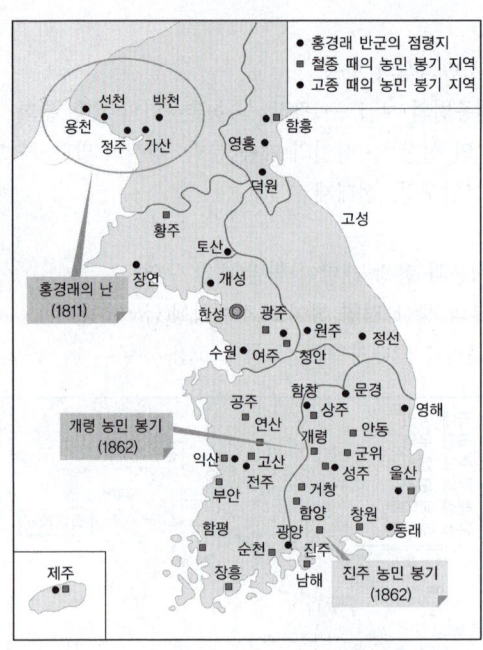

〈19세기의 농민 운동〉

(4) 문화

① 불교 : 불교의 민간 신앙화

② 유교

    ㉠ 양명학의 수용 : 정제두의 강화학파

      ※ 실학 : 통치 질서의 붕괴와 성리학의 한계, 서학의 전래, 고증학의 영향으로 등장

    ㉡ 중농학파 : 토지제도 개혁

    ㉢ 중상학파 : 상공업 진흥책, 박제가(소비론), 박지원(화폐유통론)

    ㉣ 국학 : 동사강목(한국사의 정통론), 해동역사(다양한 자료 이용), 동사·발해고(반도 사관 극복), 연려실기술(실증적 연구)

③ 전통사상 및 도교(사회의 동요)

    천주교 수용, 동학의 발전, 정감록 등 비기도참 사상, 미륵신앙 유행 → 현실 비판(서민문화의 발달)

6. 근·현대

(1) 정치

Ⅰ. 개항과 근대 변혁 운동

① 흥선대원군의 정책

    ㉠ 19세기 중엽의 상황 : 세도정치의 폐단, 민중 세력의 성장, 열강의 침략적 접근

    ㉡ 흥선대원군의 집권(1863 ~ 1873)

      • 왕권강화정책 : 서원 철폐, 삼정의 문란 시정, 비변사 폐지, 의정부와 삼군부의 기능 회복, 대전회통 편찬

      • 통상수교거부정책 : 병인양요, 신미양요, 척화비 건립

② 개항과 개화정책
  ㉠ 개항 이전의 정세
    • 개화 세력의 형성
    • 흥선대원군의 하야와 민씨 세력의 집권(1873)
    • 운요호 사건(1875)
  ㉡ 문호개방
    • 강화도 조약(1876) : 최초의 근대적 조약, 불평등 조약
    • 조·미 수호통상조약(1882) : 서양과의 최초 수교, 불평등 조약
③ 갑신정변(1884) : 최초의 근대화 운동(정치적 – 입헌군주제, 사회적 – 신분제 폐지 주장)
  ㉠ 전개 : 급진개화파(개화당) 주도
  ㉡ 실패원인 : 민중의 지지 부족, 개혁 주체의 세력 기반 미약, 외세 의존, 청의 무력간섭
  ㉢ 결과 : 청의 내정 간섭 심화
  ㉣ 1880년대 중반 조선을 둘러싼 열강의 대립 심화
④ 동학농민운동의 전개
  ㉠ 배경
    • 대외적 : 열강의 침략 경쟁에 효과적으로 대응하지 못함
    • 대내적 : 농민 수탈, 일본의 경제적 침투
    • 농민층의 상황 : 불안과 불만 팽배 → 농촌 지식인들과 농민들 사이에서 사회 변화 움직임 고조
  ㉡ 전개 과정
    • 고부 봉기 : 전봉준 중심으로 봉기
    • 1차 봉기 : 보국안민과 제폭구민을 내세움 → 정읍 황토현 전투의 승리 → 전주 점령
    • 전주 화약기 : 폐정개혁 12개조 건의, 집강소 설치
    • 2차 봉기 : 항일 구국 봉기 → 공주 우금치 전투에서 패배

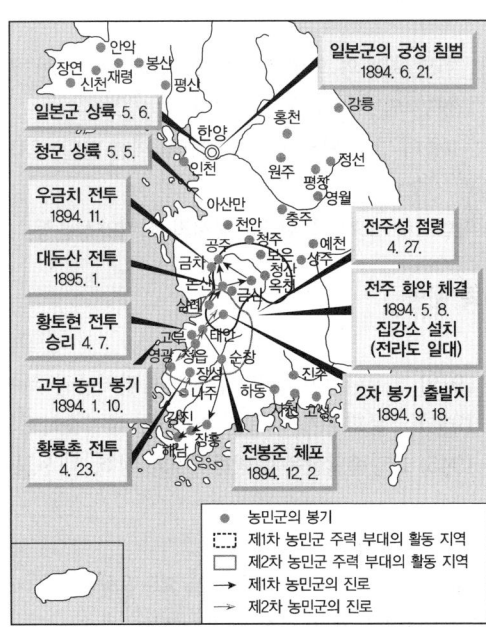

〈동학농민운동의 전개〉

⑤ 갑오개혁과 을미개혁
  ㉠ 갑오개혁(1894)
    • 군국기무처 설치 : 초 정부적 회의기관으로 개혁 추진
    • 내용 : 내각의 권한 강화, 왕권 제한, 신분제 철폐
    • 과정 : 홍범 14조 반포
    • 한계 : 군사적 측면에서의 개혁이나 농민들의 요구에 소홀
  ㉡ 을미개혁(1895)
    • 과정 : 일본의 명성 황후 시해 → 친일 내각을 통해 개혁 추진
    • 내용 : 단발령, 태양력 사용 등
⑥ 독립협회와 대한제국
  ㉠ 독립협회(1896 ~ 1898)
    • 배경 : 아관파천으로 인한 국가 위신 추락
    • 활동 : 국권·이권수호 운동, 민중계몽운동, 입헌군주제 주장
    • 만민공동회(1898) : 최초의 근대식 민중대회
    • 관민공동회 : 헌의 6조 결의
  ㉡ 대한제국 성립(1897)
    • 배경 : 고종의 환궁 여론 고조
    • 자주 국가 선포 : 국호 – 대한제국, 연호 – 광무
    • 성격 : 구본신참의 복고주의, 전제 황권 강화
⑦ 일제의 국권 강탈
  ㉠ 러·일 전쟁 : 일본의 승리(한반도에 대한 일본의 독점적 지배권)
  ㉡ 을사조약(1905, 제2차 한·일 협약)
⑧ 항일의병전쟁과 애국계몽운동
  ㉠ 항일의병운동
    • 을미의병(1895) : 한말 최초의 의병봉기(을미사변과 단발령이 원인)
    • 을사의병(1905) : 평민 의병장 신돌석의 활약
    • 정미의병(1907) : 고종의 강제 퇴위와 군대 해산에 대한 반발, 13도 창의군 조직, 서울진공작전
  ㉡ 애국계몽운동(교육과 산업)
    • 신민회(1907) : 비밀결사 조직, 문화적·경제적 실력양성운동, 105인 사건으로 해산

Ⅱ. 민족의 수난과 항일 민족 운동
① 일제의 식민정책
  ㉠ 1910년대(1910 ~ 1919) : 무단통치(헌병경찰제 – 즉결처분권 부여)
  ㉡ 1920년대(1919 ~ 1931) : 문화통치(민족 분열 정책, 산미증식계획)
  ㉢ 1930년대(1931 ~ 1945) : 민족말살통치(병참기지화 정책, 내선일체, 황국신민화, 일본식 성명 강요)
② 3·1운동(1919)
  ㉠ 배경 : 미국 윌슨 대통령의 '민족자결주의'와 2·8독립선언
  ㉡ 3·1운동은 대한민국 임시정부가 세워진 계기가 됨

③ 대한민국 임시정부(1919. 9. 상하이)
  ㉠ 한성정부의 법통 계승
  ㉡ 연통제, 교통국, 외교활동(구미위원부)
④ 국내외 항일민족운동
  ㉠ 국내 항일운동
    • 신간회(1927) : 비타협적 민족주의자와 사회주의 세력 연합 → 노동·소작쟁의, 동맹 휴학 등을 지원
    • 학생운동 : 6·10만세운동(1926), 광주학생 항일운동(1929)
  ㉡ 국외 항일운동 : 간도와 연해주 중심
    • 대표적 전과 : 봉오동 전투(1920), 청산리 전투(1920)
    • 간도 참변(1920) : 봉오동·청산리 전투에 대한 일제의 보복
    • 자유시 참변(1921) : 러시아 적군에 의한 피해
    • 3부의 성립(1920년대) : 정의부, 참의부, 신민부
    • 중국군과 연합하여 항일전 전개(1930년대)
    • 한국광복군(1940, 충칭)
  ㉢ 사회주의 세력 : 중국 공산당과 연계 – 화북 조선 독립 동맹 결성, 조선 의용군 조직

Ⅲ. 대한민국의 성립과 발전
① 광복 직후의 국내 정세
  ㉠ 모스크바 3상회의 : 한반도 신탁통치 결정
  ㉡ 미·소 공동위원회 : 남북한 공동 정부 수립 논의 – 결렬
② 대한민국 정부의 수립 : 5·10총선거 → 제헌국회 → 대통령 선출 → 정부수립

(2) 경제
① 토지제도
  ㉠ 동학농민운동에서만 토지의 평균분작 요구
  ㉡ 대한제국 : 지계발급
  ㉢ 일제의 수탈
    • 토지조사사업(1910 ~ 1918) : 조선의 토지 약탈을 목적으로 실시
    • 산미증식계획(1920 ~ 1935) : 농지개량, 수리시설 확충 비용 소작농이 부담
    • 병참기지화 정책(1930 ~ 1945) : 중화학공업, 광업 생산에 주력(기형적 산업구조) – 군사적 목적
② 조세제도
  ㉠ 갑신정변 : 지조법 개정
  ㉡ 동학농민운동 : 무명잡세 폐지
  ㉢ 갑오·을미개혁 : 조세 금납화
  ㉣ 독립협회 : 예산공표 요구

③ 산업
　　㉠ 근대적 자본의 성장
　　㉡ 일제 강점기 : 물산장려운동

(3) 사회

① 신분제(평등 사회로의 이행)
　　㉠ 갑신정변(1884) : 문벌 폐지, 인민평등권
　　㉡ 동학농민운동(1894) : 노비제 폐지, 여성지위 상승
　　㉢ 갑오개혁(1894) : 신분제 폐지, 봉건폐습 타파
　　㉣ 독립협회(1896) : 민중의식 변화, 민중과 연대
　　㉤ 애국계몽운동(1905) : 민족교육운동, 실력 양성
② 사회조직
　　㉠ 개혁 세력 : 민권사상을 바탕으로 평등사회 추구
　　㉡ 위정척사파 : 양반 중심의 봉건적 신분질서 유지
　　㉢ 동학농민운동 : 반봉건, 반제국주의의 개혁 요구
　　㉣ 독립협회 : 자주, 자유, 자강 개혁 요구
　　㉤ 광무개혁 : 전제 군주제를 강화하기 위한 개혁
　　㉥ 의병활동 : 반제국주의의 구국 항전
　　㉦ 애국계몽단체 : 자주독립의 기반 구축 운동

(4) 문화

① 동도서기(東道西器) : 우리의 정신문화는 지키고 서양의 과학 기술을 받아들이자는 주장(중체서용, 구본신참) → 양무운동, 대한제국
② 불교 유신론 : 미신적 요소를 배격하고 불교의 쇄신을 주장
③ 민족사학의 발전 : 신채호, 박은식, 최남선
④ 기독교계는 애국계몽운동에 힘씀

(5) 광복 전후의 국제 논의

① 카이로 회담(1943)
　　㉠ 일본에 대한 장래 군사행동 협정
　　㉡ 한국을 자유국가로 해방 시킬 것을 약속
② 얄타 회담(1945)
　　㉠ 한국에 대한 신탁통치 약속
　　㉡ 한국 38도 군사경계선 확정
③ 포츠담 회담(1945)
　　㉠ 일본 군대 무장 해제
　　㉡ 한국 자유국가 해방 약속 재확인(카이로 회담의 선언)

④ 모스크바 3상 회의(1945)
  ㉠ 5년간 미국, 영국, 소련, 중국 등 4개국 정부의 한국 신탁통치 결정
  ㉡ 미국, 소련 공동 위원회(임시정부) 설치

(6) 대한민국 정부 수립
  ① 5 · 10 총선거
    ㉠ 남한 단독 선거
    ㉡ 남북 협상파 불참
    ㉢ 이승만, 한민당 압승
    ㉣ 제헌국회 구성 및 민주공화국 체제의 헌법 제정
  ② 대한민국 정부 수립
    ㉠ 대통령은 이승만, 부통령에 이시영 선출
    ㉡ 대한민국 성립 선포
  ③ 반민족 행위 처벌법 제정
    ㉠ 일제강점기 시대에 친일 행위를 한 자를 처벌하기 위한 법
    ㉡ 이승만의 소극적 태도로 처벌 실패
  ④ 6 · 25 전쟁(1950)
    ㉠ 북한의 무력 통일 정책
    ㉡ 이승만의 정치 · 경제 불안
    ㉢ 과정
      • 무력 남침 → 서울 함락, 낙동강까지 후퇴 → 유엔국 참전 및 인천상륙작전 → 서울 탈환, 압록
        강까지 전진 → 중공군 개입 → 후퇴 → 휴전 협정
    ㉣ 경제적 · 인적 피해 및 한미상호방위조약 체결(1953)

대표유형 **선사시대**

다음 중 선사시대에 대한 설명으로 옳지 않은 것은?

① 구석기시대에는 뗀석기를 사용하였는데, 처음에는 찍개, 주먹도끼 등과 같이 하나의 도구를 여러 용도로 사용했으나 점차 자르개, 밀개, 찌르개 등 쓰임새가 정해진 도구를 만들어 사용하였다.

② 신석기시대에는 사람들이 돌을 갈아 다양한 모양의 간석기를 만들고 조리나 식량 저장에 사용할 수 있는 토기를 만들었다.

③ 신석기시대부터 도구를 사용하였을 뿐만 아니라 불을 이용하기 시작했고 언어를 구사하였다.

④ 청동기시대에는 일부 지역에서 벼농사가 시작되는 등 농경이 더 발달했으며, 농경의 발달에 따라 토지와 생산물에 대한 사유재산 개념이 발생하면서 빈부의 차가 생기고 계급이 분화되었다.

⑤ 청동 무기의 보급으로 정복 활동이 활발해져 점차 계급 분화가 뚜렷해지고, 막강한 권력과 경제력을 가진 지배자인 군장이 등장하였다.

| 해설 | 불을 이용하고 언어를 구사하게 된 것은 신석기시대가 아니라 구석기시대부터이다.

[오답분석]
④ 청동기시대에 벼농사가 시작되었다는 것은 여주 흔암리 유적과 충남 부여 송국리의 탄화미 유적으로 알 수 있다.

[정답] ③

---

01 **다음 중 우리나라의 신석기시대에 대한 설명으로 옳지 않은 것은?**

① 기원전 8000년경부터 시작되었다.

② 대표적인 토기는 빗살무늬 토기이다.

③ 이 시기의 사람들은 간석기를 가지고 농사를 지었다.

④ 농경 기술이 발달하면서 사냥과 고기잡이는 사라졌다.

⑤ 토테미즘, 샤머니즘, 애니미즘 같은 원시 신앙이 발달했다.

02 다음 설명에 해당하는 시대의 유물로 옳은 것은?

> 대체로 기원전 10세기경으로 볼 수 있으며, 벼농사가 시작되었고 한반도의 경우 이 시대에 최초의 국가인 고조선이 형성되었다. 사회적으로는 불평등이 발생하며 계급과 국가가 생겼다.

① 빗살무늬 토기　　　　　　　② 뗀석기
③ 뼈바늘　　　　　　　　　　④ 민무늬 토기
⑤ 세형동검

03 다음 중 우리나라 청동기시대의 유적과 유물에 대한 설명으로 옳은 것은?

① 불에 탄 쌀이 여주 흔암리, 부여 송국리 유적에서 발견되었다.
② 청동기시대 유적은 한반도 지역에 국한하여 주로 분포되어 있다.
③ 청동기시대에 조개껍데기 가면 등의 예술품도 많이 제작되었다.
④ 청동기시대 토기로는 몸체에 덧띠를 붙인 덧무늬 토기가 대표적이다.
⑤ 청동기시대에는 수공업 생산과 관련된 가락바퀴가 처음으로 사용되었다.

04 다음 중 고조선의 사회와 문화에 대한 설명으로 옳은 것은?

① 단군은 제정일치(祭政一致)의 지배자로 주변 부족을 통합하고 지배하기 위해 자신의 조상을 곰, 호랑이와 연결시켰다.
② 위만 왕조의 고조선은 철기 문화를 본격적으로 수용해 상업과 무역도 발달하게 되었다.
③ 고조선의 사회상은 현재 전하는 8조 금법 법조문 전체로 파악이 가능하다.
④ 고조선은 중계무역을 통해 중국의 한과 우호관계를 유지하려 했다.
⑤ 고조선 시대의 사회는 계급분화가 이루어지지 못했다.

05 다음 중 고조선에 대한 탐구 활동으로 가장 적절한 것은?

① 임신서기석의 내용을 분석한다.
② 국내성 천도의 배경을 살펴본다.
③ 칠지도에 새겨진 명문을 해석한다.
④ 한의 왕검성 침략 원인을 조사한다.
⑤ 독서삼품과의 인재 선발 기준을 파악한다.

06 우리나라 초기 국가 중 순장의 풍습이 있고, 흰옷을 즐겨 입었으며, 제천행사로 영고를 거행한 국가는 어디인가?

① 고구려   ② 부여
③ 옥저   ④ 삼한
⑤ 가야

07 다음 중 (가) 나라의 사회 모습으로 옳은 것은?

> • ___(가)___ 은/는 장성(長城)의 북쪽에 있는데, 현토에서 천 리쯤 떨어져 있다. 남쪽은 고구려와, 동쪽은 읍루와, 서쪽은 선비와 접해 있고, 북쪽에는 약수(弱水)가 있다. 사방 2천 리가 되며, 호수(戶數)는 8만이다.
>
> – 『삼국지』 동이전
>
> • 온조는 하남 위례성에 도읍을 정하였다. …… 나라 이름을 백제로 고쳤다. 그 세계(世系)가 고구려와 함께 ___(가)___ 에서 나온 것이므로 이 때문에 ___(가)___ 을/를 성씨로 삼았다.
>
> – 『삼국사기』

① 신지, 읍차 등의 지배자가 있었다.
② 12월에 영고라는 제천행사를 열었다.
③ 사회 질서를 유지하기 위한 범금 8조가 있었다.
④ 제사장인 천군과 신성 지역인 소도가 존재하였다.
⑤ 부족 간의 경계를 중요시하여 책화라는 제도가 있었다.

08 다음 사료에서 밑줄 친 '그 땅'에 있었던 나라에 대한 설명으로 옳은 것을 〈보기〉에서 모두 고르면?

> 제10대 구해왕(仇亥王)에 이르러 신라에 항복했으므로 <u>그 땅</u>을 금관군으로 삼았다.
>
> – 『삼국사기』

> **보기**
>
> ㄱ. 합천·거창·함양·산청 등을 포괄하는 후기 가야연맹의 맹주로서 등장하였다.
> ㄴ. 이 나라의 왕족 출신이었던 김무력(金武力)은 관산성 전투에서 큰 공을 세웠다.
> ㄷ. 낙동강 하류에 위치하였고, 바다가 인접하여 수운의 편리함을 이용해 경제적·문화적 발전에 유리하였다.

① ㄱ
② ㄴ
③ ㄱ, ㄷ
④ ㄴ, ㄷ
⑤ ㄱ, ㄴ, ㄷ

09 다음 〈보기〉의 사건을 시대 순으로 바르게 나열한 것은?

> **보기**
>
> ㄱ. ○○왕 – 사비로 천도하고 국호를 남부여로 바꿈
> ㄴ. △△왕 – 동진에서 온 마라난타로부터 불교를 받아들임
> ㄷ. ㅁㅁ왕 – 평양성을 공격하여 고구려 고국원왕을 전사시킴

① ㄱ – ㄴ – ㄷ
② ㄱ – ㄷ – ㄴ
③ ㄴ – ㄱ – ㄷ
④ ㄴ – ㄷ – ㄱ
⑤ ㄷ – ㄴ – ㄱ

10 다음에서 설명하는 왕릉의 특징에 관한 설명으로 옳은 것은?

> 이 왕릉은 송산리 고분군의 배수로 공사 중에 우연히 발견되었다. 이 왕릉은 피장자가 누구인지를 알려주는 묘지석이 발견되어 연대를 확실히 알 수 있는 무덤이다.

① 왕릉 내부에 사신도 벽화가 그려져 있다.
② 왕릉 주위 둘레돌에 12지 신상을 조각하였다.
③ 왕릉의 천장은 모줄임 구조를 지니고 있다.
④ 무덤의 구조는 중국 남조의 영향을 받았다.
⑤ 말꾸미개 장식에 천마의 그림이 그려진 유물이 발견되었다.

11 다음 중 국가의 행정 구역이 5부 · 5방 · 22담로인 국가는?

① 고구려   ② 백제
③ 신라   ④ 발해
⑤ 대가야

12 다음 〈보기〉의 사건을 시기 순으로 바르게 나열한 것은?

> **보기**
> ㄱ. 신라가 한강 유역과 함경도 일부 지역까지 영토를 확장하였다.
> ㄴ. 백제가 마한의 잔여 세력을 복속시키고 전라도 지역 전체를 확보하였다.
> ㄷ. 백제가 신라의 대야성을 비롯한 40여 성을 빼앗았다.
> ㄹ. 고구려가 남한강 유역까지 진출하면서 중원고구려비를 세웠다.

① ㄴ - ㄷ - ㄹ - ㄱ   ② ㄴ - ㄹ - ㄱ - ㄷ
③ ㄹ - ㄱ - ㄴ - ㄷ   ④ ㄹ - ㄴ - ㄱ - ㄷ
⑤ ㄹ - ㄷ - ㄴ - ㄱ

13 다음 빈칸 ㉠, ㉡에 들어갈 국가와 제천행사가 바르게 연결된 것은?

> "___㉠___ 나라 읍락(邑落)의 남녀들이 밤에 모여 서로 노래와 놀이를 즐기며 10월에 제천을 하면서 국중대회를 여는데 그 이름을 ___㉡___이라 한다."

	㉠	㉡
①	고구려	동맹
②	동예	무천
③	부여	영고
④	삼한	수릿날
⑤	옥저	계절제

14 신라시대 중앙정부가 지방 세력을 견제하기 위해 지방 향리 또는 지방 향리의 자제를 일정기간 중앙에 와서 거주하도록 한 제도로 옳은 것은?

① 사심관제도　　　　　　② 기인제도
③ 상피제도　　　　　　　④ 상수리제도
⑤ 외사정제도

15 다음 중 삼국시대의 예술작품과 해당 국가가 바르게 연결되지 않은 것을 모두 고르면?

> ㄱ. 고구려 - 무용총 수렵도
> ㄴ. 백제 - 서산 마애삼존불
> ㄷ. 신라 - 울주 반구대 암각화
> ㄹ. 가야 - 천마총 장니 천마도

① ㄱ, ㄴ　　　　　　　　② ㄴ, ㄷ
③ ㄴ, ㄹ　　　　　　　　④ ㄷ, ㄹ
⑤ ㄴ, ㄷ, ㄹ

16 다음 〈보기〉의 통일신라시대 토지 제도 변화를 순서대로 바르게 나열한 것은?

ㄱ. 문무 관료전 지급　　　　　ㄴ. 관료의 녹읍 폐지
ㄷ. 백성에게 정전 지급　　　　ㄹ. 녹봉 폐지 및 녹읍 부활

① ㄱ – ㄴ – ㄷ – ㄹ　　　　　② ㄱ – ㄴ – ㄹ – ㄷ
③ ㄱ – ㄷ – ㄴ – ㄹ　　　　　④ ㄴ – ㄱ – ㄷ – ㄹ
⑤ ㄴ – ㄹ – ㄱ – ㄷ

17 다음 중 신라의 삼국 통일 이후의 일로 옳지 않은 것은?

① 녹읍을 폐지하였다.
② 국학이 설립되었다.
③ 9주 5소경 제도가 완비되었다.
④ 9서당 10정 군사제도를 갖추었다.
⑤ 진골 출신이 처음으로 왕이 되었다.

18 다음 중 통일신라시대에 대한 설명으로 옳지 않은 것은?

① 울산항을 통해서 아라비아 상인들과 교역했다.
② 승려 혜초가 고대 인도의 5천축국을 답사한 뒤 책을 썼다.
③ 신문왕이 왕권 강화를 위해 노력했다.
④ 교종이 쇠퇴하고 선종이 유행하였다.
⑤ 경덕왕이 아버지인 성덕왕의 공덕을 널리 알리기 위해 종을 만들었다.

19 다음에서 설명하는 사찰과 관련이 있는 것은?

> 이 절은 의상이 세웠으며, 공포가 주심포 양식인 유명한 건축물이 있고, 조사당에는 고려 시대의 사천왕상 벽화가 유명하다.

① 거대한 미륵보살입상이 있다.
② 신라 양식을 계승한 불상이 있다.
③ 지눌이 수선사 결사운동을 전개하였다.
④ 금속활자로 만든 서적 『직지심체요절』이 간행되었다.
⑤ 김부식이 지은 대각국사비가 세워져 있다.

20 다음 중 (가)와 (나) 사이에 있었던 사건은?

> (가) 장보고는 자신의 딸을 문성왕의 둘째 왕비로 들이려던 계획이 실패로 돌아가자, 이에 불만을 품고 청해진에서 반란을 일으켰다.
> (나) 승려 출신인 궁예가 강원도와 경기도 일대를 중심으로 후고구려를 건국하였다.

① 견훤이 후백제를 건국하였다.
② 경순왕의 항복과 함께 신라가 멸망하였다.
③ 당나라가 평양에 안동도호부를 설치하였다.
④ 대조영이 고구려 유민들과 함께 발해를 건국하였다.
⑤ 신라는 지금의 울릉도에 위치한 우산국을 정벌하여 복속시켰다.

21 다음 밑줄 친 '이 나라'에 대한 설명으로 옳지 않은 것은?

> 이 나라에서 만들어진 두 분의 부처가 나란히 앉아 있는 이불병좌상은 고구려 양식을 계승한 것으로 현재 일본에 있으며, 수도인 상경에는 당의 장안의 도로망을 본뜬 주작대로가 있다.

① 말(馬)이 주요한 수출품이었다.
② 거란의 침략을 받아 멸망하였다.
③ 당과 교류하면서 빈공과의 합격자를 배출하였다.
④ 동해를 통해 일본과 무역을 활발하게 전개하였다.
⑤ 9세기에 들어서 비로소 신라와 상설교통로를 개설하였다.

22 다음 중 빈칸 ㉠, ㉡에 들어갈 인물의 활동이 바르게 연결된 것은?

> ___㉠___은/는 본래 신라의 왕자로서 도리어 제 나라를 원수로 삼아 심지어는 선조(先祖)의 화상(畫像)을 칼로 베었으니 그 행위가 매우 어질지 못하였다. ___㉡___은/는 신라의 백성으로서 신라의 녹을 먹으면서 세력을 키우다가 화(禍)를 일으킬 마음을 품고 (신라의) 도읍을 침범하여 임금과 신하를 살해하니 (그 행위가) 마치 짐승과 같았다. 참으로 천하의 으뜸가는 악인이로다. 그러므로 ___㉠___은/는 그 신하로부터 버림을 당하였고, ___㉡___은/는 그 아들에게서 화가 생겨났으니 모두 스스로 불러들인 것인데 누구를 원망한단 말인가.
>
> – 『삼국유사』

① ㉠ : 완산주를 도읍으로 하여 후백제를 세웠다.

② ㉠ : 철원으로 천도하고 국호를 마진으로 바꾸었다.

③ ㉡ : 송악을 도읍으로 정하고 후고구려를 건국하였다.

④ ㉡ : 서경을 중시하여 북진 정책의 전진 기지로 삼았다.

⑤ ㉠, ㉡ : 황산 전투에서 왕건의 고려군에게 패배하였다.

23 다음 중 (가), (나) 국왕의 재위 시기에 있었던 사실로 옳은 것을 〈보기〉에서 모두 고르면?

> (가) 이름은 대흠무(大欽茂)이며, 발해의 제3대 왕이다. 대흥이라는 연호를 사용하였고 내치에 치중하여 정치·문화의 발전에 힘썼다.
> (나) 대부분의 말갈족을 복속시키고, 요동 지역으로 진출하였다. 이후 전성기를 맞은 발해를 중국에서는 해동성국(海東盛國)이라고 불렀다.

보기

ㄱ. (가) – 수도를 중경에서 상경으로 옮겼다.

ㄴ. (가) – 장문휴가 수군을 이끌고 당(唐)의 산둥(山東)지방을 공격하였다.

ㄷ. (나) – 당으로부터 율령을 받아들이는 등 문물을 적극 수용하였다.

ㄹ. (나) – 일본은 발해 사신의 영접비용에 대한 부담으로 사신 왕래를 제한하였다.

① ㄱ, ㄴ

② ㄱ, ㄹ

③ ㄴ, ㄷ

④ ㄴ, ㄹ

⑤ ㄷ, ㄹ

24 다음 중 고려 태조 왕건 때 시행된 정책으로 옳지 않은 것은?

① 북진 정책　　　　　　　② 기인 제도

③ 사성 정책　　　　　　　④ 과거 제도

⑤ 사심관 제도

25 다음 중 가장 오래된 교육기관은?

① 태학　　　　　　　② 향학

③ 국자감　　　　　　④ 성균관

⑤ 서원

26 다음 〈보기〉의 사건을 시대 순으로 바르게 나열한 것은?

> 보기
>
> (가) 강조의 정변이 발생했다.
> (나) 별무반을 편성하고 동북 9성을 개척하였다.
> (다) 정중부를 중심으로 한 무신들이 정변을 일으켰다.
> (라) 삼별초 항쟁이 일어났다.

① (가) – (나) – (다) – (라)

② (가) – (다) – (나) – (라)

③ (가) – (라) – (나) – (다)

④ (나) – (다) – (라) – (가)

⑤ (나) – (다) – (가) – (라)

27 다음 밑줄 친 '왕'의 재위 기간에 있었던 사실로 옳은 것은?

> 중군(中軍) 김부식이 아뢰기를, "윤언이는 정지상과 결탁하여 생사를 함께하기로 맹세한 당(黨)이
> 되어 크고 작은 일마다 실제로 함께 의논하였습니다. 또한 임자년에 왕께서 서경으로 행차하실 때,
> 글을 올려 연호를 세우고 황제로 칭하기를 청하였습니다. … (중략) … 이는 모두 금나라를 격노하게
> 하여 이때를 틈타 방자하게도 자기 당이 아닌 사람을 처치하고 반역을 도모한 것이니 신하의 마음이
> 아니었습니다."라고 하였다.
>
> – 『고려사』

① 원종과 애노가 사벌주에서 봉기하였다.
② 경순왕 김부가 경주의 사심관이 되었다.
③ 왕실의 외척인 이자겸이 권력을 독점하였다.
④ 강조가 정변을 일으켜 김치양을 제거하였다.
⑤ 웅천주 도독 김헌창이 반란을 일으켰다.

28 다음 중 고려 광종의 업적으로 옳지 않은 것은?

① 광덕 연호를 사용하였다.
② 노비안검법을 실시하였다.
③ 과거제도를 시행하였다.
④ 12목에 지방관을 파견하였다.
⑤ 공복을 제정하였다.

29 다음 중 고려시대 정치기구에 대한 설명으로 옳은 것을 〈보기〉에서 모두 고르면?

> **보기**
> ㄱ. 도병마사 – 변경의 군사문제를 의논하던 회의기관
> ㄴ. 상서성 – 백관을 총령하던 중앙관청
> ㄷ. 정방 – 최고위 무신 합좌기구
> ㄹ. 중추원 – 왕명 출납·숙위·군국기무 등의 정무를 담당한 중앙관청
> ㅁ. 식목도감 – 법제 및 격식 제정에 관한 문제를 의논한 회의기관

① ㄱ, ㄴ, ㄷ   ② ㄷ, ㄹ, ㅁ
③ ㄱ, ㄴ, ㄹ, ㅁ   ④ ㄴ, ㄷ, ㄹ, ㅁ
⑤ ㄱ, ㄴ, ㄷ, ㄹ, ㅁ

30 다음 사료의 밑줄 친 왕의 업적으로 옳지 않은 것은?

> 왕이 처음에는 정치에 마음을 두어서 이제현·이색 등을 등용하였는데, 그 후에는 승려 편조에게 미혹되어 그를 사부로 삼고 국정을 모두 위임하였다. 편조가 권력을 잡은 지 한 달 만에 대대로 공을 세운 대신들을 참소하고 헐뜯어서 이공수·경천흥·유숙·최영 등을 모두 축출하더니 그 후에 이름을 바꾸어 신돈이라 하고 삼중대광 영도첨의가 되어 더욱 권력을 마음대로 하였다. … (중략) … 신돈이 다시 왕을 시해하고자 하다가 일이 발각되었고, 왕이 이에 신돈을 수원부로 유배 보냈다가 주살하고, 그의 당여를 모두 죽였으며, 일찍이 쫓아냈던 경천흥 등을 다시 불러들였다.

① 정동행성 이문소를 폐지하였다.
② 쌍성총관부를 되찾았다.
③ 국자감을 성균관으로 개편하였다.
④ 정방을 폐지하였다.
⑤ 원의 연호를 폐지하였다.

31 다음 〈보기〉의 고려 집권 세력을 시대 순으로 나열한 것은?

> **보기**
> ㄱ. 무신   ㄴ. 호족
> ㄷ. 권문세족   ㄹ. 신진사대부
> ㅁ. 문벌귀족

① ㄴ－ㅁ－ㄱ－ㄷ－ㄹ   ② ㄴ－ㅁ－ㄱ－ㄹ－ㄷ
③ ㄴ－ㅁ－ㄷ－ㄱ－ㄹ   ④ ㅁ－ㄱ－ㄴ－ㄹ－ㄷ
⑤ ㅁ－ㄴ－ㄱ－ㄷ－ㄹ

32 다음 중 고려시대 불교에 대한 설명으로 옳은 것을 〈보기〉에서 모두 고르면?

> **보기**
> ㄱ. 천태종의 지눌은 선종을 중심으로 교종을 포용하는 선교일치를 주장하였다.
> ㄴ. 의천은 불교와 유교가 심성 수양이라는 면에서 차이가 없다고 하였다.
> ㄷ. 의천이 죽은 뒤 교단은 분열되고 귀족 중심이 되었다.
> ㄹ. 요세는 참회수행과 염불을 통한 극락왕생을 주장하며 백련사를 결성했다.

① ㄱ, ㄴ   ② ㄱ, ㄷ
③ ㄱ, ㄹ   ④ ㄴ, ㄹ
⑤ ㄷ, ㄹ

33 다음 밑줄 친 '왕'에 대한 설명으로 옳은 것은?

> "왕이 쌍기를 등용한 것을 옛 글대로 현인을 발탁함에 제한을 두지 않은 것이라 평가할 수 있을까. 쌍기가 인품이 있었다면 왕이 참소를 믿어 형벌을 남발하는 것을 왜 막지 못했는가. 과거를 설치하여 선비를 뽑은 일은 왕이 본래 문(文)을 써서 풍속을 변화시킬 뜻이 있는 것을 쌍기가 받들어 이루었으니 도움이 없다고는 할 수 없다."

① 광덕, 준풍 등의 독자적인 연호를 사용하였다.
② 2성 6부제를 중심으로 하는 중앙관제를 마련하였다.
③ 국정을 총괄하는 정치 기구인 교정도감을 설치하였다.
④ 고구려의 옛 땅을 되찾기 위해 북진정책을 추진하였다.
⑤ 『정계』, 『계백료서』 등을 지어 관리가 지켜야 할 규범을 제시하였다.

34 다음 〈보기〉의 (가) ~ (라)를 시대 순으로 바르게 나열한 것은?

> **보기**
> (가) 삼별초가 몽골에 대항하여 반기를 들었다.
> (나) 위화도 회군으로 실권을 잡은 이성계는 신진사대부와 힘을 합쳐 새로운 왕조를 건설했다.
> (다) 정중부 등은 문신들을 제거하고 의종을 귀양 보낸 뒤 정권을 장악하였다.
> (라) 별무반을 거느리고 여진을 토벌한 윤관은 동북 9성을 쌓았다.

① (가) – (라) – (나) – (다)   ② (나) – (다) – (라) – (가)
③ (다) – (라) – (나) – (가)   ④ (라) – (가) – (다) – (나)
⑤ (라) – (다) – (가) – (나)

35 다음 상황 이후에 전개된 사실로 옳은 것은?

> 거란이 군사를 돌려 연주·위주에 이르자 강감찬 등이 숨었다가 공격하여 500여 급을 베었다. 2월에 거란군이 귀주를 지날 때 강감찬 등이 동쪽 교외에서 맞아 싸웠다. …… 아군이 기세를 타고 맹렬하게 공격하니 거란군이 패하여 달아났다. 아군이 쫓아가며 공격하니 석천을 건너 반령에 이르기까지 거란군의 시신이 들판에 널렸고, 사로잡은 포로와 획득한 말·낙타·갑옷·무기는 헤아릴 수 없이 많았다.
>
> – 『고려사』

① 거란에 의해 발해가 멸망하였다.
② 외침에 대비하여 광군이 조직되었다.
③ 서희의 활약으로 강동 6주를 획득하였다.
④ 거란을 배척하여 만부교 사건이 일어났다.
⑤ 압록강에서 도련포까지 천리장성을 축조하였다.

36 다음 사건들의 공통점으로 옳은 것은?

> • 명종 3년(1173)에 동북면 병마사 김보당이 문신들과 결탁하여 의종 복위 운동을 꾀하다가 무신 이의민에게 진압되었다.
> • 서경유수 조위총이 명종 4년(1174)에 난을 일으켰으나 결국 실패하였다.
> • 명종 4년(1174) 개경에 있는 귀법사, 중광사, 흥화사 등의 승려들이 중앙정권에 반기를 들고 난을 일으켰으나 실패하였다.

① 신분제 폐지를 요구하는 민란
② 무신의 정권 침탈에 대한 반발
③ 삼정의 문란에 대한 농민의 반발
④ 호포제 실시에 대한 양반의 반발
⑤ 경복궁 중건에 동원된 천민의 반란

37 다음 지도에 표시된 곳에 대한 설명으로 옳지 않은 것은?

① 백제의 첫 번째 도읍지
② 삼국시대의 중요한 군사적 요충지
③ 북한산 신라 진흥왕 순수비가 있는 곳
④ 고구려 장수왕이 남진 정책을 위해 천도한 곳
⑤ 고려 문종 이후, 삼경 중 서경과 남경을 제외한 곳

38 다음 중 고려 태조의 업적으로 옳지 않은 것은?

① 독자적인 연호인 천수를 사용하였다.
② 민생 안정을 위해 흑창을 설치하였다.
③ 북진 정책을 펼쳤으며 서경을 중시하였다.
④ 군사력을 강화하기 위해 광군사를 설치하였다.
⑤ 호족을 견제하기 위해 사심과과 기인 제도를 시행하였다.

39 다음 중 고려 현종 시기에 대한 내용으로 옳지 않은 것은?

① 주창수렴법을 시행하여 의창을 확대하였다.
② 고려 최고의 교육기관인 국자감을 설치하였다.
③ 지방제도를 개편하여 5도 양계를 설치하였다.
④ 우리나라 최초의 대장경인 초조대장경을 조판하였다.
⑤ 주현공거법을 시행하여 향리자제의 과거응시제한을 철폐하였다.

40 다음 중 역사서와 그에 대한 설명이 바르게 연결된 것을 〈보기〉에서 모두 고르면?

> **보기**
>
> ㄱ. 『삼국사기』 – 김부식이 편찬한 역사서로 유교적 사관이 드러난다.
> ㄴ. 『삼국유사』 – 일연이 지은 역사서로 단군신화가 수록되어 있다.
> ㄷ. 『동명왕편』 – 고려 후기 유득공이 지은 장편 서사시이며 신라 계승 의식이 드러난다.
> ㄹ. 『조선상고사』 – 신채호가 저술하였으며 단군시대부터 조선시대까지의 역사를 담고 있다.

① ㄱ
② ㄱ, ㄴ
③ ㄱ, ㄴ, ㄷ
④ ㄱ, ㄴ, ㄹ
⑤ ㄱ, ㄴ, ㄷ, ㄹ

41 다음은 고려시대 한 신하가 왕에게 올린 상소문의 일부이다. 이 왕에 대한 내용으로 옳지 않은 것은?

> • 왕은 교만해서는 안 되고, 아랫사람을 공손히 대한다.
> • 연등회와 팔관회를 백성에게 부담이 크므로 삼간다.
> • 관리는 공정하게 선발한다.
> • 양인과 천인의 구별을 뚜렷이 하여 아랫사람이 윗사람을 모욕하지 못하게 한다.
> • 관리의 의복과 백성의 의복을 달라야 한다.

① 지방에 12목을 설치하였다.
② 노비환천법을 시행하였다.
③ 중앙을 3성 6부제로 개편하였다.
④ 건원중보를 제도하였다.
⑤ 강동 6주를 확보하였다.

42 다음 중 고려시대 백정에 대한 설명으로 옳은 것을 〈보기〉에서 모두 고르면?

> **보기**
>
> ㄱ. 일반 주·부·군·현에 거주하였다.
> ㄴ. 국가에 대한 특정한 직역을 가지고 있다.
> ㄷ. 주로 농업에 종사하였다.
> ㄹ. 신분상 천민에 속한다.

① ㄱ, ㄴ
② ㄱ, ㄷ
③ ㄱ, ㄹ
④ ㄴ, ㄷ
⑤ ㄷ, ㄹ

43 다음 중 빈칸에 들어갈 나라의 건국과 관련된 설명으로 옳지 않은 것은?

> _____을/를 건국하는 데 커다란 공을 세운 정도전은 성리학을 국가 통치 이념으로 확립하고 현명한 재상을 중심으로 정치를 펼칠 것을 주장하였다. 그러나 재상이 권력을 차지하고 왕권을 제한하는데 불만을 가진 이방원은 정도전을 제거하고 왕위에 오른 뒤 왕 중심의 통치를 펼쳤다.

① 과전법을 실시하였다.
② 왕이 호족과 혼인관계를 맺었다.
③ 한양으로 천도하였다.
④ 이성계가 위화도 회군으로 정권을 장악하였다.
⑤ 신진사대부가 새로운 지배세력으로 등장하였다.

44 다음과 같은 업적을 남긴 조선의 왕은?

> • 1419년 대마도 정벌
> • 『고려사(高麗史)』 편찬
> • 『효행록(孝行錄)』과 「삼강행실도(三綱行實圖)」를 통한 풍속 권려
> • 1443년 우리의 고유문자이며 표음문자인 한글 창제
> • 1446년 『훈민정음(訓民正音)』 반포

① 태조   ② 태종
③ 세종   ④ 세조
⑤ 정조

45 다음 중 조선시대 과학기술의 발전에 대한 설명으로 옳지 않은 것은?

① 조선 초기 농업기술의 발전성과를 반영한 영농의 기본 지침서는 세종 대 편찬된 『농가집성』이었다.
② 세종 대 해와 달 그리고 별을 관측하기 위해 간의대(簡儀臺)라는 천문대를 운영하였다.
③ 세종 대 동양 의학에 관한 서적과 이론을 집대성한 의학백과사전인 『의방유취』가 편찬되었다.
④ 문종 대 개발된 화차(火車)는 신기전이라는 화살 100개를 설치하고 심지에 불을 붙이는 일종의 로켓포였다.
⑤ 조선 초기 140여 명의 인쇄공이 소속된 최대 인쇄소는 교서관이었다.

46 다음 글에서 설명하는 현대 사회의 기관과 관련 있는 조선시대 기관으로 옳은 것은?

> 법에 따라 재판을 하는 기관으로, 대법원 및 대법원이 관할하는 모든 기관을 통틀어 이르는 말이다.
> 독립된 사법 기관으로 오늘날 세계 각국이 공통으로 독립성을 보장한다. 이는 법관으로 구성되며,
> 대표자는 대법원장이다.

① 홍문관   ② 의금부

③ 호조   ④ 한성부

⑤ 국자감

PART 2

47 다음 시나리오에 등장하는 왕의 재위 기간에 있었던 사실로 옳은 것은?

> S# 36. 궁궐 안
> 왕이 승지와 사관을 내보내고 이조판서 송시열과 단 둘이 은밀하게 대화하고 있다.
>   왕 : 저 오랑캐는 반드시 망하게 될 형편에 처할 것이오. 정예병 10만을 양성하여 기회를 보아
>   곧장 청으로 쳐들어가고자 하오. 그렇게 되면 중원의 의사(義士)와 호걸 중에 어찌 호응하
>   는 자가 없겠소?
> 송시열 : 전하의 뜻이 이와 같으시니 우리나라뿐만 아니라 실로 천하 만대의 다행이옵니다.

① 신무기인 신기전이 개발되었다.

② 나선 정벌에 조총 부대가 동원되었다.

③ 국왕 친위 부대인 장용영이 조직되었다.

④ 최무선의 건의로 화통도감이 설치되었다.

⑤ 명의 요청으로 강홍립의 부대가 파병되었다.

48 다음 자료의 상황이 나타난 시기의 경제 모습으로 옳은 것을 〈보기〉에서 모두 고르면?

> 금점 5곳 가운데 두 곳의 금맥은 이미 다 되어 거의 철폐하기에 이르렀고, 세 곳의 금맥은 넉넉하고 많습니다. … (중략) … 총인원은 일정하지 않아 세금을 걷는 수 역시 그에 따라 늘었다 줄었다 하는데, 가장 왕성하게 점을 설치하였을 때는 하루아침에 받는 세금이 수천여 냥이나 되며, 그중 7백 냥은 화성부에 상납하고 50여 냥은 점 안의 소임 등의 급료 값으로 제하고, 1천 냥은 차인(差人)이 차지합니다.

> **보기**
> ㄱ. 해동통보가 주조되어 유통되었다.
> ㄴ. 담배와 면화 등이 상품작물로 재배되었다.
> ㄷ. 시전을 감독하기 위해 경시서가 설치되었다.
> ㄹ. 송상이 청과 일본 사이의 중계무역으로 부를 축적하였다.

① ㄱ, ㄴ   ② ㄱ, ㄷ
③ ㄴ, ㄷ   ④ ㄴ, ㄹ
⑤ ㄷ, ㄹ

49 다음 글을 보고 당시의 사회상으로 옳지 않은 것은?

> 천인도 돈으로 천역을 면제하고 양인이 될 수 있었다. 또한 공물 대신 쌀로 바치게 하는 납세제도가 시행되었으며, 동전 등으로 대납할 수 있었다. 이를 관장하는 선혜청을 설치하였다.

① 공명첩이 발행되었다.
② 대동법이 시행되었다.
③ 상품 작물이 재배되었다.
④ 실학이 등장하였다.
⑤ 해동통보, 건원중보가 발행되었다.

50 다음 A와 B의 대화 이후에 전개된 사실로 옳은 것은?

> A : 선왕(先王)의 나이 어린 동생이 즉위하셔서 대비께서 수렴청정을 한다고 하네.
> B : 그렇다면 대비와 윤원형 일파가 윤임 세력에 대한 박격에 나서겠군.

① 외척 간의 권력 다툼으로 을사사화가 발생하였다.
② 위훈 삭제 사건을 계기로 조광조 등이 제거되었다.
③ 김종직 등 사림이 중앙 정계에 진출하기 시작하였다.
④ 조의제문이 발단이 되어 사림 세력이 피해를 입었다.
⑤ 폐비 윤씨 사사사건으로 관련자들이 화를 당하였다.

51 다음 밑줄 친 '이 농서'가 처음 편찬된 시기의 문화에 대한 설명으로 옳지 않은 것은?

> 『농상집요』는 중국 화북 지방의 농사 경험을 정리한 것으로서 기후와 토질이 다른 조선에는 도움이 될 수 없었다. 이에 농사 경험이 풍부한 각 도의 농민들에게 물어서 조선의 실정에 맞는 농법을 소개한 <u>이 농서</u>가 편찬되었다.

① 『석보상절』, 『월인천강지곡』 등의 서적을 편찬하였다.
② 수시력과 회회력을 참고하여 한양을 기준으로 새로운 역법(曆法)을 만들었다.
③ 성현이 당시의 음악을 집대성하여 『악학궤범』을 편찬하였다.
④ 측우기를 한양과 각 도의 군현에 설치하였다.
⑤ 다양한 종류의 금속활자가 주조되었다.

52 밑줄 친 '이것'이 만들어진 시대에 일어난 사건으로 옳은 것은?

> <u>이것</u>은 국보 제151호, 유네스코 세계기록유산(1997년 지정)으로, 조선 태조부터 철종에 이르기까지 약 470년간의 역사를 편년체로 기록한 책이다.

① 제가 회의를 열어 죄인을 처벌하였다.
② 문무관리에게 토지를 지급하는 전시과 제도를 실시하였다.
③ 현직 관리에게만 수조권을 지급하는 직전법을 시행하였다.
④ 귀족 자제 중에서 선발된 화랑을 지도자로 삼았다.
⑤ 몽골군을 물리치고자 하는 염원을 담아 불교 경전을 집필하였다.

53 다음은 조선시대의 한 제도이다. 이 제도를 시행한 왕의 업적으로 옳지 않은 것은?

> 양역을 절반으로 줄이라고 명하였다. "구전은 한 집안에서 거둘 때 주인과 노비의 명분이 문란해진다. 결포는 정해진 세율이 있어 더 부과하기가 어렵다. 호포나 결포는 모두 문제되는 바가 있다. 이제는 1필로 줄이도록 그 대책을 강구하라."

① 『속대전』을 편찬하였다.
② 노비종부법을 시행하였다.
③ 서원을 철폐하였다.
④ 신문고 제도를 사용하였다.
⑤ 청계천을 정비하였다.

54 다음 내용을 종합한 제목으로 가장 적절한 것은?

> • 납속책과 공명첩의 발급
> • 노비종모법(모계 신분 계승)
> • 공노비의 해방(순조, 1801년)
> • 유득공, 이덕무, 박제가를 규장각 검서관으로 등용

① 조선 초기 왕권 강화 　　　　 ② 고대 사회의 조세 변화
③ 신라시대 골품제도의 강화 　　 ④ 성리학적 사회 질서의 강화
⑤ 조선 후기 신분사회 구조의 변동

55 다음 글에서 설명하는 기구와 가장 유사한 역할을 담당하는 부서는?

> 육조(六曹)의 하나이다. 고려시대 호부가 판도사로 격하되었다가 공양왕 1년에 개칭된 것이 그대로 조선시대로 계승됐다. 호구(戶口)·공부(貢賦) 및 식량과 기타 재화에 대한 정무(政務)를 맡아보던 중앙관청이다.

① 행정안전부 　　　　　　　　 ② 국방부
③ 기획재정부 　　　　　　　　 ④ 국토교통부
⑤ 문화체육관광부

56 다음은 조선 중기 명종 때의 상소문이다. 빈칸에 들어갈 인물은?

〈상소문〉

전하! 지금 황해도에서는 _____(이)라 불리는 도적이 이끄는 무리들이 날뛰어 관아를 습격하여 관군이 토벌하려 나섰지만 오히려 패하는 경우가 잦다고 하옵니다. 그런데 이들 _____ 무리가 도적이 된 과정을 살펴보면 국가의 군적 수포제와 같은 수취 제도의 문란이 원인인 듯 하옵니다.

① 만적   ② 최우
③ 임꺽정   ④ 김사미
⑤ 홍경래

57 다음 ㉠, ㉡ 노선을 추구한 각 왕들의 정책이 바르게 연결된 것은?

㉠ 준론탕평 – 당파의 옳고 그름을 명백히 가린다.
㉡ 완론탕평 – 어느 당파든 온건하고 타협적인 인물을 등용하여 왕권에 순종시킨다.

① ㉠ : '환국'을 시도하였다.
② ㉠ : 서원을 대폭 정리하였다.
③ ㉡ : 신문고 제도를 부활시켰다.
④ ㉡ : 초계문신제를 실시하였다.
⑤ ㉡ : 화성 건설에 힘썼다.

58 다음 글의 여당, 야당과 가장 비슷한 정치 형태는?

> 쌀 전면개방… 여당 "불가피한 대안", 야당 "일방적인 결정" 반발
>
> 여야는 18일 정부의 쌀 시장 전면 개방 방침과 관련해 엇갈린 반응을 보였다. 여당은 '정부가 취할 수 있는 가장 현실적이고도 불가피한 대안'이라고 평가한 반면 야당은 정부의 일방적인 결정을 비판했다.

① 귀족들의 만장일치를 통한 연합정치 형태인 화백회의
② 모든 국정을 단독으로 책임지는 정치기관인 교정도감
③ 모든 권력이 군주 한 사람에게 집중되는 전제군주정치
④ 외척과 그 추종세력에 의해 국가가 운영되는 세도정치
⑤ 학문적·정치적 견해가 유사한 사람들의 모임 형태인 붕당정치

59 다음 사료의 인물이 추진한 정책으로 옳은 것을 〈보기〉에서 모두 고르면?

> 팔도의 선비들 수만 명이 대궐 앞에 모여 만동묘와 서원을 다시 설립할 것을 청하니 크게 노하여 "백성을 해치는 자는 공자가 다시 살아난다 하여도 내가 용서 못한다. 하물며 서원은 우리나라의 선유(先儒)를 제사 지내는 곳인데 어찌 이런 곳이 도적이 숨는 곳이 되겠느냐?" 하면서 … (중략) … 유생들을 해산시키고 병졸로 하여금 한강 밖으로 몰아내고 드디어 1천여 개소의 서원을 철폐하고 그 토지를 몰수하여 관에 속하게 하였다.

보기

ㄱ. 사창제 실시	ㄴ. 호포제 실시
ㄷ. 『대전통편』 편찬	ㄹ. 개국기원 연호 사용

① ㄱ, ㄴ   ② ㄱ, ㄷ
③ ㄴ, ㄷ   ④ ㄴ, ㄹ
⑤ ㄷ, ㄹ

60 다음 작품이 지어진 시기의 시대상으로 옳은 것은?

> "하늘이 민(民)을 낳을 때 민을 넷으로 구분했다. 사민(四民) 가운데 가장 높은 것이 사(士)이니 이것이 곧 양반이다. 양반의 이익은 막대하니 농사도 안 짓고 장사도 않고 약간 문사(文史)를 섭렵해 가지고 크게는 문과(文科) 급제요, 작게는 진사(進士)가 되는 것이다. 문과의 홍패(紅牌)는 길이 2자 남짓한 것이지만 백물이 구비되어 있어 그야말로 돈자루인 것이다. 진사가 나이 서른에 처음 관직에 나가더라도 오히려 이름 있는 음관(蔭官)이 되고, 잘 되면 남행(南行)으로 큰 고을을 맡게 되어, 귀밑이 일산(日傘)의 바람에 희어지고, 배가 요령 소리에 커지며, 방에는 기생이 귀고리로 치장하고, 뜰에 곡식으로 학(鶴)을 기른다. 궁한 양반이 시골에 묻혀 있어도 무단(武斷)을 하여 이웃의 소를 끌어다 먼저 자기 땅을 갈고 마을의 일꾼을 잡아다 자기 논의 김을 맨들 누가 감히 나를 괄시하랴. 너희들 코에 잿물을 들이붓고 머리끄덩을 희희 돌리고 수염을 낚아채더라도 누구 감히 원망하지 못할 것이다."
>
> 부자는 증서를 중지시키고 혀를 내두르며 "그만 두시오, 그만 두어. 맹랑하구먼. 나를 장차 도둑놈으로 만들 작정인가."하고 머리를 흔들고 가버렸다.
>
> 부자는 평생 다시 양반이라는 말을 입에 올리지 않았다 한다.
>
> – 박지원, 『양반전』

① 비변사의 기능이 강화되었다.

② 관료들은 음서제를 통하여 관직을 세습하였다.

③ 청과의 군신 관계에 반대하여 북벌론이 대두되었다.

④ 사림파와 훈구파의 대립 끝에 사림파가 득세하였다.

⑤ 민간에서는 판소리와 탈춤 등의 공연이 성행하였다.

61 다음은 외세에 대한 대응으로 제기된 주장들에 대한 자료이다. ㉠～㉤에 대한 설명으로 옳지 않은 것은?

> • 안으로는 관리들로 하여금 사학(邪學)의 무리를 잡아 베시고, 밖으로는 장병으로 하여금 ㉠ 바다를 건너오는 적을 전멸하게 하소서.
>
> – 이항로, 『화서집』
>
> • ㉡ 이 강화는 일본의 강요에 의해 이루어지는 것이므로 곧 닥쳐올 그들의 탐욕을 당해 낼 수 없을 것이다.
>
> – 최익현, 『면암집』
>
> • 미국은 우리가 본래 모르던 나라입니다. 잘 알지 못하는데 공연히 ㉢ 타인의 권유로 불러들였다가 그들이 재물을 요구하고 과도한 경우를 떠맡긴다면 장차 이에 어떻게 응할 것입니까?
>
> – 이만손, 「영남만인소」
>
> • 국모의 원수를 생각하며 이를 갈았는데, 참혹함이 더욱 심해져 ㉣ 임금께서 머리를 깎으시는 지경에 이르렀다. … (중략) … 환난을 회피하기란 죽음보다 더 괴로우며 멸망을 앉아서 기다릴진대 ㉤ 싸우는 것만 같지 못하다.
>
> – 유인석, 「창의문」

① ㉠ : 프랑스를 가리킨다.
② ㉡ : 운요호 사건을 계기로 체결되었다.
③ ㉢ : 일본이 청을 견제하고자 권유하였다.
④ ㉣ : 을미개혁과 관련이 있다.
⑤ ㉤ : 유생들이 의병 활동을 주도하였다.

62 다음은 어떤 조약의 내용 일부이다. 이 조약이 체결된 원인이 된 사건은 무엇인가?

> 제3관 조선국이 지불한 5만 원은 해를 당한 일본 관원의 유족 및 부상자에게 지급하여 특별히 돌보아 준다.
> 제5관 일본 공사관에 일본군 약간명을 두어 경비를 서게 한다.
> 제6관 조선국은 대관을 특별히 파견하고 국서를 지어 일본국에 사과한다.

① 동학농민운동   ② 갑신정변
③ 임오군란   ④ 병인양요
⑤ 청일전쟁

63 다음 두 사건이 일어난 이후의 사실로 옳은 것만을 〈보기〉에서 모두 고르면?

> • 고종 황제의 강제 퇴위
> • 일제에 의한 군대 해산

보기

ㄱ. 나철, 오기호 등이 대종교를 창시하였다.
ㄴ. 최익현이 일본 대마도에 유배된 후 순국하였다.
ㄷ. 이인영을 총대장으로 하는 13도 연합 의병 부대(창의군)가 서울진공작전을 시도하였다.
ㄹ. 장지연이 민족의식을 고취하는 「시일야방성대곡」을 황성신문에 발표하였다.

---

① ㄱ, ㄴ　　　　　　　　　　　② ㄱ, ㄷ
③ ㄴ, ㄷ　　　　　　　　　　　④ ㄴ, ㄹ
⑤ ㄷ, ㄹ

PART 2

64 다음 자료에 해당하는 민족 운동에 대한 설명으로 옳은 것은?

> **경고 아 부인 동포라**
> 우리가 함께 여자의 몸으로 규문에 처하와 삼종지의에 간섭할 사무가 없사오나, 나라 위하는 마음과 백성된 도리에야 어찌 남녀가 다르리오. 듣사오니 국채를 갚으려고 이천만 동포들이 석 달간 연초를 아니 먹고 대전을 구취한다 하오니, 족히 사람으로 흥감케 할지요 진정에 아름다움이라…….

① 근우회의 주도로 전개되었다.
② 평양에서 시작되어 전국으로 확산되었다.
③ 조선 사람 조선 것 등의 구호를 내세웠다.
④ 러시아의 절영도 조차 요구를 저지시켰다.
⑤ 서상돈, 김광제 등의 발의로 본격화되었다.

65 다음 조약에 대한 설명으로 옳은 것은?

> 일본국 정부의 특명전권변리대신 육군중장 겸 참의 개척장관 구로다 기요타카와 특명부전권변리대신 의관 이노우에 가오루가 조선국 강화부에 와서 조선국 정보의 판중추부사 신헌과 부총관 윤자승과 함께 각기 받든 유지에 따라 의결한 조관을 아래에 열거한다.
> 제1관 조선국은 자주 국가로서 일본국과 평등한 권리를 보유한다.
>   … (중략) …
> 제7관 조선국 연해의 섬과 암초는 종전에 자세히 조사한 적이 없어 지극히 위험하므로 일본국 항해자가 수시로 해안을 측량하는 것을 허락하여 위치와 깊이를 재고 지도를 제작하여…….

① 갑신정변이 원인이 되어 체결되었다.
② 조약 체결에 반대하여 민영환이 자결하였다.
③ 부산 외 2곳의 항구가 개항되는 결과를 가져왔다.
④ 외국에 대한 최혜국 대우를 처음으로 규정하였다.
⑤ 천주교의 포교를 허용하는 조항이 들어 있다.

66 밑줄 친 '이 섬'에 대한 설명으로 옳은 것은?

> 울릉도 군수 심흥택 씨가 내부(內部)에 보고하되, 일본 관원이 본군에 도착하여 본군 소재 <u>이 섬</u>을 일본 속지(屬地)라 칭하고 토지 면적과 호구(戶口) 수를 적어 갔다고 하더라. 이에 내부에서 지령하기를, 유람하는 길에 타국의 토지와 호구 정보를 적어 가는 것이 이상한 것은 아니지만, <u>이 섬</u>을 일본의 속지라고 하는 것은 이치에 맞지 않으니 보고한 내용이 매우 놀랍다고 하더라.

① 양헌수 부대가 프랑스군을 격퇴하였다.
② 일본이 러일전쟁 중에 불법적으로 편입하였다.
③ 러시아가 저탄소 설치를 위하여 조차를 요구하였다.
④ 네덜란드 상인인 하멜 일행이 표류하여 도착하였다.
⑤ 정약전이 섬의 어종을 조사하여 자산어보를 저술하였다.

67 다음 중 〈보기〉와 같은 업적을 이룬 왕이 만든 군대는?

> **보기**
> • 규장각을 설치
> • 탕평책 시행
> • 수원 화성을 전설
> • 초계문신제 시행

① 어영청　　　　　　　　② 총융청
③ 금위영　　　　　　　　④ 장용영
⑤ 훈련도감

68 다음 중 흥선대원군의 업적으로 옳지 않은 것은?

① 덕수궁 중건　　　　　　② 안동 김씨 세력 숙청
③ 호포제 실시　　　　　　④ 삼군부 설치
⑤ 사창제 실시

69 다음 〈보기〉에 제시된 역사적 사건들을 시대 순으로 바르게 나열한 것은?

> **보기**
> ㄱ. 병인박해
> ㄴ. 신미양요
> ㄷ. 병인양요
> ㄹ. 강화도 조약
> ㅁ. 제너럴셔먼호 사건

① ㄱ – ㄷ – ㄴ – ㅁ – ㄹ　　② ㄱ – ㅁ – ㄷ – ㄴ – ㄹ
③ ㄴ – ㄹ – ㄷ – ㄱ – ㅁ　　④ ㅁ – ㄱ – ㄴ – ㄹ – ㄷ
⑤ ㅁ – ㄴ – ㄱ – ㄷ – ㄹ

70 다음 연보를 참고하여 알 수 있는 인물에 대한 설명으로 옳은 것은?

〈연보〉	
1868년	출생
1907년	산포대를 조직하여 의병 활동 전개
1920년	김좌진과 함께 청산리 전투에서 일본군 격파
1921년	러시아 자유시의 고려혁명군관학교에서 독립군 양성
1937년	스탈린에 의해 중앙아시아로 강제 이주
1943년	카자흐스탄에서 별세

① 대한광복회를 조직하여 친일파를 처단하였다.
② 황포군관학교에 입학하여 군사훈련을 받았다.
③ 중국 국민당과 협력하여 조선의용대를 결성하였다.
④ 의열단의 활동 강령인 조선혁명선언을 작성하였다.
⑤ 대한독립군을 지휘하여 봉오동 전투를 승리로 이끌었다.

71 아래와 같이 활동한 단체에 대한 설명으로 옳은 것은?

> 1. **창립**
>   서재필, 윤치호 등 개화 지식인들이 주도
> 2. **활동**
>   - 고종의 환궁 요구
>   - 한·러 은행 폐쇄 요구
>   - 구국 선언 상소를 정부에 올림
>   - 의회 설립 요구 및 헌의 6조 건의
> 3. **해산**
>   황국 협회의 방해, 고종의 군대 동원

① 만세보를 발행하여 민중 계몽에 힘썼다.
② 만민공동회를 열어 민권 신장을 추구하였다.
③ 대성학교를 설립하여 교육 활동을 전개하였다.
④ 민립대학 설립을 위한 모금 운동을 추진하였다.
⑤ 일본에게 진 빚을 갚자는 국채보상운동을 주도하였다.

72 다음 중 (가)에 해당하는 것은?

> 안창호 선생은 1908년에 평양에 대성학교를 세우고 1913년 (가)을/를 결성하였다. 1919년 대한민국 임시 정부 내무총장 겸 국무총리 대리 등을 역임하면서 독립을 위해 힘썼다. 1932년 일본 경찰에 체포되어 옥고를 치르다 병을 얻어 1938년에 순국하였다.

① 의열단   ② 대한광복회
③ 신민회   ④ 한인애국단
⑤ 흥사단

73 다음 자료의 인물이 활동했던 당시의 국내 상황으로 옳은 것은?

> 1936년 8월 독일 베를린에서 거행된 올림픽에 일본 대표단의 일원으로 소수의 우리 선수가 몇 개 종목에 참가하였다. 올림픽의 꽃이라는 마라톤 경기가 시작된 8월 9일 밤 11시(한국시간)에 한밤중임에도 불구하고 수많은 군중이 보도기관 앞에 모여들었다. 다음날 새벽에 손기정 선수가 우승하였다는 소식이 들려왔다. 당시의 각종 민간지는 연일 대대적으로 손기정의 우승을 보도하였다.

① 남부에는 면화, 북부에는 면양 사육을 강요하였다.
② 회사 설립이 허가제에서 신고제로 변경되었다.
③ 산미 증식 계획으로 조선의 식량 사정이 악화되었다.
④ 토산품 애용을 강조하는 물산 장려 운동이 전개되었다.
⑤ 토지 조사 사업이 추진되어 일본인 지주들이 늘어났다.

74 다음 내용과 관련이 깊은 인물은?

> • 1880년대 초부터 정부의 개화 정책을 뒷받침
> • 박영효 등과 일본의 메이지 유신을 모방하여 개혁 추진
> • 1884년 친청 정책에 반대하고 갑신정변을 주도함

① 김옥균   ② 유관순
③ 김원봉   ④ 신채호
⑤ 윤봉길

75 다음과 같은 조약이 체결된 것이 원인이 되어 전개된 의병운동에 대한 설명으로 옳은 것은?

> **제2조** 일본국 정부는 한국과 타국 간에 현존하는 조약의 실행을 완수하는 임무를 담당하고 한국 정부는 지금부터 일본국 정부의 중개를 거치지 않고서는 국제적 성질을 가진 어떤 조약이나 약속을 맺지 않을 것을 서로 약속한다.
> **제3조** 일본국 정부는 그 대표자로 한국 황제 폐하 밑에 1명의 통감을 두되 통감은 오로지 외교에 관한 사항을 관리하기 위하여 경성에 주재하고 친히 황제 폐하를 알현할 수 있는 권리를 가진다.

① 단발령 철회를 주장하였다.
② 고종의 해산 권고 조칙으로 해산되었다.
③ 평민 의병장이 등장하여 활약하였다.
④ 서울 진공 작전을 계획하였다.
⑤ 일본의 남한 대토벌 작전으로 위축되었다.

76 다음 자료에서 설명하고 있는 신문으로 옳은 것은?

> • 우리나라 최초의 민간신문이다.
> • 갑신정변을 주도한 서재필이 미국에서 귀국 후 1896년 4월 7일 창간하였다.
> • 순 한글로 발행되어 누구나 읽기 쉽게 하였다.

① 한성순보　　　　　　　② 독립신문
③ 매일신보　　　　　　　④ 제국신문
⑤ 황성신문

77 다음 법령이 시행된 시기의 모습으로 옳지 않은 것은?

> • 조선 주차 헌병은 치안 유지에 관한 경찰과 군사 경찰을 관장한다.
> • 헌병의 장교, 준사관, 하사, 상등병에게는 조선 총독이 정하는 바에 의하여 재직하면서 경찰관의 직무를 집행하게 할 수 있다.

① 언론 집회의 자유가 박탈당했다.
② 조선어, 조선역사 과목이 폐지되었다.
③ 조선 태형령이 시행되었다.
④ 교사들이 칼을 차고 제복을 입었다.
⑤ 회사령이 시행되었다.

78 다음의 발언을 한 인물과 관련된 내용 중 옳은 것은?

> 우리가 기다리던 해방은 우리 국토를 양분하였으며, …… 마음속의 38도선이 무너지고야 땅 위의 38도선도 철폐될 수 있다. …… 현실에 있어서 나의 유일한 염원은 3천만 동포와 손을 잡고 통일된 조국의 달성을 위하여 공동 분투하는 것이다. …… 나는 통일된 조국을 세우려다가 38도선을 베고 쓰러질지언정 일신의 구차한 안일을 취하여 단독 정부를 세우는 데에는 협력하지 않겠다.
>
> — 「삼천만 동포에게 읍고함」

① 정읍 발언을 통해 정부 수립 주장
② 좌·우 합작 위원회 결성
③ 조선노동당 창당
④ 통일 정부 수립을 위해 남북 협상 개최
⑤ 건국 준비 위원회 조직

79 다음에서 나타나고 있는 민족 사학자에 대한 설명으로 옳은 것은?

> • 민족정신을 '조선혼'으로 강조하였다.
> • '옛 사람들이 말하기를 나라는 가히 멸할 수 있으나 역사는 가히 멸할 수 없으니 대개 나라는 형이나 역사는 신이기 때문이다.'

① 역사는 아와 비아의 투쟁의 기록이라고 하였다.
② 조선얼을 강조하였다.
③ 한민족의 사상을 낭가사상으로 보았다.
④ 진단학회를 조직하고 진단학보를 발간하였다.
⑤ 『한국통사』와 『한국독립운동지혈사』 등을 저술하였다.

80 다음 〈보기〉의 역사적 사실을 순서대로 바르게 나열한 것은?

보기
ㄱ. 정미조약   ㄴ. 정축조약
ㄷ. 강화도조약   ㄹ. 한성조약
ㅁ. 텐진조약

① ㄱ－ㄴ－ㄷ－ㄹ－ㅁ   ② ㄱ－ㄴ－ㅁ－ㄷ－ㄹ
③ ㄱ－ㄷ－ㄹ－ㅁ－ㄴ   ④ ㄴ－ㄱ－ㄷ－ㄹ－ㅁ
⑤ ㄷ－ㄱ－ㄹ－ㄴ－ㅁ

81 다음 내용과 관련이 있는 신문은?

> • 베델, 양기탁 창간
> • 국채보상운동 주도

① 제국신문   ② 한성순보
③ 독립신문   ④ 황성신문
⑤ 대한매일신보

82 다음과 같은 내용이 발표된 배경으로 옳은 것은?

> 옛날에는 군대를 가지고 나라를 멸망시켰으나 지금은 빚으로 나라를 멸망시킨다. 옛날에 나라를 멸망케 하면 그 명호를 지우고 그 종사와 정부를 폐지하고, 나아가 그 인민으로 하여금 새로운 변화를 받아들여 복종케 할 따름이다. 지금 나라를 멸망케 하면 그 종교를 없애고 그 종족을 끊어버린다. 옛날에 나라를 잃은 백성들은 나라가 없을 뿐이었으나, 지금 나라를 잃은 백성은 아울러 그 집안도 잃게 된다. … (중략) … 국채는 나라를 멸망케 하는 원본이며, 그 결과 망국에 이르게 되어 모든 사람이 화를 입지 않을 수 없게 된다.

① 일제는 황무지 개간권을 요구하여 막대한 면적의 황무지를 차지하였다.
② 우리나라 최초의 은행인 조선은행이 설립되면서 자금 조달이 어려워졌다.
③ 외국 상인의 활동 범위가 넓어지면서 서울을 비롯한 전국의 상권을 차지하였다.
④ 정부의 상공업 진흥 정책으로 회사 설립이 늘어나면서 차관 도입이 확대되었다.
⑤ 일제는 화폐 정리와 시설 개선 등의 명목으로 거액의 차관을 대한제국에 제공하였다.

83 다음은 3·1 운동 당시 일본 헌병대의 보고서이다. 이러한 투쟁 양상이 나타나게 된 원인으로 옳은 것은?

> 그중 과격한 사람은 낫, 곡괭이, 몽둥이 등을 가지고 전투 준비를 갖추었으며, 군중들은 오직 지휘자의 명령에 따라 마치 훈련받은 정규병처럼 움직였다. 그리고 그들은 집합하자마자 우선 독립 만세를 고창하여 그 기세를 올리고, 나아가 면사무소, 군청 등 비교적 저항력이 약한 데를 습격함으로써 군중의 사기를 고무시킨 다음 마침내 경찰서를 습격하여 무력 투쟁을 전개하였다.
> — 『독립운동사 자료집 6』

① 간도 참변에 자극 받은 민중들의 봉기
② 자치론자들의 등장에 대한 민중들의 불만 고조
③ 사회주의 계열이 중심이 된 농민과 노동자들의 계급투쟁
④ 사회진화론에 한계를 느낀 독립운동가의 투쟁 방법 전환
⑤ 토지 조사 사업으로 심한 수탈을 당했던 농민들의 시위 주도

84 다음 〈보기〉의 사건을 순서대로 나열했을 때 두 번째로 발생한 사건은?

> **보기**
>
> ㄱ. 국민건강보험 실시　　　　　　ㄴ. 4·19 혁명
> ㄷ. IMF 외환위기　　　　　　　　ㄹ. 남북한 유엔 동시 가입
> ㅁ. 제1차 경제개발 5개년 계획

① ㄱ　　　　　　　　　　　　② ㄴ
③ ㄷ　　　　　　　　　　　　④ ㄹ
⑤ ㅁ

85 북위 38도선 전역에 걸쳐 북한군이 남침함으로써 일어난 전쟁인 한국전쟁이 발발한 연도는?

① 1949년　　　　　　　　　　② 1950년
③ 1951년　　　　　　　　　　④ 1952년
⑤ 1953년

86 다음에서 설명하는 개헌으로 옳은 것은?

> 대통령 직선제와 상·하 양원제를 골자로 하지만, 사실상 이승만 대통령 재선을 위한 개헌으로 대통령 재선 1회를 개헌안에 넣었다.

① 1차 개헌(발췌 개헌)
② 2차 개헌(사사오입 개헌)
③ 3차 개헌(내각책임제 개헌)
④ 7차 개헌(유신 헌법)
⑤ 9차 개헌(현행 헌법)

87 다음 중 1948~1961년 동안 있었던 사건이 아닌 것은?

① 인도 뉴델리 밀회 사건

② 8.3 긴급 금융 조치

③ 3.15 부정 선거

④ 부산정치파동

⑤ 발췌개헌

88 다음 중 3·15 부정선거와 5·16 군사정변 사이에 일어난 일로 옳은 것은?

① 헌법 제정　　　　　　　　　② 발췌 개헌

③ 사사오입 개헌　　　　　　　④ 4·19 혁명

⑤ 베트남 파병

89 다음 중 노태우 대통령 때 있었던 일로 옳지 않은 것은?

① 6·15 남북 공동선언　　　　② 88 서울 올림픽 개최

③ 남북한 동시 UN가입　　　　④ 한반도 비핵화 공동선언

⑤ 소련과 수교

90 다음 〈보기〉의 사건을 시대순으로 나열했을 때 4번째로 발생한 사건은?

보기	
(가) 야간 통행금지 해제	(나) 남북정상회담
(다) 독일에 광부, 간호사 파견	(라) 4·19 혁명
(마) 금모으기 운동	

① (가)　　　　　　　　　　　② (나)

③ (다)　　　　　　　　　　　④ (라)

⑤ (마)

최종점검 모의고사

최종점검 모의고사

☑ 응시시간 : 70분　　☑ 문항 수 : 100문항　　　　　　　　　　　　　정답 및 해설 p.036

01 ▶ 연역적 사고

※ 다음 규칙을 바탕으로 ?에 들어갈 알맞은 도형을 고르시오. [1~4]

- 우선순위(순환) : O → T → S → O → ⋯ / ◇ → ⬠ → ⬡ → ◇ → ⋯
- 규칙

문자열 조합식	O+T=S	O+S=T	T+S=O
도형 조합식	◇+⬠=⬡	⬠+⬡=◇	◇+⬡=⬠
연산자	△ : 우선순위 모두 향상	▽ : 우선순위 모두 하락	✚ : 문자열, 도형 조합

- 예시

◇O◇ → △ → ⬠T⬠

◇O◇ , ⬠T⬠ → ✚ → ⬡S⬡

01

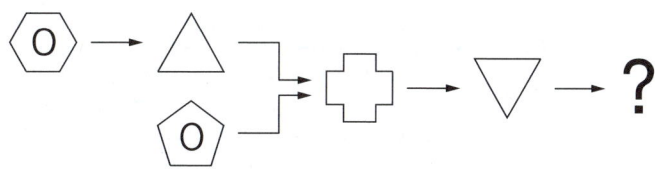

① S (hexagon)

② T (pentagon)

③ O (pentagon)

④ T (diamond)

⑤ T (hexagon)

02

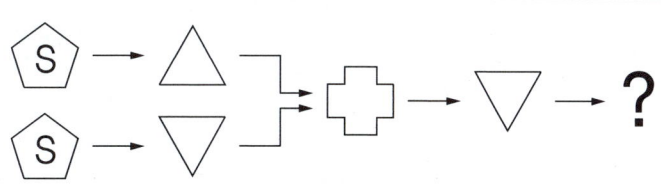

① S (pentagon)

② O (diamond)

③ S (diamond)

④ O (hexagon)

⑤ T (diamond)

03

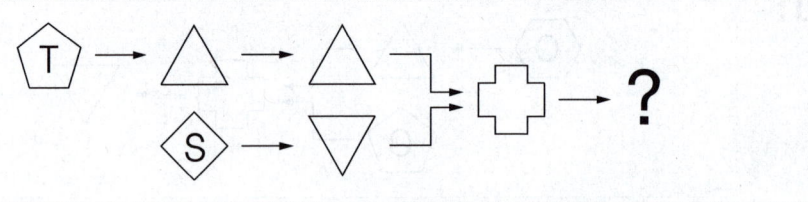

①
S

②
T

③
O

④
S

⑤
T

04

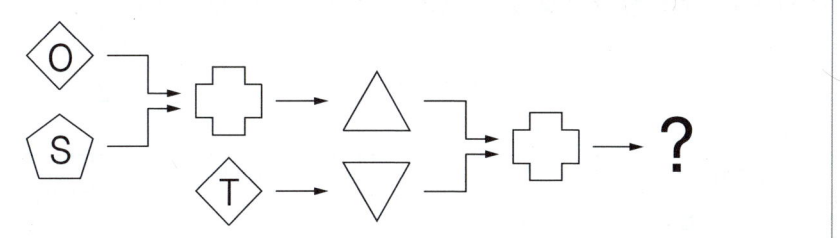

①  ◇ O

②  ⬡ T

③ ⬠ S

④ ⬠ T

⑤ ⬡ O

※ 다음 규칙을 바탕으로 ?에 들어갈 알맞은 도형을 고르시오. [5~8]

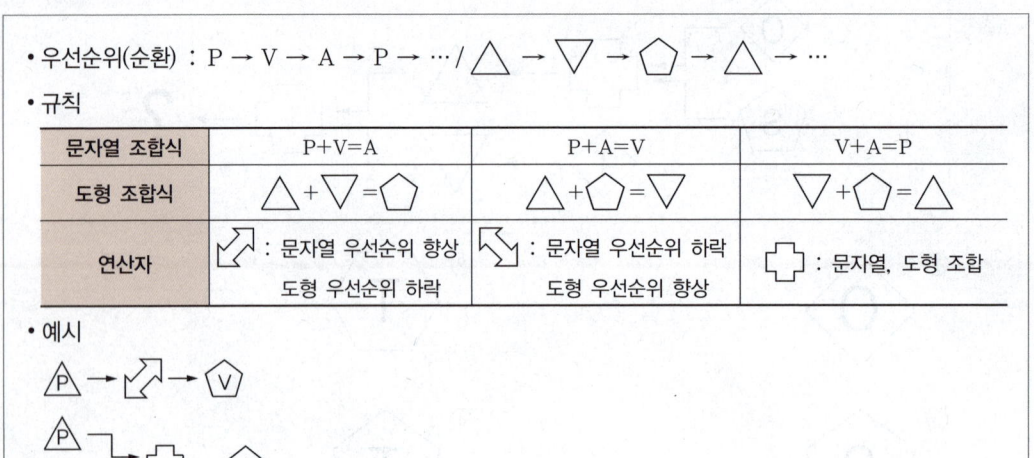

05

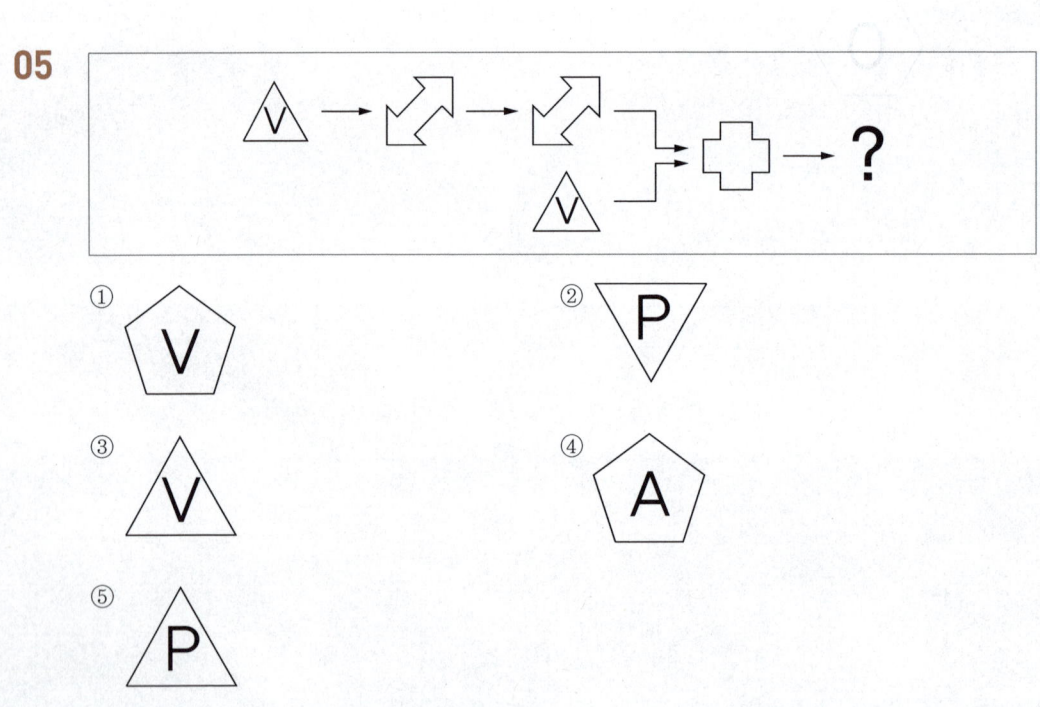

06

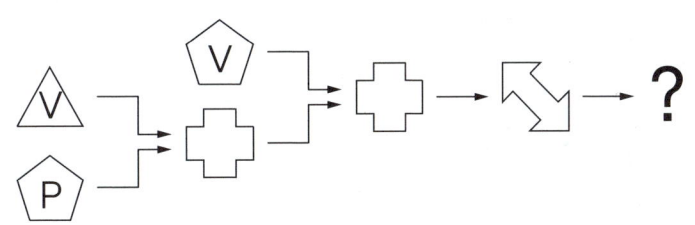

①

②

③

④

⑤

07

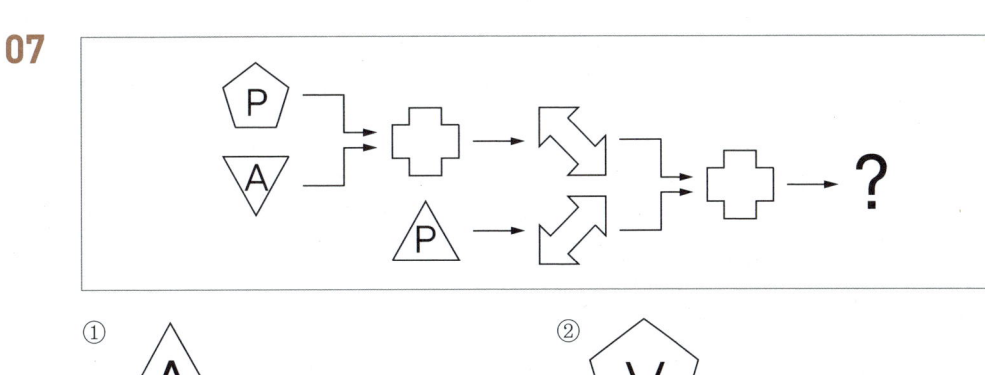

①

②

③

④

⑤

08

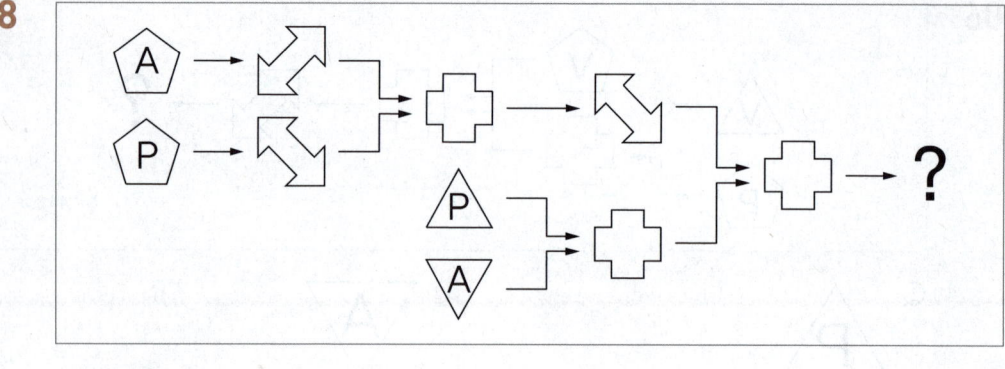

①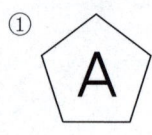

②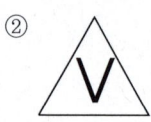

③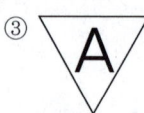

④

⑤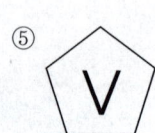

※ 다음 규칙을 바탕으로 ?에 들어갈 알맞은 도형을 고르시오. [9~12]

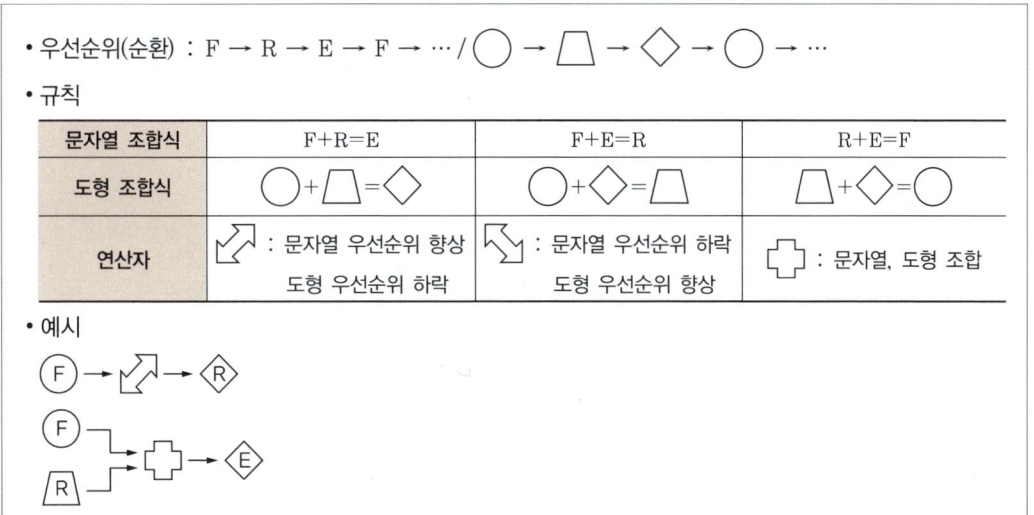

09

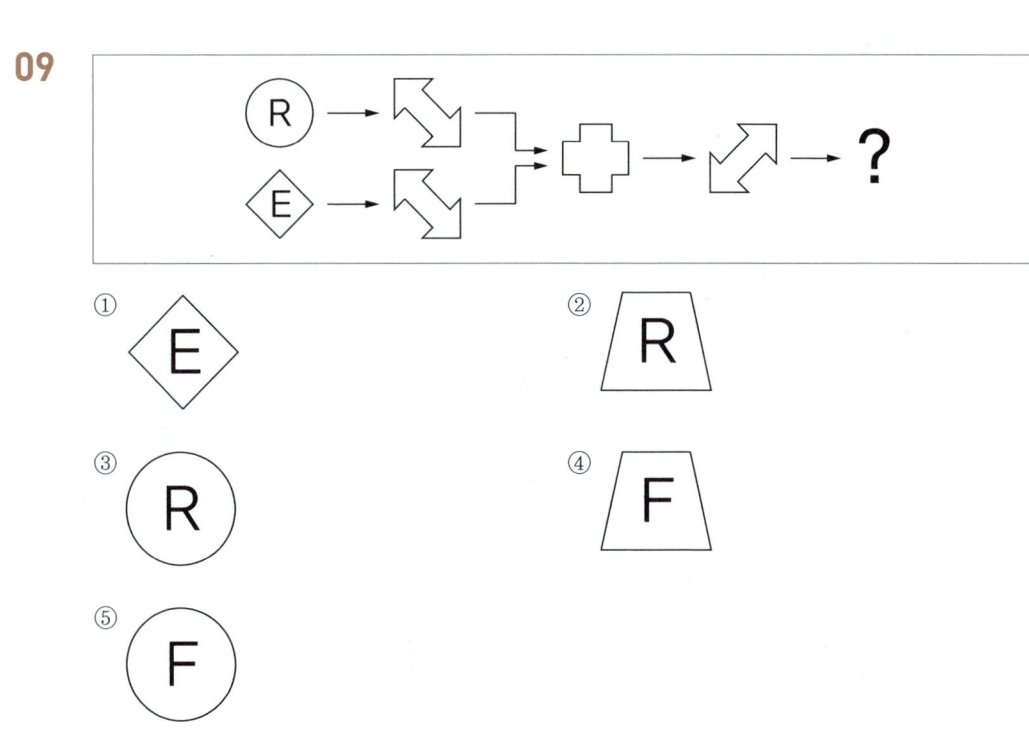

① E (◇)

② R (사다리꼴)

③ R (○)

④ F (사다리꼴)

⑤ F (○)

10

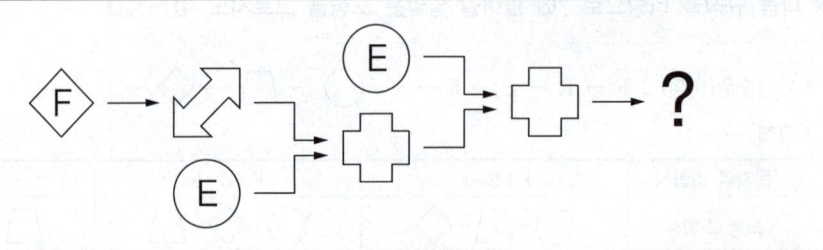

①  F (trapezoid)

② R (trapezoid)

③ E (circle)

④ F (diamond)

⑤ R (diamond)

11

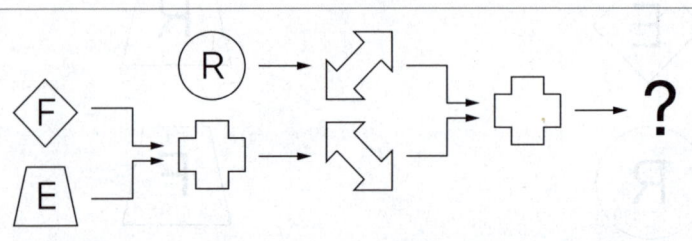

① R (circle)

② E (diamond)

③ F (trapezoid)

④ F (diamond)

⑤ R (trapezoid)

12

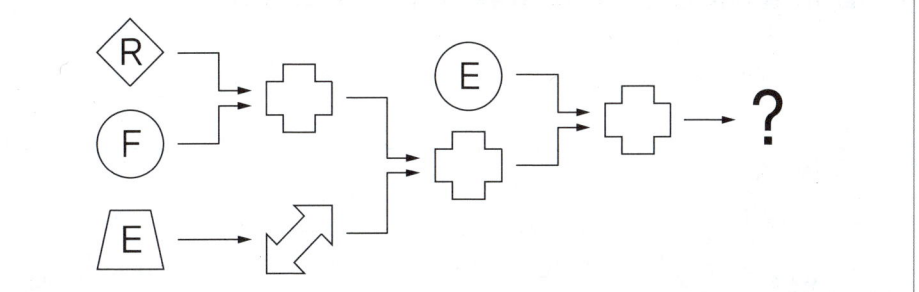

① ◇ R

② ◯ R

③ ⬡ F

④ ◯ F

⑤ ◯ E

※ 다음 규칙을 바탕으로 ?에 들어갈 알맞은 도형을 고르시오. [13~16]

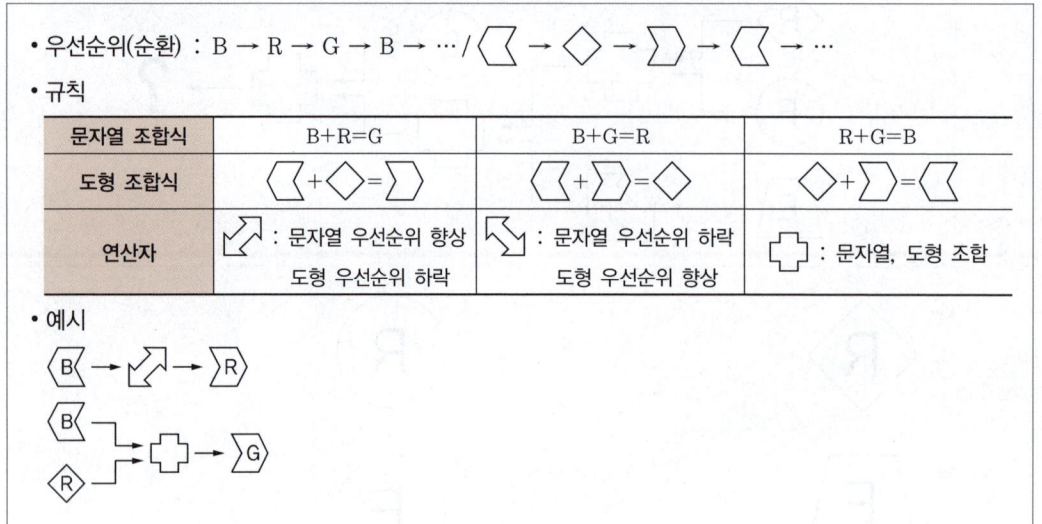

• 우선순위(순환) : B → R → G → B → ⋯ / ⟨ → ◇ → ⟩ → ⟨ → ⋯
• 규칙

문자열 조합식	B+R=G	B+G=R	R+G=B
도형 조합식	⟨ + ◇ = ⟩	⟨ + ⟩ = ◇	◇ + ⟩ = ⟨
연산자	↗ : 문자열 우선순위 향상 도형 우선순위 하락	↘ : 문자열 우선순위 하락 도형 우선순위 향상	✚ : 문자열, 도형 조합

• 예시

13

① G

② R

③ B

④ R

⑤ B

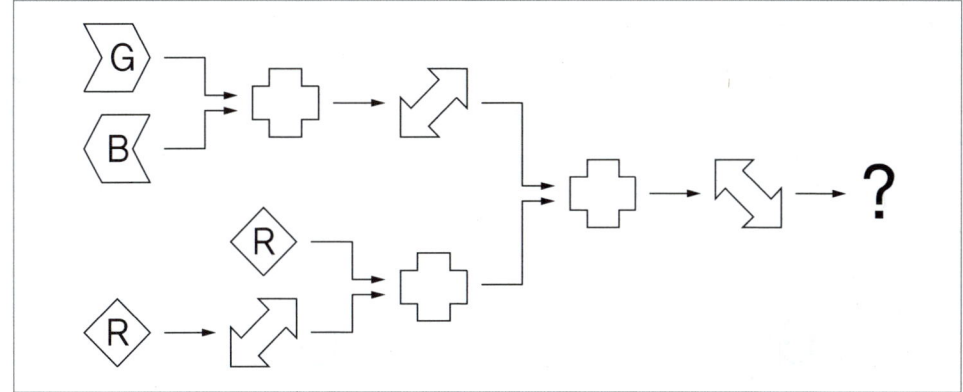

① 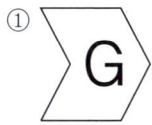 G

②  B

③  R

④  G

⑤  B

15

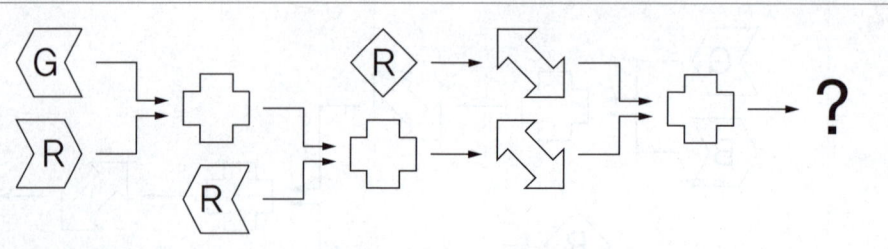

① 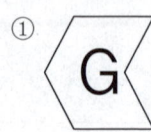 G

② G

③ R

④ B

⑤ R

16

① R

② B

③ B

④ R

⑤ 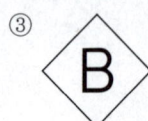 G

※ 다음 규칙을 바탕으로 ?에 들어갈 알맞은 도형을 고르시오. [17~20]

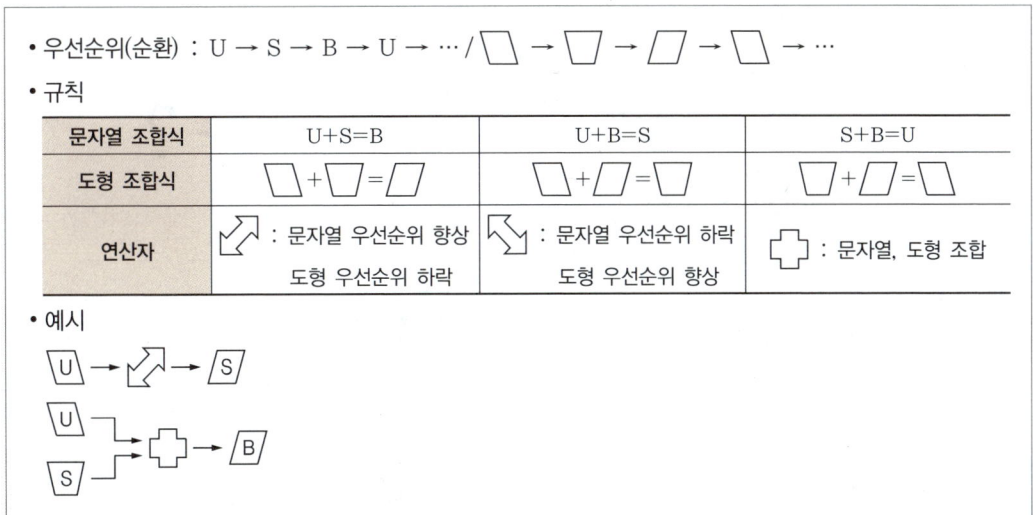

- 우선순위(순환) : U → S → B → U → ··· / ▱ → ▽ → ▱ → ▱ → ···
- 규칙

문자열 조합식	U+S=B	U+B=S	S+B=U
도형 조합식	▱+▽=▱	▱+▱=▱	▽+▱=▱
연산자	↗ : 문자열 우선순위 향상 도형 우선순위 하락	↘ : 문자열 우선순위 하락 도형 우선순위 향상	✚ : 문자열, 도형 조합

- 예시

U → ↗ → S

U, S → ✚ → B

17

S, B → ✚ → ↗ → (B) → ✚ → ?
(B)

① B
② U
③ U
④ B
⑤ S

18

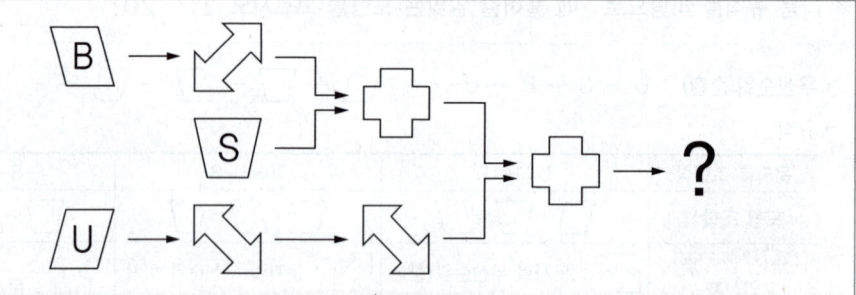

① 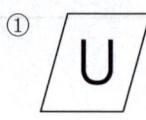 U

② B

③ S

④ B

⑤ S

19

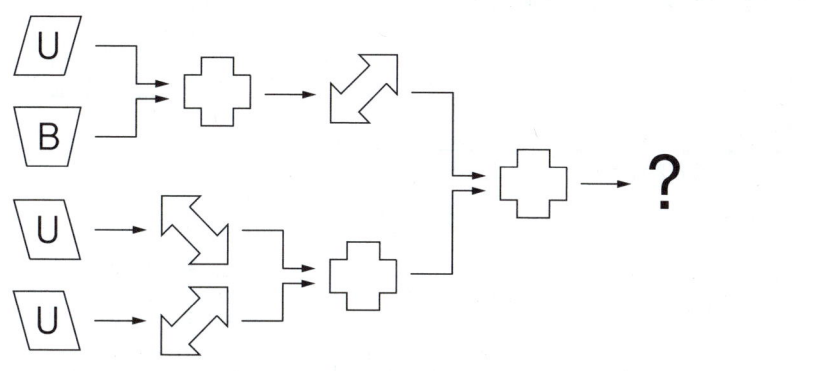

① B (평행사변형)

② U (평행사변형)

③ S (사다리꼴)

④ U (평행사변형)

⑤ S (평행사변형)

20

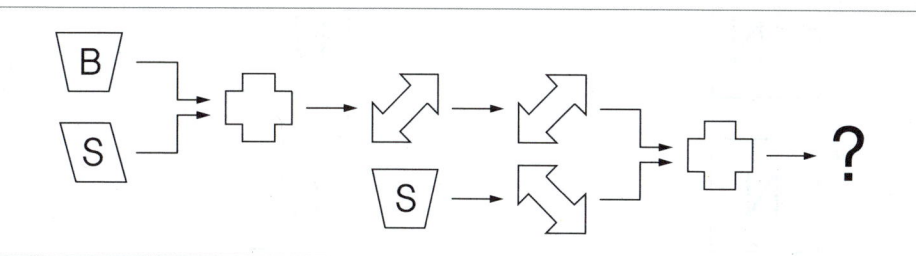

① S (평행사변형)

② U (평행사변형)

③ U (평행사변형)

④ B (사다리꼴)

⑤ S (사다리꼴)

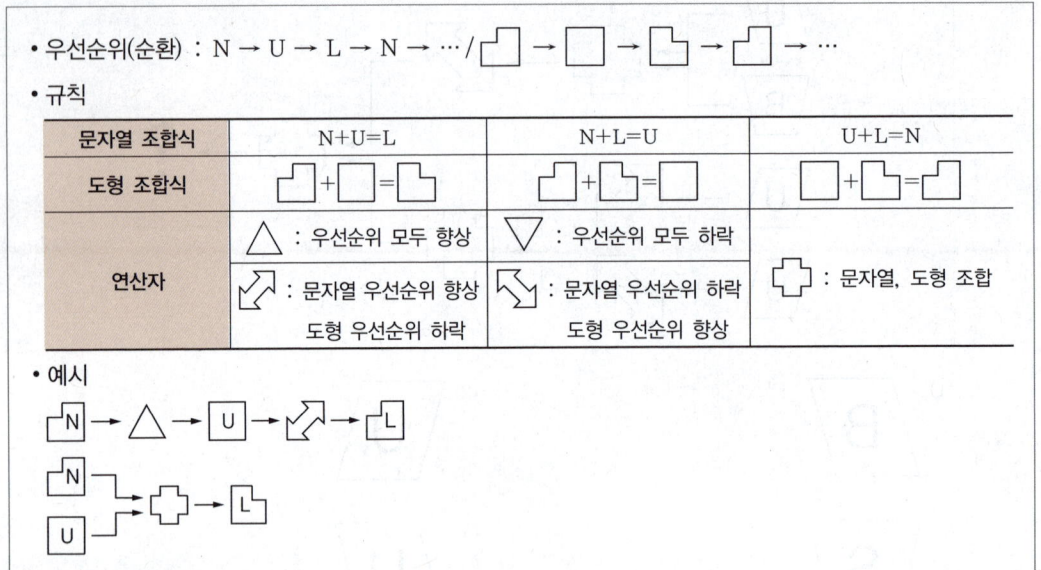

21

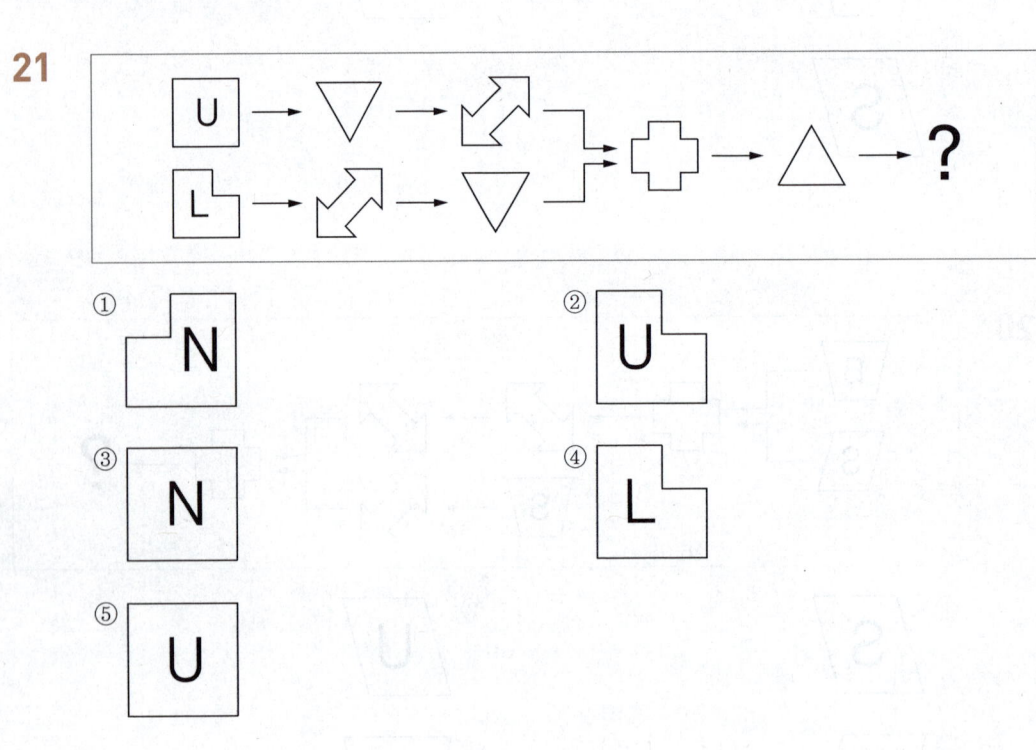

22

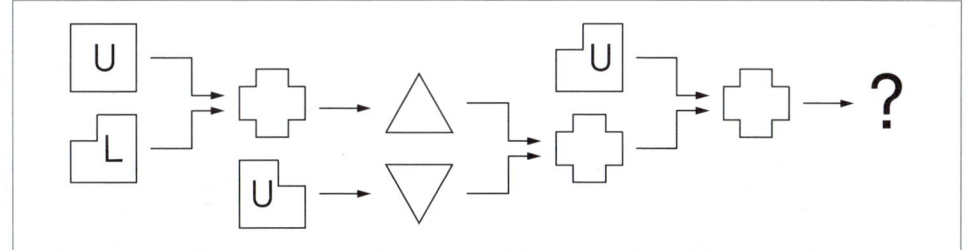

①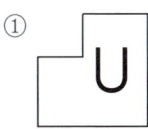

②

③

④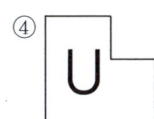

⑤

23

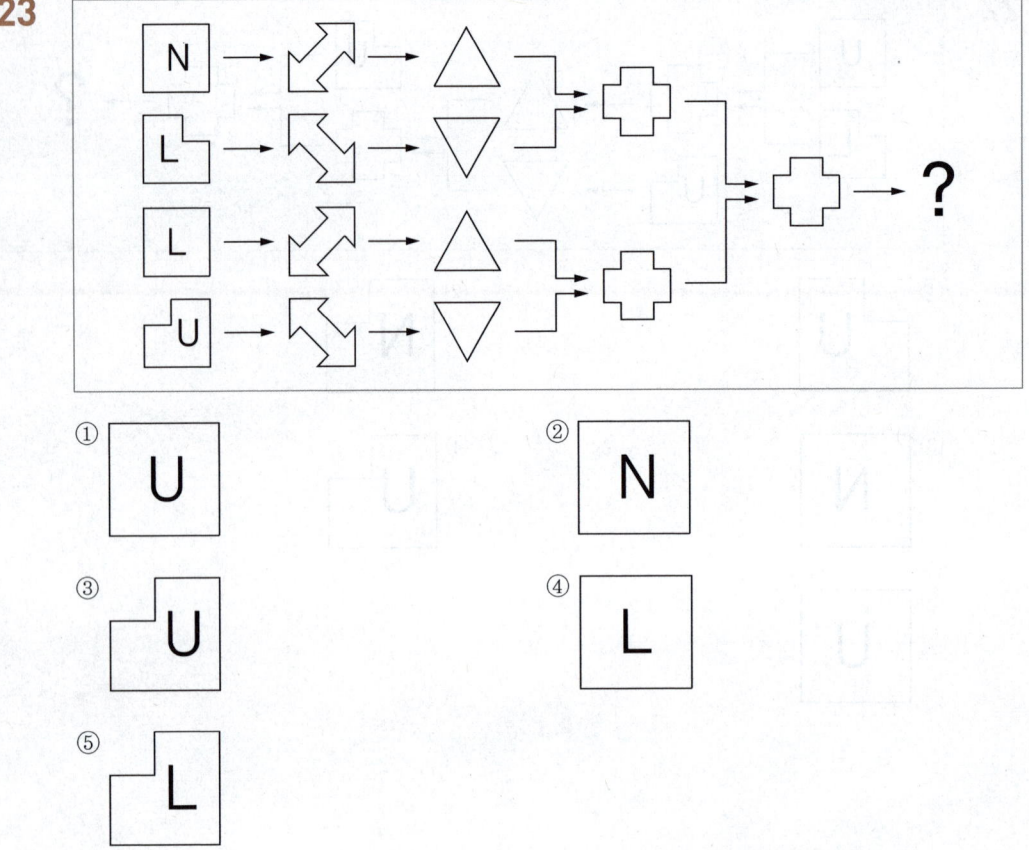

①
U

②
N

③
U

④
L

⑤
L

24

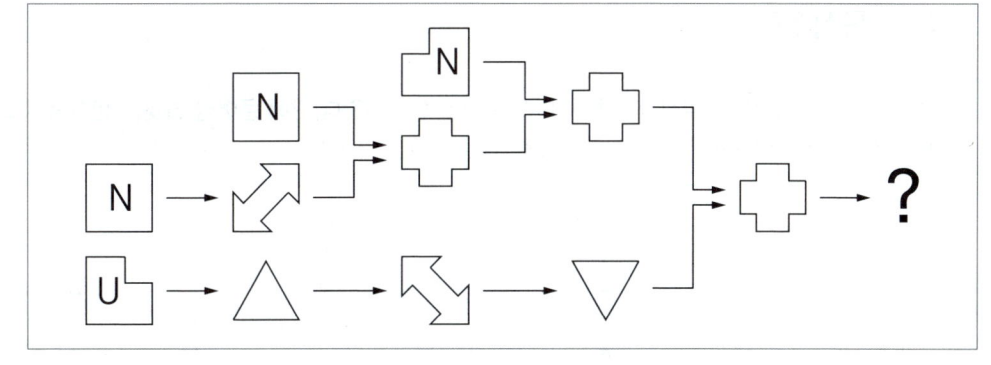

①

②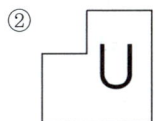

③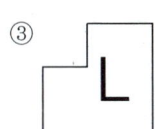

④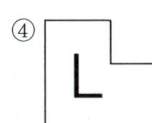

⑤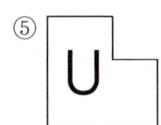

※ 다음 도식에서 기호들은 일정한 규칙에 따라 문자를 변화시킨다. ?에 들어갈 알맞은 문자를 고르시오 (단, 규칙은 가로와 세로 중 한 방향으로만 적용된다). **[1~4]**

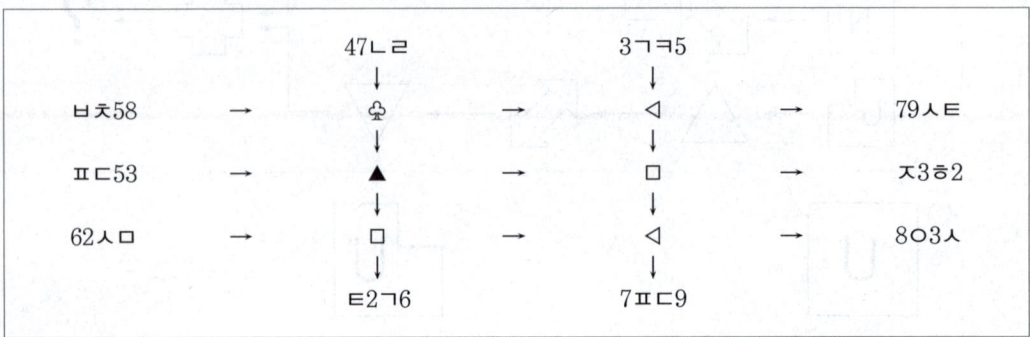

01

ㄷ5ㅇ6 → ◁ → ▲ → ?

① ㅊ4ㅂ6　　　② ㅂ3ㅊ7
③ ㄴ6ㅎ9　　　④ ㄱ3ㅅ7
⑤ ㅊ4ㅅ7

02

ㅇ2ㄴ8 → □ → ♣ → ?

① 35ㄷㅇ　　　② 24ㅊㅅ
③ 28ㅇㄴ　　　④ 12ㅈㅎ
⑤ 35ㅇㄴ

03

ㅅ7ㄷ3 → ▲ → □ → ?

① ㄷ2ㄱ4　　　② ㄷ24ㄱ
③ ㄷ42ㄱ　　　④ ㄷㄱ42
⑤ ㄷ2ㄱ2

04

ㄱKN2 → ♣ → ◁ → ?

① ㄴP3M　　　② ㄱPN2
③ P3ㄴK　　　④ P3ㄴM
⑤ P33M

※ 다음 도식에서 기호들은 일정한 규칙에 따라 문자를 변화시킨다. ?에 들어갈 알맞은 문자를 고르시오 (단, 규칙은 가로와 세로 중 한 방향으로만 적용된다). **[5~8]**

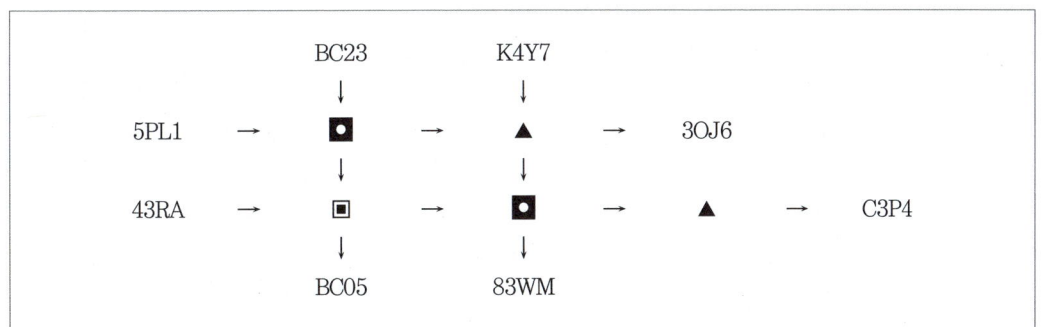

05

$$652P \rightarrow \boxed{\blacksquare} \rightarrow \blacktriangle \rightarrow ?$$

① P625　　　　　　　　　　② W447
③ Q644　　　　　　　　　　④ D525
⑤ 51R2

06

$$AT3C \rightarrow \blacktriangle \rightarrow \boxed{\bullet} \rightarrow ?$$

① GT1C　　　　　　　　　　② H1TC
③ DS1C　　　　　　　　　　④ A4ER
⑤ LJ1X

07

$$S4F3 \rightarrow \blacktriangle \rightarrow \boxed{\bullet} \rightarrow \boxed{\blacksquare} \rightarrow ?$$

① 43DV　　　　　　　　　　② 44TU
③ 5CD1　　　　　　　　　　④ 34DU
⑤ F23K

08

$$1EB7 \rightarrow \boxed{\blacksquare} \rightarrow \boxed{\bullet} \rightarrow \boxed{\blacksquare} \rightarrow ?$$

① 0FY9　　　　　　　　　　② 1FZ9
③ 0ZF9　　　　　　　　　　④ 0FZ9
⑤ 1ZF9

※ 다음 도식에서 기호들은 일정한 규칙에 따라 문자를 변화시킨다. ?에 들어갈 알맞은 문자를 고르시오 (단, 규칙은 가로와 세로 중 한 방향으로만 적용된다). [9~12]

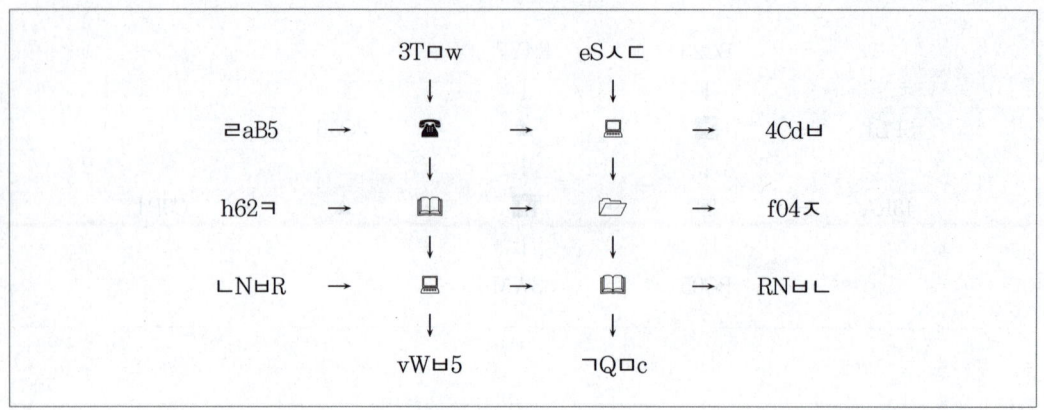

09

□2D4 → 📖 → 💻 → ?

① 33D□
② 42D□
③ 52Cㅂ
④ 12ㄱK
⑤ 9D□3

10

Ghㅈㅊ → 📁 → ☎ → ?

① Ggㅇㅅ
② Hjㅈㄷ
③ ㄱㄴHj
④ ㄹㅂDe
⑤ Giㅇㅅ

11

5ㅎㅎN → 📁 → 📖 → ?

① 2ㅊㅊP
② M7ㅎㅎ
③ 4ㄷㅇU
④ 3ㅌㅌL
⑤ 3ㅋㅋQ

12

x123 → 💻 → ☎ → ?

① 345w
② 225w
③ 552w
④ w525
⑤ 321y

※ 다음 도식에서 기호들은 일정한 규칙에 따라 문자를 변화시킨다. ?에 들어갈 알맞은 문자를 고르시오(단, 규칙은 가로와 세로 중 한 방향으로만 적용되며, 모음은 일반모음 10개만 세는 것을 기준으로 한다). **[13~16]**

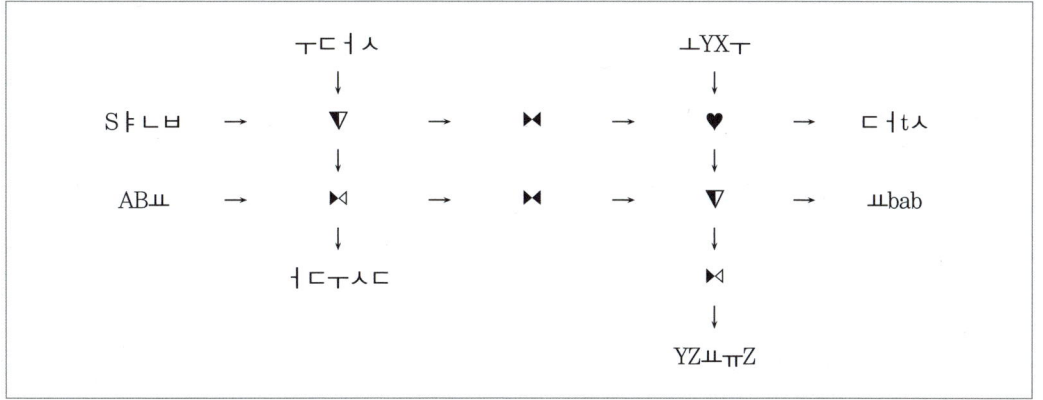

13

ㄱKㄷㅣ → ◁▷ → ▽ → ?

① ㄱKKㄷㅣ ② ㄴㄷTSㅜ
③ ㄷKㄱㅣK ④ ㅏㅓJㄷ
⑤ ㄷㄴㅕㅣL

14

ㅏHㄹㅌ → ♥ → ♥ → ?

① ㅂㅎㅓJ ② ㅓJㅂㅎ
③ Jㅎㅂㅓ ④ ㅓㅂJㅎ
⑤ ㅎJㅂㅓ

15

JㅋㅎE → ◁▷ → ▶◀ → ?

① ㅋㅎejㅋ ② ㅌㅎㅌej
③ jㅋㅎeㅋ ④ ejㅋㅎㅋ
⑤ jeㅋㅎㅋ

16

EGㅈㄴ → ▶◀ → ▽ → ♥ → ?

① ㅊhfㄷ ② fhㄷㄴ
③ ㅈhfㄴ ④ ㄷㄴhf
⑤ ㄷgfㅊ

※ 다음 도식에서 기호들은 일정한 규칙에 따라 문자를 변화시킨다. ?에 들어갈 알맞은 문자를 고르시오(단, 규칙은 가로와 세로 중 한 방향으로만 적용되며, 모음은 일반모음 10개만 세는 것을 기준으로 한다). **[17~20]**

$$Fㄴ77 \qquad\qquad eUj8$$
$$\downarrow \qquad\qquad \downarrow$$

ㅎㅇㅈㅁ → Σ → Φ → ㅍㅅㅇㄹㅇ

$$\downarrow$$

5944 → Δ → Ω → 5449

$$\downarrow \qquad\qquad \downarrow$$

vwxy → Φ → Δ → xwvu

$$\downarrow \qquad\qquad \downarrow$$
$$666ㄱE \qquad\qquad iTd7$$

17

$$ㅏㅑㅓㅕ → Ω → Φ → ?$$

① ㅓㅣㅏㅑ ② ㅏㅣㅓㅕ
③ ㅓㅣㅑㅏ ④ ㅏㅣㅑㅑ
⑤ ㅣㅏㅏㅑ

18

$$073g → Φ → Σ → ?$$

① 962f2 ② 962f6
③ 662f2 ④ 962g2
⑤ 662g2

19

$$rIN9 → Δ → Σ → ?$$

① 9INrI ② 9NIrN
③ 9NIrR ④ 9NIrI
⑤ 9NIiR

20

$$ㅂㅌㅎㅁ → Φ → Ω → ?$$

① ㅁㄹㅋㅍ ② ㄹㅁㅋㅎ
③ ㄹㅁㅋㅍ ④ ㄹㅁㅍㅎ
⑤ ㅁㄹㅍㅋ

01 LCD(Liquid Crystal Display)에 대한 설명으로 옳지 않은 것은?

① 초전도 현상을 이용한다.

② 컴퓨터 모니터에 사용될 수 있다.

③ 액정을 이용한 영상 표현 장치이다.

④ 빛의 삼원색을 합성하여 여러 색을 만든다.

⑤ 손목시계, 컴퓨터 등에 쓰이고 있다.

02 질량 2kg인 물체를 마찰이 없는 수평면 위에 놓고 수평 방향으로 일정한 힘을 작용하였다. 이 물체의 가속도가 $2m/s^2$일 때, 작용한 힘의 크기는?

① 3N   ② 4N

③ 5N   ④ 6N

⑤ 7N

03 다음 〈보기〉 중 같은 과학의 원리가 적용된 것끼리 짝지은 것은?

> **보기**
> ㄱ. 헐크가 바지를 털어서 먼지를 털어냈다.
> ㄴ. 토르가 손에서 망치를 놓았더니 땅에 떨어졌다.
> ㄷ. 아이언맨이 발의 추진장치를 이용하여 하늘을 날았다.
> ㄹ. 로키와 캡틴 아메리카가 서로 부딪쳐서 뒤로 밀려났다.

① ㄱ, ㄴ   ② ㄱ, ㄷ

③ ㄴ, ㄹ   ④ ㄷ, ㄹ

⑤ ㄱ, ㄷ, ㄹ

04 다음 그림과 같이 질량 5kg인 물체를 $\mu=0.8$의 마찰력이 작용하는 지표면 위로 3m 옮기려고 한다. 이때 필요한 일의 양은?(단, 중력가속도는 $10m/s^2$이고 힘의 방향은 지표면과 수평이다)

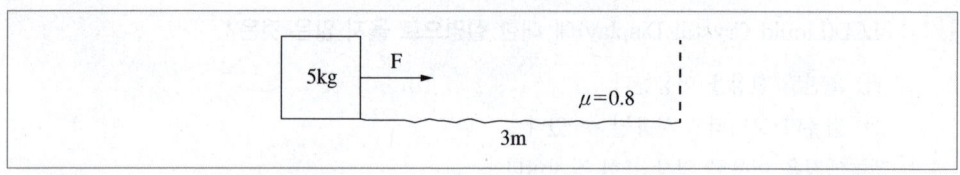

① 120J   ② 150J

③ 180J   ④ 200J

⑤ 220J

05 역학적 평형에 대한 설명으로 옳은 것을 〈보기〉에서 모두 고르면?

> **보기**
>
> ㄱ. 지레를 이용하면 힘에서는 이득을 얻을 수 없지만 일에서는 이득을 얻을 수 있다.
> ㄴ. 구조물의 무게 중심이 높을수록 안정해진다.
> ㄷ. 축바퀴에서 지름이 큰 바퀴를 회전시키면 작은 바퀴에 큰 힘을 전달할 수 있다.

① ㄱ   ② ㄴ

③ ㄷ   ④ ㄴ, ㄷ

⑤ ㄱ, ㄴ, ㄷ

06 유체와 유체 속에서 작용하는 압력에 대한 설명이다. 이에 대한 설명으로 옳은 것을 〈보기〉에서 모두 고르면?

> **보기**
>
> ㄱ. 액체 또는 기체와 같이 흐를 수 있는 물질을 유체라고 한다.
> ㄴ. 유체의 단위 면적에 작용하는 힘을 압력이라고 한다.
> ㄷ. 유체 속에서 작용하는 압력의 단위로 N을 사용한다.

① ㄱ   ② ㄱ, ㄴ

③ ㄱ, ㄷ   ④ ㄴ, ㄷ

⑤ ㄱ, ㄴ, ㄷ

07 질량 m인 물체를 높이가 h인 곳에서 떨어뜨렸을 때, 이에 대한 설명으로 옳은 것을 〈보기〉에서 모두 고르면?(단, 중력가속도는 g이며, 공기와의 마찰은 무시한다)

> **보기**
>
> ㄱ. 지면에 도달할 때까지 모든 위치에서의 역학적 에너지는 mgh이다.
> ㄴ. 지면에 도달할 때의 속력은 $v = \sqrt{gh}$ 이다.
> ㄷ. 지면에 도달할 때의 속력을 v라 할 때, 속력이 $\dfrac{v}{2}$인 점의 높이는 $\dfrac{h}{4}$이다.
> ㄹ. 질량이 2배인 물체를 떨어뜨려도 지면에 도달하는 속도는 변하지 않는다.

① ㄱ, ㄷ   ② ㄱ, ㄹ
③ ㄴ, ㄷ   ④ ㄴ, ㄹ
⑤ ㄷ, ㄹ

08 다음 중 골프공 딤플의 원리와 다른 것은?

① 야구공 실밥

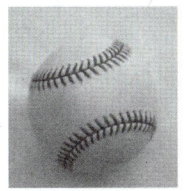

② 상어 아가미

③ 비행기 날개

④ 새들이 날아가는 모양

⑤ 자동차 스포일러

09 다음 그림에서 2kg인 물체의 역학적 에너지는 얼마인가?(단, 중력가속도는 $10m/s^2$이고, 공기 저항은 무시한다)

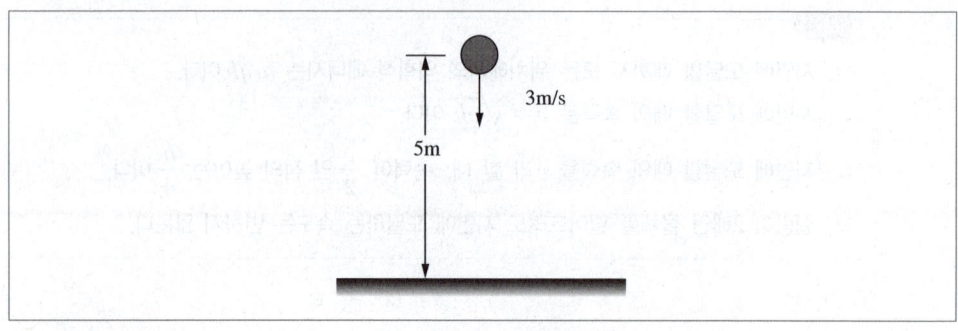

① 100J

② 103J

③ 106J

④ 109J

⑤ 112J

10 원자력 발전에 대한 설명으로 옳은 것을 〈보기〉에서 모두 고르면?

보기

ㄱ. 핵분열을 이용한다.
ㄴ. 석탄을 연료로 사용한다.
ㄷ. 방사성 폐기물이 발생한다.

① ㄱ

② ㄴ

③ ㄱ, ㄷ

④ ㄴ, ㄷ

⑤ ㄱ, ㄴ, ㄷ

11 다음 설명에 해당하는 발전 방식은?

• 태양의 빛에너지를 직접 전기 에너지로 전환한다.
• 광전 효과를 기반으로 하는 태양 전지를 이용한다.

① 조력 발전

② 풍력 발전

③ 원자력 발전

④ 태양광 발전

⑤ 화력 발전

12 다음 제시된 예시와 열전달 방법을 바르게 짝지은 것은?

> ㄱ. 겨울철 태양빛을 쬐면 따뜻해진다.
> ㄴ. 달걀프라이를 만들기 위해 프라이팬을 가열하였다.
> ㄷ. 대부분 에어컨은 위쪽에 설치하고, 난방기구는 아래쪽에 설치한다.

	ㄱ	ㄴ	ㄷ
①	전도	대류	복사
②	전도	복사	대류
③	복사	전도	대류
④	복사	대류	전도
⑤	대류	전도	복사

13 비행기에서 날개 윗면과 아랫면의 압력 차이에 의해 나타나는 힘으로 비행기를 뜨게 하는 하나의 힘이다. 이 힘은 무엇인가?

① 부력
② 만유인력
③ 양력
④ 전기력
⑤ 중력

14 다음 중 회전 방향이 나머지와 다른 것은?

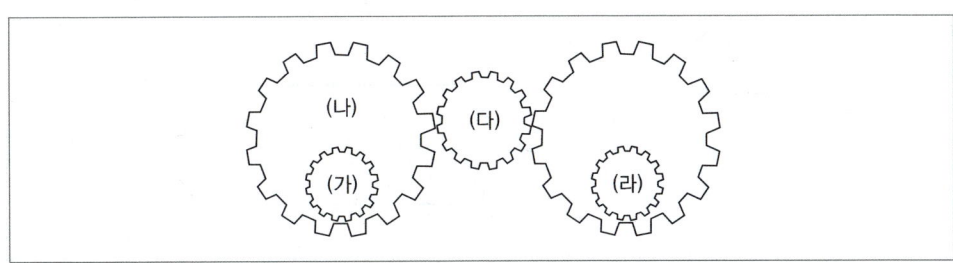

① (가)
② (나)
③ (다)
④ (라)
⑤ 모두 같다.

15 그림 A ~ C와 같이 높이 h에서 가만히 놓은 공이 경사면을 따라 내려올 때, 지면에 도달하는 순간의 속력에 대한 설명으로 옳은 것은?(단, 공은 모두 동일하고, 모든 마찰은 무시한다)

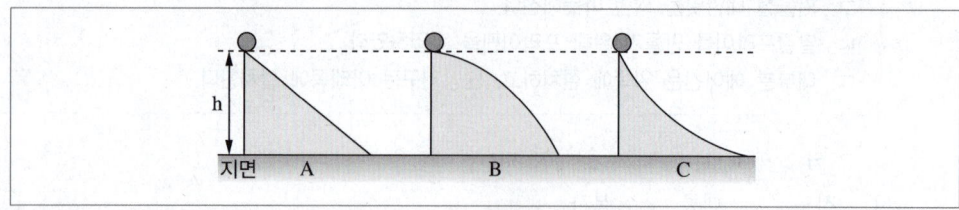

① A에서 가장 빠르다.　　　　　　② B에서 가장 빠르다.
③ C에서 가장 빠르다.　　　　　　④ 모두 같다.
⑤ 알 수 없다.

16 다음 중 자동차 에어백에 사용되며 물체의 속도 변화를 감지하는 센서는?
① 온도 센서　　　　　　　　　　② 이온 센서
③ 화학 센서　　　　　　　　　　④ 가속도 센서
⑤ 전자기 센서

17 다음 그래프는 수평면 위에 놓인 질량 2kg의 물체에 수평 방향으로 작용하는 힘을 시간에 따라 나타낸 것이다. 이 물체의 가속도 크기는?(단, 모든 마찰과 저항은 무시한다)

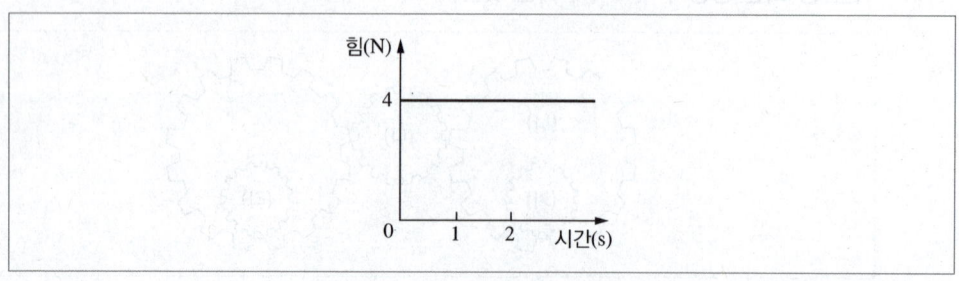

① $2m/s^2$　　　　　　　　　　② $3m/s^2$
③ $4m/s^2$　　　　　　　　　　④ $5m/s^2$
⑤ $6m/s^2$

18 다음 그림은 에너지 사이의 전환 관계를 나타낸다. (가)의 에너지 전환에 해당하는 것으로 옳은 것은?

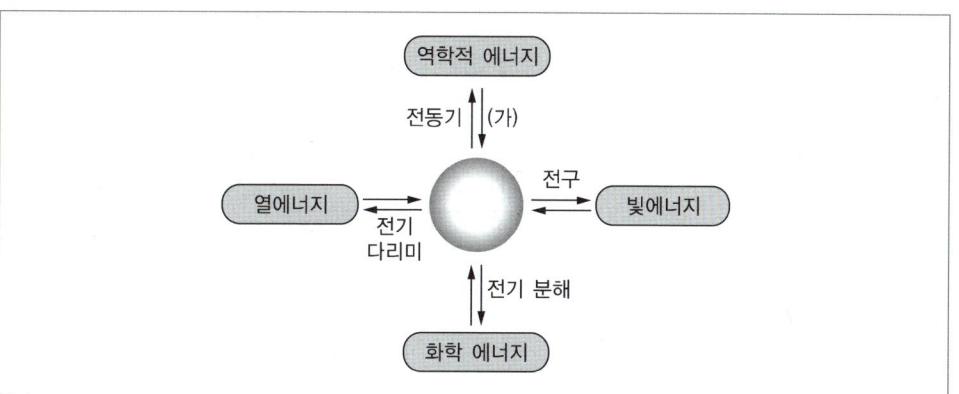

① 화력발전　　　　　　　　② 태양전지
③ 건전지　　　　　　　　　④ 발전기
⑤ 핵분열

19 다음 그림과 같이 $2\,\Omega$ 의 저항 세 개를 연결하였다. 전체 합성저항은?

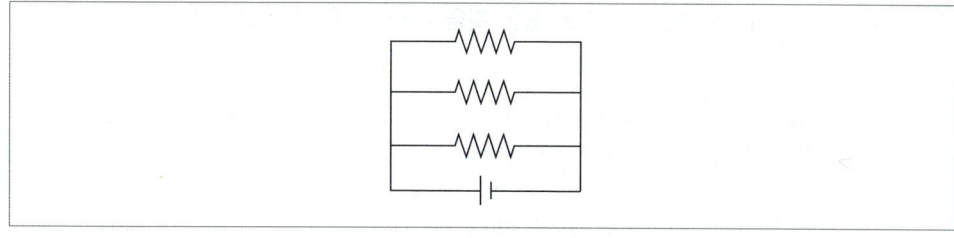

① $\dfrac{1}{2}\,\Omega$　　　　　　　　② $\dfrac{3}{2}\,\Omega$
③ $2\,\Omega$　　　　　　　　　④ $3\,\Omega$
⑤ $6\,\Omega$

20 다음 그림과 같이 크기는 같고 질량이 다른 물체 A ~ C를 같은 높이 h에서 가만히 놓았을 때, 바닥에 도달하는 순간 운동 에너지가 가장 큰 것은?(단, 모든 저항은 무시한다)

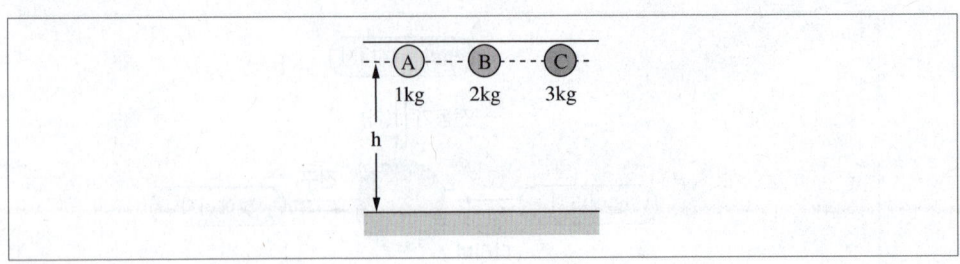

① A   ② B
③ C   ④ A, B
⑤ 모두 같다.

21 다음 중 화석 연료를 대체하기 위한 재생 에너지원이 아닌 것은?

① 바람   ② 석탄
③ 지열   ④ 파도
⑤ 태양

22 다음 중 열기관에 대한 설명으로 옳은 것을 〈보기〉에서 모두 고르면?

보기
ㄱ. 열에너지를 일로 전환하는 장치이다.
ㄴ. 열은 저열원에서 고열원으로 이동한다.
ㄷ. $[열효율(\%)] = \dfrac{(열기관이\ 한\ 일)}{(열기관이\ 공급한\ 열에너지)} \times 100$이다.

① ㄴ   ② ㄷ
③ ㄱ, ㄴ   ④ ㄱ, ㄷ
⑤ ㄴ, ㄷ

23 수평면 위에 놓인 물체에 수평 방향으로 8N의 힘을 가하였을 때, 가속도의 크기가 $2m/s^2$이었다. 이 물체의 질량은?(단, 마찰과 공기 저항은 무시한다)

① 1kg   ② 2kg

③ 3kg   ④ 4kg

⑤ 5kg

24 다음 그림은 공기 중에서 유리판으로 나란하게 입사한 두 빛 A, B의 진행경로를 나타낸 것이다. 이에 대한 설명으로 옳은 것을 〈보기〉에서 모두 고르면?

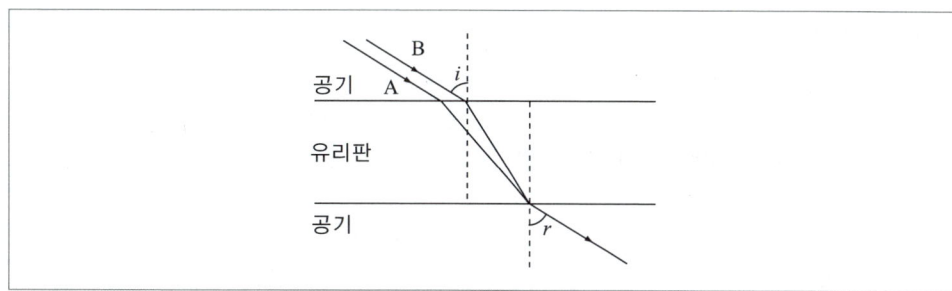

보기

ㄱ. 유리판으로 입사할 때의 각 i와 빠져 나올 때의 각 r은 같다.

ㄴ. 유리판 속에서의 속력은 A가 B보다 더 느리다.

ㄷ. A와 B 사이의 진동수의 차이는 공기 중보다 유리판 속에서 더 크다.

① ㄱ   ② ㄱ, ㄴ

③ ㄱ, ㄷ   ④ ㄴ, ㄷ

⑤ ㄱ, ㄴ, ㄷ

25 다음 그림과 같이 지레를 사용하여 무게가 100N인 돌을 들어 올리려고 한다. 돌을 들어 올리는 데 필요한 최소한의 힘의 크기는?

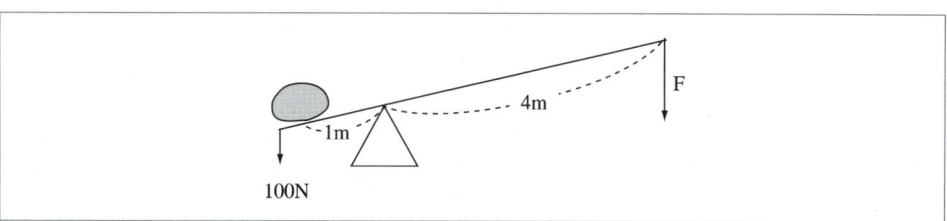

① 10N   ② 15N

③ 25N   ④ 50N

⑤ 75N

26 다음 그림은 온도가 다른 두 물체를 접촉시켰을 때 온도 변화를 나타낸 것이다. 이에 대한 설명으로 옳은 것을 〈보기〉에서 모두 고르면?(단, 열의 손실은 없다)

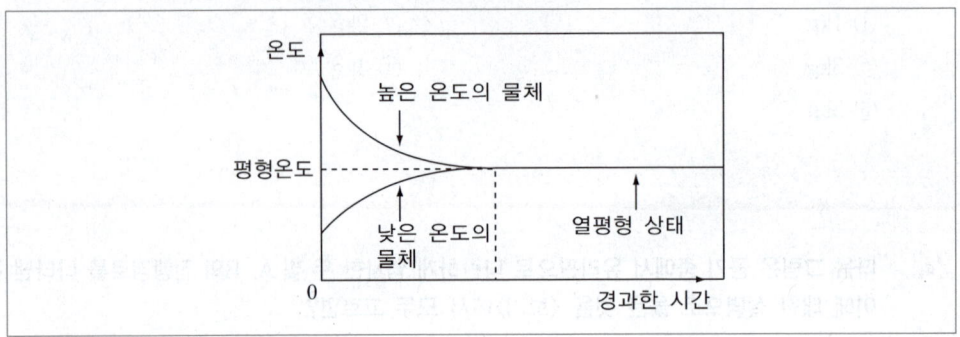

> **보기**
> ㄱ. 고온의 물체는 온도가 열평형 상태까지 내려간다.
> ㄴ. 저온의 물체가 얻은 열량은 고온의 물체가 잃은 열량과 같다.
> ㄷ. 시간이 지나면서 열의 이동이 없는 상태에 이르게 된다.

① ㄱ
② ㄱ, ㄴ
③ ㄱ, ㄷ
④ ㄴ, ㄷ
⑤ ㄱ, ㄴ, ㄷ

27 다음 그림과 같이 저항 4Ω 인 세 저항 R_1, R_2, R_3를 전압이 12V인 전원장치에 연결하였다. 현재 전류계에 흐르는 전류의 세기는?

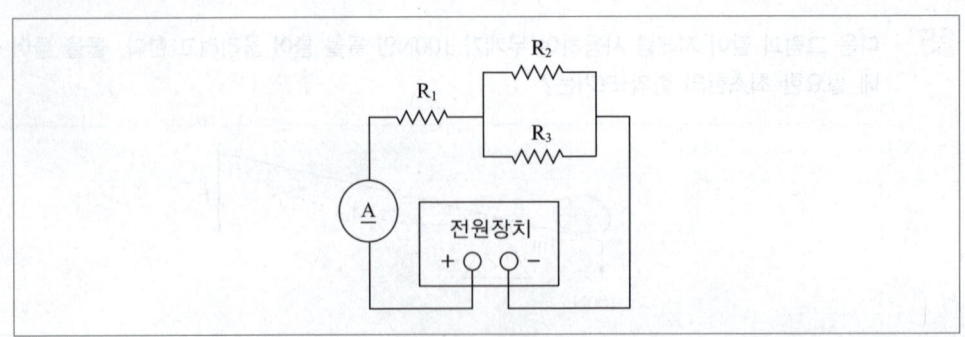

① 1A
② 2A
③ 3A
④ 4A
⑤ 5A

28 벽에 용수철을 매달고 손으로 잡아당겨 보았다. 4N의 힘으로 용수철을 당겼을 때, 5cm만큼 늘어났다고 한다. 용수철이 8cm가 늘어났다고 한다면 용수철에 가해진 힘은 얼마인가?

① 1.6N

② 3.2N

③ 4.8N

④ 6.4N

⑤ 8N

29 다음은 A ~ E난로의 소비전력 및 사용시간에 대한 자료이다. 전기에너지를 가장 많이 사용한 난로는?

〈A ~ E난로 소비전력 및 사용시간〉

구분	소비전력	사용시간
A	1,300W	6시간
B	1,200W	5시간
C	1,500W	4시간
D	1,000W	7시간
E	800W	9시간

① A

② B

③ C

④ D

⑤ E

30 물체 A는 가속도가 $4m/s^2$인 등가속도 운동을 하고 있다. 처음 속도가 5m/s일 때, 8초 후 속도와 8초 동안의 평균 속도는 얼마인가?

	8초 후 속도	평균 속도
①	37m/s	21m/s
②	37m/s	22m/s
③	44m/s	21m/s
④	44m/s	22m/s
⑤	46m/s	21m/s

31 다음 그림에서 2kg인 진자가 A에서 B로 이동했을 때 감소한 운동 에너지는 얼마인가?(단, 중력가속도는 9.8m/s^{2}이고, 공기 저항은 무시한다)

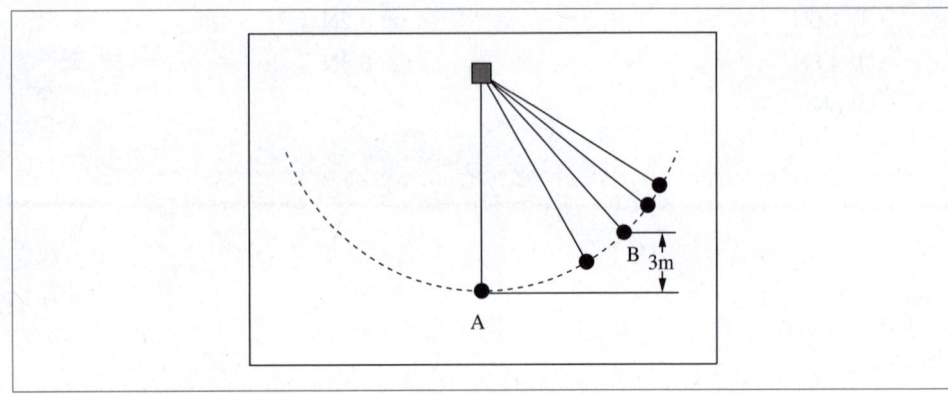

① 56.8J
② 57.8J
③ 58.8J
④ 59.8J
⑤ 60.8J

32 (+)로 대전된 막대를 전기적으로 중성인 검전기에 가까이 하였더니 금속박이 벌어졌다. 이때 그림과 같이 손을 대면 일어나는 현상은 무엇인가?

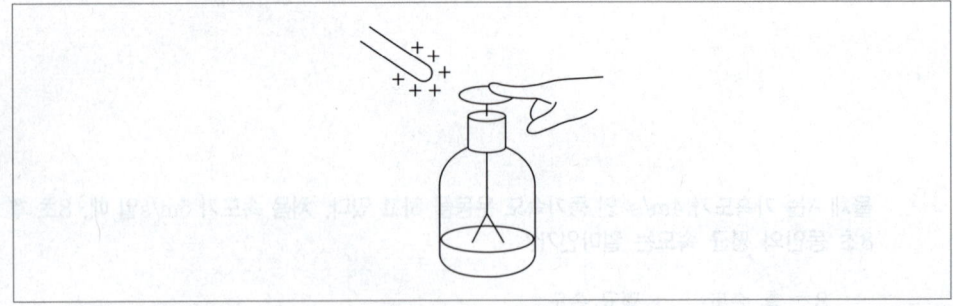

① 금속박이 더 벌어진다.
② 전자가 손에서 검전기로 들어온다.
③ 금속박 사이에는 더욱 큰 척력이 작용한다.
④ 금속박에서 금속판으로 전자의 이동이 있다.
⑤ 전자의 이동이 없어 금속박의 변화가 없다.

33 다음 설명에 해당하는 의료 장비는?

> • 빛의 전반사 원리를 이용한 것이다.
> • 광섬유와 렌즈 등으로 이루어진 관을 체내에 삽입하여 위나 대장 등을 검진한다.

① 내시경   ② 청진기
③ 체온계   ④ 혈압계
⑤ MRI

34 다음은 땅속 마그마에 의해 데워진 고온의 지하수나 수증기를 끌어올려 터빈을 돌려서 전기를 생산하는 방식을 그림으로 나타낸 것이다. 어떤 발전 방식을 나타낸 것인가?

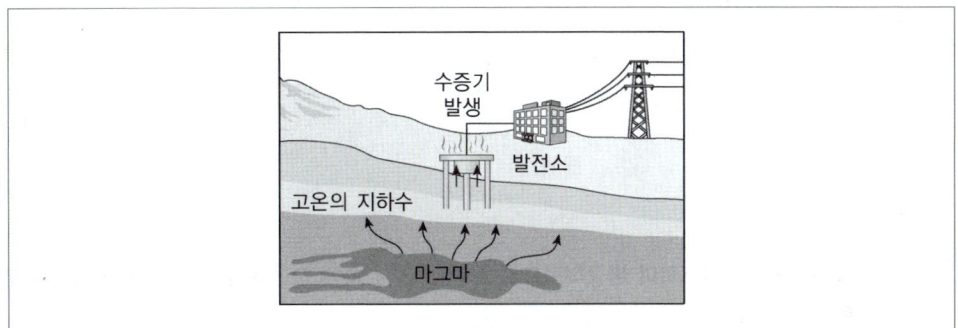

① 지열 발전   ② 풍력 발전
③ 화력 발전   ④ 태양광 발전
⑤ 원자력 발전

35 다음은 같은 온도에서 세 가지 기체의 평균 속도를 나타낸 것이다. 이 기체들 중 분자량이 가장 작은 것은?

기체	산소	질소	수소	탄소
평균 속도(km/s)	0.48	0.51	1.90	0.62

① 산소   ② 질소
③ 수소   ④ 탄소
⑤ 모두 같음

36 다음 중 거울의 쓰임새가 나머지와 다른 것은?

① 자동차 측면 거울 ② 치과용 거울
③ 편의점 감시 거울 ④ 도로반사경
⑤ 화장용 손거울

37 다음 중 지구가 물체를 끌어당기는 힘은 무엇인가?

① 중력 ② 강력
③ 약력 ④ 만유인력
⑤ 구심력

38 다음 중 매우 무질서하며 불규칙적으로 보이는 현상 속에 숨은 일정한 규칙이나 법칙을 밝혀내는 이론은?

① 빅뱅 이론 ② 상대성 이론
③ 엔트로피 ④ 초끈 이론
⑤ 카오스 이론

39 다음 설명에 해당하는 운동 법칙은?

• 로켓이 가스를 뒤로 분출하면서 앞으로 나아간다.
• 얼음판 위에서 사람이 벽을 밀면 사람이 뒤로 밀려난다.

① 관성의 법칙 ② 케플러 법칙
③ 가속도의 법칙 ④ 작용 · 반작용의 법칙
⑤ 만유인력의 법칙

40 다음 중 적용된 과학적 원리가 나머지와 다른 것은?

① 꽉 낀 그릇 두 개를 분리하기 위해 위에 있는 그릇에 찬 물을 채운다.

② 풍선이 하늘 위로 올라가면 부피가 증가한다.

③ 겨울보다 여름철에 전깃줄이 더 길게 늘어져 있다.

④ 겨울철 기찻길 철로를 보면 선로 사이에 틈새가 있다.

⑤ 주전자에 물을 가득 채운 후 물을 끓이면 물이 넘친다.

41 다음 그림과 같은 전기 회로에서 저항 30Ω에 4A의 전류가 흐를 때, 저항 20Ω에 흐르는 전류의 세기는 몇 A인가?

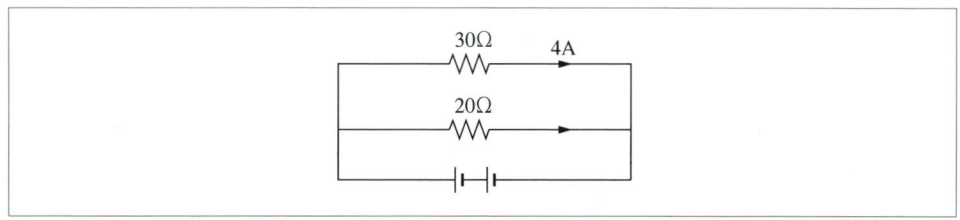

① 3A   ② 4A

③ 6A   ④ 12A

⑤ 15A

42 다음 그림은 마찰이 없는 수평면에서 크기가 다른 두 힘이 한 물체에 작용하고 있는 것을 나타낸 것이다. 이 물체의 가속도 크기는?

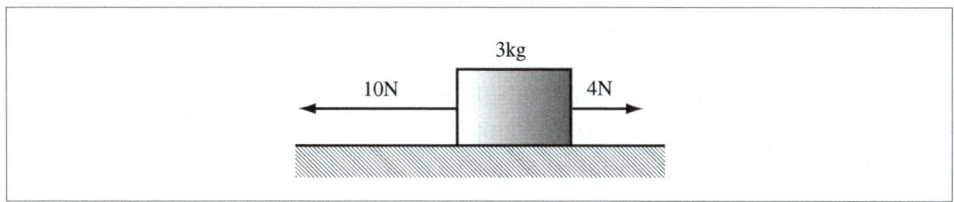

① $1m/s^2$ ② $2m/s^2$

③ $3m/s^2$ ④ $4m/s^2$

⑤ $5m/s^2$

43 다음 그림은 고열원에서 100J의 열을 흡수하여 일(W)을 하고, 저열원으로 80J의 열기관을 나타낸 것이다. 이 열기관의 열효율은?

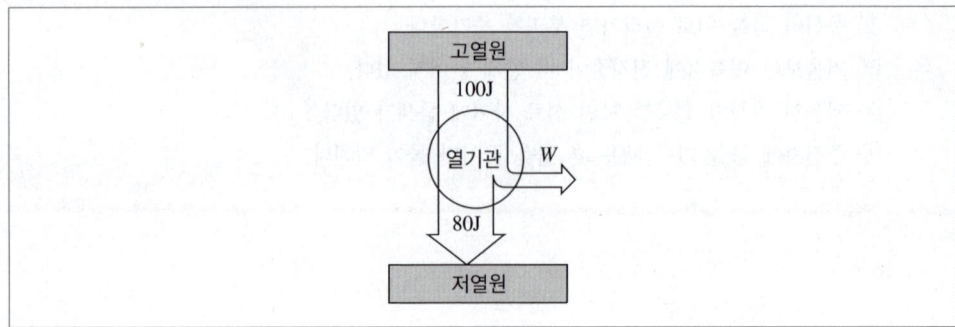

① 20%   ② 30%

③ 40%   ④ 50%

⑤ 60%

44 다음 그림은 밀도에 따른 우주 모형을 2차원적으로 나타낸 것이다. 이에 대한 설명으로 옳은 것을 〈보기〉에서 모두 고르면?

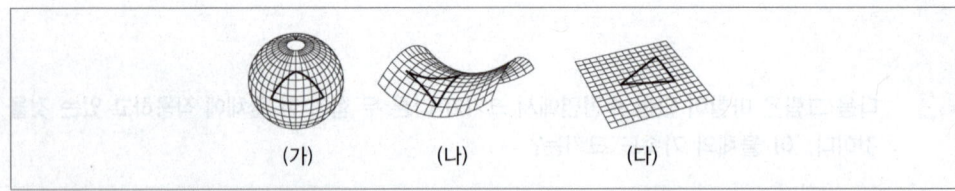

(가)   (나)   (다)

> **보기**
>
> ㄱ. (가) 모형에서 우주의 밀도는 임계밀도보다 크다.
> ㄴ. (나) 모형에서 우주는 다시 수축하여 크기가 0이 된다.
> ㄷ. (다) 모형에서 우주는 영원히 팽창한다.

① ㄱ   ② ㄴ

③ ㄱ, ㄷ   ④ ㄴ, ㄷ

⑤ ㄱ, ㄴ, ㄷ

45 다음 그래프는 진행하는 횡파의 한 순간 모습을 나타낸 것이다. 주기를 0.5초라고 할 때, 이 파동에 대한 설명으로 옳은 것을 〈보기〉에서 모두 고르면?

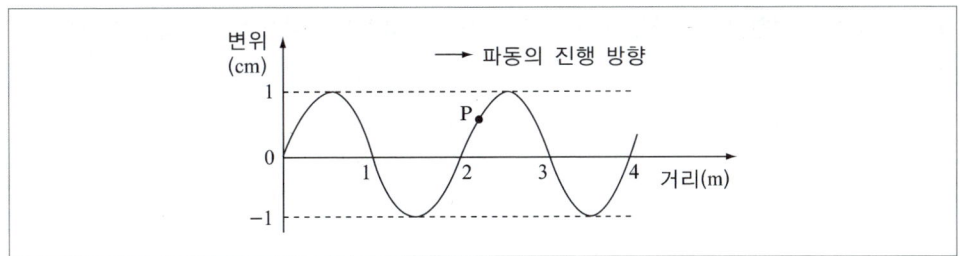

> **보기**
>
> ㄱ. 파동의 진동수는 2Hz이다.
> ㄴ. P는 위 방향으로만 운동한다.
> ㄷ. 파동의 전파 속도는 2m/s이다.

① ㄱ
② ㄱ, ㄴ
③ ㄱ, ㄷ
④ ㄴ, ㄷ
⑤ ㄱ, ㄴ, ㄷ

46 다음 그림과 같은 발전 방식은?

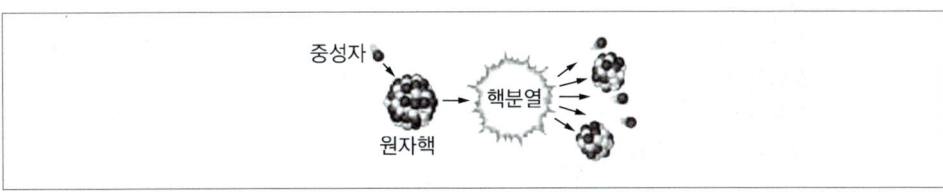

① 수력 발전
② 풍력 발전
③ 화력 발전
④ 원자력 발전
⑤ 태양광 발전

01 다음 중 삼한 시대에 천군이 지배하는 곳으로, 국법이 미치지 못하는 신성 지역은?

① 우가   ② 책화
③ 삼로   ④ 소도
⑤ 서낭

02 다음 설명과 관련이 있는 국가는?

- 698년부터 926년까지 한반도 북부와 만주·연해주에 존속하며 남북국을 이루었던 고대국가
- '바다 동쪽의 전성기를 맞이한 나라'라는 뜻으로도 불림

① 고려   ② 부여
③ 발해   ④ 고구려
⑤ 동예

03 다음 중 백제의 문화재를 〈보기〉에서 모두 고른 것은?

> 보기
> ㄱ. 백률사 석당
> ㄴ. 정림사지 5층 석탑
> ㄷ. 창왕명석조사리감
> ㄹ. 법주사 쌍사자 석등

① ㄱ, ㄴ   ② ㄱ, ㄹ
③ ㄴ, ㄷ   ④ ㄴ, ㄹ
⑤ ㄷ, ㄹ

04 다음 중 공민왕의 정책으로 옳은 것은?

① 만권당을 설립하여 문물교류를 진흥하였다.

② 성균관을 부흥시켜 유학 교육을 강화하였다.

③ 명의 철령위 설치 요구로 인해 요동정벌을 단행하였다.

④ 정치도감을 설치하여 국가 재정수입의 기반을 확대하였다.

⑤ 정략결혼을 통해 호족들을 포섭하고 통제하였다.

05 고려 초기에 호족세력을 견제하고 왕권을 강화하기 위하여 실시된 정책을 〈보기〉에서 모두 고르면?

> **보기**
>
> ㄱ. 상수리 제도   ㄴ. 사심관 제도
> ㄷ. 경재소 설치   ㄹ. 노비안검법
> ㅁ. 기인제도

① ㄱ, ㄴ   ② ㄷ, ㄹ

③ ㄱ, ㄷ, ㅁ   ④ ㄴ, ㄹ, ㅁ

⑤ ㄱ, ㄴ, ㄷ, ㄹ

06 다음과 같은 농업이 행해진 당시의 사회 모습으로 옳은 것을 〈보기〉에서 고르면?

> 농민이 밭에 심는 것은 곡물만이 아니다. 모시, 오이, 배추, 도라지 등의 농사도 잘 지으면 그 이익이 헤아릴 수 없이 크다. 도회지 주변에는 파밭, 마늘밭, 배추밭, 오이밭 등이 많다. 특히, 서도 지방의 담배밭, 북도 지방의 삼밭, 한산의 모시밭 … 수확은 모두 상상등전(上上等田)의 논에서 나는 수확보다 그 이익이 10배에 이른다.
>
> – 『경세유표』

> **보기**
> ㄱ. 정부가 농업 생산량의 증대를 위해 『농사직설』을 편찬하였다.
> ㄴ. 이모작이 널리 행해지면서 보리 재배가 확대되었다.
> ㄷ. 쌀의 상품화가 이루어지면서 밭을 논으로 바꾸는 현상이 활발하였다.
> ㄹ. 정부에서는 가뭄이 들었을 때 수리·관개 문제로 인한 피해를 우려해 이앙법을 금지하기도 했다.

① ㄱ, ㄴ   ② ㄱ, ㄷ
③ ㄴ, ㄷ   ④ ㄴ, ㄹ
⑤ ㄷ, ㄹ

07 다음 중 조선의 왕들과 그 업적의 연결이 옳지 않은 것은?

① 태조 – 한양 천도   ② 태종 – 호패법 시행
③ 세종 – 6조 직계제 시행   ④ 세조 – 직전법 시행
⑤ 성종 – 경국대전 반포

08 다음 중 ㉠ 사건 이후 설치된 군사기구는?

> 아아! 임진년의 화는 참혹하였도다. 수십일 동안에 삼도(三都)를 지키지 못하였고 팔방이 산산이 무너져 ㉠ <u>임금께서 수도를 떠나 피란하였는데</u>, 그럼에도 우리나라가 오늘날이 있게 된 것은 하늘이 도운 까닭이다. 그리고 선대 여러 임금의 어질고 두터운 은덕이 백성들을 굳게 결합시켜 백성들의 나라를 생각하는 마음이 그치지 않았기 때문이며, 임금께서 중국을 섬기는 정성이 명나라 황제를 감동시켜 우리나라를 구원하기 위해 명나라 군대가 여러 차례 출동하였기 때문이다. 이러한 일들이 없었다면 우리나라는 위태하였을 것이다.
>
> - 『징비록』

① 별무반   ② 장용영
③ 훈련도감   ④ 군무아문
⑤ 삼별초

09 다음 〈보기〉의 교육기관이 생기던 시기와 같은 해에 일어난 일로 옳은 것을 모두 고르면?

> **보기**
> 함남 원산에 세워진 한국 최초의 근대적 교육기관이자 최초의 민립학교로 정현식이 기금을 모아 설립하였으며 문예반과 무예반을 모두 운영하였다.

> ㄱ. 미국에 보빙사 파견
> ㄴ. 임오군란 발발
> ㄷ. 박문국 설치
> ㄹ. 갑신정변 발발

① ㄱ, ㄴ   ② ㄱ, ㄷ
③ ㄴ, ㄷ   ④ ㄴ, ㄹ
⑤ ㄷ, ㄹ

10 다음 협정이 적용된 시기 우리나라의 경제 상황으로 옳은 것은?

> 대한민국 정보는 대한민국의 경제적 위기를 방지하며 국력 부흥을 촉진하고 국내 안정을 확보하기
> 위하여 미합중국 정부에 재정적, 물질적, 기술적 원고를 요청하였으며, 미합중국 의회는 … (중략)
> … 대한민국 국민에게 원조를 제공할 권한을 미합중국 대통령에게 부여하였고, 대한민국 정부 및
> 미합중국 정부는 대한민국 정부의 독립과 안전 보장에 합치되는 조건에 의한 그 원조의 제공이 …
> (중략) … 한국 국민과 미국 국민간의 우호적 연대를 일층 강화할 것을 확신하므로 … (중략) …
> 아래와 같이 협정하였다.
>
> – 한 · 미 원조 협정

① 경부 고속 국도를 개통하였다.
② 경제 협력 개발 기구(OECD)에 가입하였다.
③ 제분 · 제당 · 면방직의 삼백 산업이 성장하였다.
④ 3저 호황으로 물가가 안정되고 수출이 증가하였다.
⑤ 대통령의 긴급 명령으로 금융 실명제를 실시하였다.

4

인성검사
(GSC Way 부합도 검사)

4 | 인성검사(GSC Way 부합도 검사)

인성검사는 GS그룹의 인재상과 적합한 인재인지 평가하는 테스트로, 지원자의 개인 성향이나 인성에 관한 질문으로 구성되어 있다. 출제유형은 계열사마다 상이할 수 있으므로 미리 알아두고 가면 도움이 될 것이다.

(1) 문항 수 : 104문항

(2) 출제유형 : GS그룹의 인성검사는 문항당 4개의 문장이 나온다. 4개의 문장 중 자신에게 가장 가까운 것과 가장 먼 것을 하나씩 체크한다.

01 ▶ 인성검사 수검요령

인성검사는 특별한 수검요령이 없다. 다시 말하면 모범답안이 없고, 정답이 없다는 이야기이다. 국어 문제처럼 말의 뜻을 풀이하는 것도 아니다. 굳이 수검요령을 말하자면, 진실하고 솔직한 자신의 생각이 최고의 답변이라고 할 수 있을 것이다.

인성검사에서 가장 중요한 것은 첫째, 솔직한 답변이다. 지금까지 경험을 통해서 축적한 자신의 생각과 행동을 거짓 없이 솔직하게 기재하는 것이다. 예를 들어, '나는 타인의 물건을 훔치고 싶은 충동을 느껴본 적이 있다.'란 질문에 지원자들은 많은 생각을 하게 된다. 생각해 보라. 유년기에 또는 성인이 되어서도 타인의 물건을 훔치는 일을 저지른 적은 없더라도, 훔치고 싶은 충동은 누구나 조금이라도 느껴보았을 것이다. 그런데 이 질문에 고민을 하는 사람이 간혹 있다. 이 질문에 '예'라고 대답하면 담당 검사관들이 나를 사회적으로 문제가 있는 사람으로 여기지는 않을까 하는 생각에 '아니요'라는 답을 기재하게 된다. 이런 솔직하지 않은 답변이 답변의 신뢰와 솔직함을 나타내는 타당성 척도에 좋지 않은 점수를 주게 된다.

둘째, 일관성 있는 답변이다. 인성검사의 수많은 질문 문항 중에는 비슷한 뜻의 질문이 여러 개 숨어 있는 경우가 많이 있다. 그 질문들은 지원자의 솔직한 답변과 심리적인 상태를 알아보기 위해 내포되어 있는 문항들이다. 가령 '나는 유년시절 타인의 물건을 훔친 적이 있다.'라는 질문에 '예'라고 대답했는데, '나는 유년시절 타인의 물건을 훔쳐보고 싶은 충동을 느껴본 적이 있다.'라는 질문에는 '아니요'라는 답을 기재한다면 어떻겠는가. 일관성 없이 '대충 기재하자.'라는 식의 무성의한 답변이 되거나, 정신적으로 문제가 있는 사람으로 보일 수 있다.

인성검사는 많은 문항을 풀어야 하므로 지원자들은 지루함과 따분함, 반복되는 비슷한 질문에 대한 인내심 상실 등을 경험할 수 있다. 인내를 가지고 솔직한 내 생각을 대답하는 것이 무엇보다 중요한 요령이다.

02 ▶ 인성검사 시 유의사항

(1) 충분한 휴식으로 불안을 없애고 정서적인 안정을 취한다. 심신이 안정되어야 자신의 마음을 표현할 수 있다.

(2) 생각나는 대로 솔직하게 응답한다. 자신을 너무 과대포장하지도, 너무 비하하지도 마라. 답변을 꾸며서 하면 앞뒤가 맞지 않게끔 구성되어 있기 때문에, 불리한 평가를 받지 않도록 솔직하게 답하도록 한다.

(3) 검사 문항에 대해 지나치게 생각해서는 안 된다. 지나치게 몰두하면 엉뚱한 답변이 나올 수 있으므로 불필요한 생각은 삼간다.

(4) 인성검사는 문항 수가 많기에 자칫 건너뛰거나 다 풀지 못하는 경우가 있는데, 가능한 한 모든 문항에 답해야 한다. 응답하지 않은 문항이 많을 경우 부정확하고 불리한 평가를 받을 수 있기 때문이다.

※ 인성검사는 정답이 따로 없는 유형의 검사이므로 결과지를 제공하지 않습니다.

※ 각 문항을 읽고 보기에서 자신과 가장 가까운 것(㉠)과 가장 먼 것(㉡)을 선택하시오. **[1~104]**

01

① 크게 후회할 때가 많다.
② 컨디션에 따라 기분이 잘 변한다.
③ 고민이 생겨도 심각하게 생각하지 않는다.
④ 스트레스를 해소할 수 있는 활동을 자주 하는 편이다.

㉠ ①　　　　② 　　　　③ 　　　　④
㉡ ①　　　　② 　　　　③ 　　　　④

02

① 자기주장이 매우 강하다.
② 옆에 사람이 있으면 싫다.
③ 어떠한 일이 있어도 출세하고 싶다.
④ 리더의 지시를 받기 전에는 섣불리 행동하지 않는다.

㉠ ①　　　　② 　　　　③ 　　　　④
㉡ ①　　　　② 　　　　③ 　　　　④

03

① 독특함·비범함보다는 익숙함·평범함에 더욱 끌린다.
② 의견의 불일치는 보다 나은 결과를 이끌 수 있다고 생각한다.
③ 현실성 없는 상상은 근거 없는 예측처럼 쓸모없다고 생각한다.
④ '프레임(Frame), 기성(旣成), 형식, 틀' 등의 말에서 따분함을 느낀다.

㉠ ①　　　　② 　　　　③ 　　　　④
㉡ ①　　　　② 　　　　③ 　　　　④

04

① 다른 사람의 일에 관심이 없다.
② 자신의 권리를 강하게 주장하는 편이다.
③ 협상할 때는 서로 윈윈할 수 있는 방안을 찾으려 노력한다.
④ 국제 관계에서도 공정성과 정당성이 가장 중요하다고 생각한다.

㉠ ①   ②   ③   ④
㉡ ①   ②   ③   ④

05

① 반성하는 일이 거의 없다.
② 노력의 정도보다 결과가 중요하다.
③ 포기하지 않고 노력하는 것이 중요하다.
④ 사물을 신중하게 생각하는 편이라고 자부한다.

㉠ ①   ②   ③   ④
㉡ ①   ②   ③   ④

06

① 작은 위안도 나에게는 큰 격려가 된다.
② 슬럼프에 빠지면 좀처럼 헤어나지 못한다.
③ 군중 속에 있을 때 병이 옮을까 봐 걱정이 되곤 한다.
④ 걱정거리가 있어도 내가 일하는 속도는 줄지 않는다.

㉠ ①   ②   ③   ④
㉡ ①   ②   ③   ④

07

① 자신의 소문에 관심을 기울인다.
② 친구들과 남의 이야기를 하는 것을 좋아한다.
③ 어떤 경우에도 거칠게 자기주장을 하지 않는다.
④ 유쾌함을 잘 느끼지 않지만 자신이 불행하다고 생각하지 않는다.

㉠ ①   ②   ③   ④
㉡ ①   ②   ③   ④

08

① 현재 상태를 바꾸기보다는 유지하는 것을 선호한다.
② 전형성(典型性)은 클리셰처럼 진부하게 느껴진다.
③ 때로는 표준어보다 사투리가 더 정확하게 표현하는 것 같다.
④ 학문은 반드시 실용성이 있을 때에만 의미가 있다고 생각한다.

ⓐ ①　　　　　②　　　　　③　　　　　④
ⓑ ①　　　　　②　　　　　③　　　　　④

09

① 진정으로 마음을 허락할 수 있는 사람은 없다.
② 경청할수록 상대를 잘 설득할 수 있을 것이다.
③ 경쟁에서의 승리보다는 조화로운 협동을 우선한다.
④ 인간은 누구나 자신의 이익과 연결될 때에는 부정직하기 마련이라고 생각한다.

ⓐ ①　　　　　②　　　　　③　　　　　④
ⓑ ①　　　　　②　　　　　③　　　　　④

10

① 일단 일을 시작했다면 반드시 끝을 맺는다.
② 다른 사람들이 쉽게 도전하지 못하는 일을 하고 싶다.
③ 자신의 책임을 타인에게 떠넘기고 싶을 때가 종종 있다.
④ 목표 달성을 위해 스스로를 자율적으로 통제하는 능력이 부족한 것 같다.

ⓐ ①　　　　　②　　　　　③　　　　　④
ⓑ ①　　　　　②　　　　　③　　　　　④

11

① 불필요한 후회로 시간을 오래 소모할 때가 많다.
② 아물지 못하는 마음의 상처로 괴로울 때가 많다.
③ 나는 절망하지만 않으면 역경을 극복할 수 있다고 믿는다.
④ 더러운 것이나 눈에 보이지 않는 세균이 손에 묻는 것을 크게 꺼려하지 않는다.

ⓐ ①　　　　　②　　　　　③　　　　　④
ⓑ ①　　　　　②　　　　　③　　　　　④

12

① 리더의 의견을 거의 거스르지 못한다.
② 다른 사람에게 항상 움직이고 있다는 말을 듣는다.
③ 적절한 유머 등 유려한 화술로 대화를 이끄는 데 능숙하다.
④ 투자할 때는 높은 수익률보다는 낮은 실패 위험성에 주목한다.

ㄱ ①　　　②　　　③　　　④
ㄴ ①　　　②　　　③　　　④

13

① 어떤 일을 할 때 흥미보다는 익숙함을 중시한다.
② 꽉 짜인 순서를 따르는 것은 나의 의욕을 잃게 한다.
③ 새로운 스타일의 사물은 나의 관심을 거의 끌지 못한다.
④ 새로운 온라인 환경에서 여러 가지 일들을 능숙하게 처리할 수 있다.

ㄱ ①　　　②　　　③　　　④
ㄴ ①　　　②　　　③　　　④

14

① 잘난 체하지 말라는 비판을 받곤 한다.
② 공평성을 위해 규정의 공정한 적용을 중시한다.
③ 불필요한 경쟁을 피하기 위해 협동성을 중시한다.
④ 국제 관계에서는 힘의 논리에 따른 실익의 추구가 가장 큰 영향을 끼친다.

ㄱ ①　　　②　　　③　　　④
ㄴ ①　　　②　　　③　　　④

15

① 유연하고 융통적인 사고는 나의 장점이다.
② 자신의 능력을 높이는 계발 활동에 힘쓴다.
③ 계획대로 행동하기보다는 즉흥적으로 행동할 때가 많다.
④ 좋은 생각이 떠올라도 실행하기 전에 여러모로 검토한다.

ㄱ ①　　　②　　　③　　　④
ㄴ ①　　　②　　　③　　　④

16

① 웬만한 일에는 불평을 거의 하지 않는다.
② 스트레스를 받아도 능률이 별로 떨어지지 않는다.
③ 사소한 일에도 피해의식 때문에 큰 불만을 느끼곤 한다.
④ 생소한 환경에 처하면 두려움과 스트레스가 높아져 사기가 크게 떨어진다.

ㄱ ① ② ③ ④
ㄴ ① ② ③ ④

17

① 토론, 토의에서는 적극적으로 참여하고 싶다.
② 남들이 나를 어떻게 평가하는지 별로 관심이 없다.
③ 리더에게 판단을 전적으로 맡기고 그의 지시를 따른다.
④ '당근과 채찍(회유와 협박)'을 통해 조직을 관리하는 데 능숙하다.

ㄱ ① ② ③ ④
ㄴ ① ② ③ ④

18

① 보다 많은 자극을 능동적으로 찾는 편이다.
② 수수께끼와 속담에서 깊은 깨달음을 얻곤 한다.
③ 환경의 변화를 감지하거나 분석하는 일에 거의 무관심하다.
④ 새로운 사업이나 방식을 구상하는 일은 내 적성에 전혀 맞지 않는다.

ㄱ ① ② ③ ④
ㄴ ① ② ③ ④

19

① 서비스업의 본질은 단연코 '친절'이라고 생각한다.
② 입에 발린 칭찬, 격려를 들으면 고까운 생각이 든다.
③ 전화를 빨리 받는 것도 상대를 위한 배려라고 생각한다.
④ 선진국이 되려면 상대를 압도하는 경제력, 군사력 등 실제적 힘이 가장 중요하다.

ㄱ ① ② ③ ④
ㄴ ① ② ③ ④

20

① 임무 완수에 대한 동기가 비교적 높은 편이다.
② 일기를 꾸준히 쓰는 일은 내 적성에 맞지 않는다.
③ 융통성이 부족하고 강박적인 행동을 할 때가 있다.
④ 정리정돈을 잘 하지 않아 필요한 물건을 쉽게 찾지 못할 때가 많다.

㉠ ①　　　　　② 　　　　　③　　　　　④
㉡ ①　　　　　② 　　　　　③　　　　　④

21

① 한숨을 크게 쉬며 넋두리를 하고 싶어질 때가 많다.
② 운동, 독서, 수다 등 스트레스를 해소하는 활동을 즐긴다.
③ 곤란한 상황에서도 묵묵히 주어진 일을 잘 할 수 있다.
④ 급박한 상황에 놓이면 마음이 조급해져 행동이 몹시 부자연스러워진다.

㉠ ①　　　　　② 　　　　　③　　　　　④
㉡ ①　　　　　② 　　　　　③　　　　　④

22

① 혼자서 식사를 하거나 술을 마시는 것이 편안하다.
② 리더의 강력한 영향력은 조직 발전의 근간일 것이다.
③ 인간관계의 범위를 확대하는 데 상당히 소극적이다.
④ 효율을 최대화하려면 권력의 분산보다는 집중이 중요하다.

㉠ ①　　　　　② 　　　　　③　　　　　④
㉡ ①　　　　　② 　　　　　③　　　　　④

23

① 호기심은 나의 관심을 거의 끌지 못한다.
② 나의 내면세계와 예술에 대한 관심이 많다.
③ 비현실적·비실용적인 것은 나의 관심을 전혀 끌지 못한다.
④ 개방적인 태도로 익숙지 않은 과제를 마무리하려고 애쓴다.

㉠ ①　　　　　② 　　　　　③　　　　　④
㉡ ①　　　　　② 　　　　　③　　　　　④

24

① 남이 실수하면 그를 몰아세울 때가 많다.
② 배려는 내가 할 수 있는 최선의 미덕이라고 생각한다.
③ 가는 말이 고와도 오는 말은 곱지 않을 수 있다고 생각한다.
④ 달려오는 타인을 위해 엘리베이터 열림 버튼을 누를 때가 많다.

ㄱ ①   ②   ③   ④
ㄴ ①   ②   ③   ④

25

① 자신이 능력 있으며 부지런하다고 자평할 수 있다.
② 사회적 규범을 엄수하며 주어진 임무를 기필코 완수하려 한다.
③ 미래에는 우직함보다는 융통성이 우선이라고 생각한다.
④ 불철주야(不撤晝夜)로 노력하자는 말은 상당히 피곤하게 느껴진다.

ㄱ ①   ②   ③   ④
ㄴ ①   ②   ③   ④

26

① 자신이 처한 환경을 원망하지 않으려 노력한다.
② 감정이 나의 판단에 큰 악영향을 끼칠 때가 많았다.
③ 때로는 자신에게 결벽증이 있는 것이 아닌지 걱정되곤 한다.
④ 걱정이나 근심할 만한 일이 있어도 사기가 저하되지 않는다.

ㄱ ①   ②   ③   ④
ㄴ ①   ②   ③   ④

27

① 적절한 보상과 제재를 통해 팀을 잘 이끌 수 있다.
② 남을 지휘하거나 통솔해 따르게 하는 힘을 갖고 싶다.
③ 자신의 의사를 분명하게 표현하는 것을 잘하지 못한다.
④ 내가 타인들에게 어떤 인상을 주고 있는지 거의 무관심하다.

ㄱ ①   ②   ③   ④
ㄴ ①   ②   ③   ④

28

① 감정을 남들보다 강렬하게 느낀다.
② 새로운 변화를 적극적으로 추구한다.
③ 기존 스타일의 변화를 달가워하지 않는다.
④ 여러 색이 섞인 자유분방함보다는 단색이 주는 무게감을 선호한다.

ㄱ ① ② ③ ④
ㄴ ① ② ③ ④

29

① 이해와 격려, 칭찬 등은 고래도 춤추게 할 수 있다.
② 이익을 위해 고압적인 태도로 상대를 압박할 때가 많다.
③ 사람은 누구나 자신을 보호하기 위해 거짓말을 할 수 있다.
④ 기업의 입장보다는 고객의 입장에서 고객을 배려할 수 있다.

ㄱ ① ② ③ ④
ㄴ ① ② ③ ④

30

① 공든 탑도 얼마든지 무너질 수 있다고 생각한다.
② 일정을 세우고 중간중간 점검하는 일에 능숙하다.
③ 시작하기에 앞서 비전과 지향점을 반드시 설정한다.
④ 공과 사를 분명히 구분하지 못해 믿음을 잃곤 한다.

ㄱ ① ② ③ ④
ㄴ ① ② ③ ④

31

① 스트레스 때문에 속이 쓰릴 때가 많다.
② 자질구레한 일로도 불평을 늘어놓곤 한다.
③ 매우 위급한 상황에서도 판단력이 흐려지지 않는다.
④ 좌절하지만 않으면 나를 둘러싼 환경을 개척할 수 있다고 믿는다.

ㄱ ① ② ③ ④
ㄴ ① ② ③ ④

32

① 권력을 잡는 일은 나의 주요 관심사이다.
② 대인관계의 폭을 넓히는 일에 매우 적극적이다.
③ 토의나 토론 등의 경우에 자신의 의사를 잘 표현하지 못한다.
④ 투자할 때는 고위험·고수익보다는 저위험·저수익을 선택한다.

ㄱ ①   ②   ③   ④
ㄴ ①   ②   ③   ④

33

① 철학, 신학, 종교학 등에 관심이 많다.
② 미래의 변화를 예상하는 일에 거의 무관심하다.
③ 남들로부터 아이디어뱅크라는 칭찬을 받을 때가 많다.
④ 창안, 입안 등의 연구 작업은 나의 적성에 맞지 않는다.

ㄱ ①   ②   ③   ④
ㄴ ①   ②   ③   ④

34

① 인간은 승리를 위해 공정성을 무시할 수 있다.
② 진상 고객에 대한 친절이 항상 정답인 것은 아니라고 생각한다.
③ 대인관계에서 진심보다는 처세술과 같은 방법과 기교가 더욱 중요하다.
④ 민원을 제기하는 고객을 이해하고 해결책을 제시하는 일을 잘할 수 있다.

ㄱ ①   ②   ③   ④
ㄴ ①   ②   ③   ④

35

① 부주의하게 책임질 수 없는 말을 할 때가 많다.
② 마스터플랜의 달성을 위해 세부 일과표를 작성할 수 있다.
③ 보다 능숙한 전문가가 되기 위해 자격증 취득에 도전하고 싶다.
④ 목표 수행에 있어 시간은 중요한 자원이 아니므로 느긋하게 처리하는 편이다.

ㄱ ①   ②   ③   ④
ㄴ ①   ②   ③   ④

36

① 불만 때문에 쉽게 투덜대지 않는다.
② 마인드 컨트롤을 통해 스트레스를 관리하는 데 능숙하다.
③ 곤란한 환경에 처하면 남의 탓을 하며 불만을 드러내곤 한다.
④ 자신이 놓인 환경과 자신의 감정은 능률에 큰 영향을 끼친다.

ㄱ ①　　　　　②　　　　　③　　　　　④
ㄴ ①　　　　　②　　　　　③　　　　　④

37

① 혼자 술을 마시거나 식사를 하는 일은 되도록 피하고 싶다.
② 나에 대한 남들의 평판이 어떤지 지속적으로 관심을 갖는다.
③ 선후배나 또래에게 속마음을 허심탄회하게 털어놓지 못한다.
④ 리더의 지시에 의문이 생겨도 쉽게 이의를 제기하지 않는다.

ㄱ ①　　　　　②　　　　　③　　　　　④
ㄴ ①　　　　　②　　　　　③　　　　　④

38

① 변화는 나의 행동을 이끄는 원동력이다.
② 선택할 수 있다면 안정적인 직장을 갖고 싶다.
③ '새 술은 새 부대에 담으라'는 격언을 신뢰한다.
④ 감각을 통해 독창적으로 꾸미는 일은 내 적성에 맞지 않는 것 같다.

ㄱ ①　　　　　②　　　　　③　　　　　④
ㄴ ①　　　　　②　　　　　③　　　　　④

39

① 타인을 냉소적·부정적으로 대할 때가 많다.
② 자신에게 이익이 되지 않는 일을 하기를 꺼린다.
③ 고객의 입장에서 우호적인 분위기를 만드는 일을 잘할 수 있다.
④ 상대가 이해하기 쉬운 언어로 커뮤니케이션하는 일에 능숙하다.

ㄱ ①　　　　　②　　　　　③　　　　　④
ㄴ ①　　　　　②　　　　　③　　　　　④

40

① 장기적인 청사진을 갖고 행동한다.
② 능력 개발에 방해가 되는 것을 멀리한다.
③ 절차보다 결과를 더욱 중시할 때가 많다.
④ 자신의 분야에서 정상 수준의 전문가가 되려는 노력에 거의 무관심하다.

ㄱ ①   ②   ③   ④
ㄴ ①   ②   ③   ④

41

① 급박한 상황에서 스트레스를 크게 느끼곤 한다.
② 지나치게 격앙되지 않도록 자신의 감정을 잘 추스르는 편이다.
③ 절박한 상황에 놓이면 극도의 긴장감으로 판단력이 흐려질 때가 많다.
④ 충동성, 심약함, 불안감 등은 내 성격을 설명하는 키워드가 될 수 없다.

ㄱ ①   ②   ③   ④
ㄴ ①   ②   ③   ④

42

① 인간관계에 소극적이라는 평가를 받곤 한다.
② 인간관계의 범위를 늘리는 일에 매우 관심이 많다.
③ 주어진 일을 차분하게 수행하지만 앞장서지 않으려 한다.
④ 타인을 자극해 그의 성취 의지와 자신감을 고취하는 일에 능숙하다.

ㄱ ①   ②   ③   ④
ㄴ ①   ②   ③   ④

43

① 신조어 사용에 흥미를 느낀다.
② 급변하는 사회에 기민하게 대처할 수 있다.
③ 기존 스타일의 변모를 잘 알아차리지 못한다.
④ 혁신적 조직보다는 전통적 조직 체계에 적응을 잘한다.

ㄱ ①   ②   ③   ④
ㄴ ①   ②   ③   ④

44

① 칭찬보다는 질책을 해야 발전한다고 생각한다.
② 불만을 제기하는 고객의 상한 감정을 잘 다독일 수 있다.
③ 하모니를 이루려면 소통과 정직이 최우선이라고 생각한다.
④ 자신의 승진에 도움이 되지 않는 일은 대충 한다.

ㄱ ①　　　　② 　　　　③　　　　④
ㄴ ①　　　　② 　　　　③　　　　④

45

① '제약, 한계' 등은 나의 성취욕을 자극한다.
② 계획을 세울 때 실천 가능성을 가장 중시한다.
③ 부주의한 언행으로 비밀을 누설할 때가 종종 있다.
④ 원칙을 고지식하게 적용·집행하는 것은 악법만큼이나 나쁘다고 생각한다.

ㄱ ①　　　　② 　　　　③　　　　④
ㄴ ①　　　　② 　　　　③　　　　④

46

① 나만의 효율적인 스트레스 해소 방법이 있다.
② 치명적인 병균이 묻은 것 같아 자주 손을 씻는다.
③ 감정은 자신의 판단에 별다른 악영향을 주지 못한다고 생각한다.
④ 스트레스를 냉정하게 잘 관리하지만 다소 둔감하다는 소리를 들을 때가 많다.

ㄱ ①　　　　② 　　　　③　　　　④
ㄴ ①　　　　② 　　　　③　　　　④

47

① 남들을 가르치고 지도하는 일에 적극적이다.
② 리더의 지시나 판단에 지나치게 의존하는 성향이 있다.
③ 선도하거나 주도하기보다는 따르고 뒷받침하기를 선호한다.
④ 하급자도 상급자의 생각에 영향을 끼쳐 행동을 변화시킬 수 있다고 생각한다.

ㄱ ①　　　　② 　　　　③　　　　④
ㄴ ①　　　　② 　　　　③　　　　④

48

① 새로운 사회 용어를 배우는 것이 흥미롭다.
② 상상이나 심미(審美)는 모호하기 때문에 불쾌하다.
③ 실생활과 괴리된 학문은 결코 존립할 수 없을 것이다.
④ 시대상과 동떨어진 전통은 완고한 오기에 불과할 뿐이다.

㉠ ①	②	③	④
㉡ ①	②	③	④

49

① 나의 이익을 최대화하는 흥정에 능하다.
② 타인의 사소한 일에도 관심을 갖는 편이다.
③ 다른 사람의 실수를 너그럽게 대하는 편이다.
④ 사과할 때는 변명하듯이 겉으로만 사과할 때가 많다.

㉠ ①	②	③	④
㉡ ①	②	③	④

50

① 태어나면서부터 근면한 사람은 없다고 생각한다.
② 식견과 노하우를 쌓기 위해 부단히 노력하는 편이다.
③ 개인 일기나 업무일지 등을 꾸준히 작성하는 편이다.
④ 사실관계를 확인하지 않고 별다른 주의 없이 소문을 옮기곤 한다.

㉠ ①	②	③	④
㉡ ①	②	③	④

51

① 욕구를 충족하기 위해 즉흥적으로 행동하지 않는다.
② 스트레스 때문에 병에 걸릴까 봐 고민을 할 때가 많다.
③ 실수는 빨리 잊고 새로운 희망을 찾아 극복하려고 한다.
④ 환경에 몹시 민감해 상황에 따라 쉽게 휘둘리곤 한다.

㉠ ①	②	③	④
㉡ ①	②	③	④

52

① 남들과 눈을 마주치는 것이 매우 부담스럽다.
② 지휘력, 통솔력이 있다는 평가를 받은 적이 없다.
③ 타인의 행동과 생각을 변화시키는 일에 적극적이다.
④ 타인의 호감을 얻는 것을 매우 중요하게 여긴다.

ㄱ ①　　　　② 　　　　③ 　　　　④
ㄴ ①　　　　② 　　　　③ 　　　　④

53

① 변화에서 흥미와 재미를 크게 느낀다.
② 호기심의 영향을 거의 받지 않는다.
③ 주어진 여건을 고려해 현실적인 실효성을 검토하는 일을 선호한다.
④ 과제를 완수하려면 최대한 다양한 의견을 모으는 것이 가장 중요하다.

ㄱ ①　　　　② 　　　　③ 　　　　④
ㄴ ①　　　　② 　　　　③ 　　　　④

54

① 조직의 운영 방침에 적극 협조하는 편이다.
② 타인의 조언이나 충고에 반발심이 들 때가 많다.
③ 비겁한 승리보다는 공정한 패배가 항상 중요하다.
④ 물이 너무 맑으면 고기가 모이지 않는다고 생각한다.

ㄱ ①　　　　② 　　　　③ 　　　　④
ㄴ ①　　　　② 　　　　③ 　　　　④

55

① 나의 생활신조는 '꾸준히'이다.
② 수행 중인 일을 중간에 포기할 때가 많다.
③ 각 단계마다 피드백을 통해 개선점을 찾는다.
④ 내가 하는 일이 사회에서 그다지 필요한 일은 아니라고 생각할 때가 많다.

ㄱ ①　　　　② 　　　　③ 　　　　④
ㄴ ①　　　　② 　　　　③ 　　　　④

56

① 치욕스러운 기억은 빨리 잊고 새 출발을 잘하는 편이다.
② 자신에게 불행한 일이 생길 것 같은 불안감이 들 때가 많다.
③ 평온, 침착, 희망, 대담성, 절제력 등은 내 성격의 주요 장점이다.
④ 나의 기분이나 내가 처한 환경은 나의 일 처리에 큰 영향을 끼친다.

ㄱ ①   ②   ③   ④
ㄴ ①   ②   ③   ④

57

① 자신의 의견을 명확하게 밝히지 못할 때가 많다.
② 여럿이보다는 혼자서 하는 여행을 훨씬 선호한다.
③ 대인관계에 적극적이라는 평가를 받을 때가 많다.
④ 구성원들에게 맞게 권한을 적절히 분배하고 위임하는 일에 능숙하다.

ㄱ ①   ②   ③   ④
ㄴ ①   ②   ③   ④

58

① 개방성은 진화의 근본 에너지라고 생각한다.
② 급진적인 것보다는 점진적인 것을 선호한다.
③ 젊은이가 진보적이지 않으면 사회 의식이 없는 것이다.
④ 기술의 개발보다는 개발된 기술을 검증하는 일이 나의 적성에 맞는 것 같다.

ㄱ ①   ②   ③   ④
ㄴ ①   ②   ③   ④

59

① 타인을 칭찬하고 격려할 때가 많다.
② 참여와 토론 등 민주적인 과정을 중시한다.
③ 자존심이 몹시 강해 타인과 갈등을 겪곤 한다.
④ 비난을 받더라도 자신의 영리를 확대하는 것이 중요하다.

ㄱ ①   ②   ③   ④
ㄴ ①   ②   ③   ④

60

① 책임을 저버리지 않으려고 애쓴다.
② 계획의 생명은 꾸준한 실천에 있다.
③ 생계를 위해 어쩔 수 없이 기계적인 노동을 할 때가 많다.
④ 근면하지 않아도 일을 마무리하는 데는 별다른 지장이 없다고 생각한다.

ㄱ ①　　　　　②　　　　　③　　　　　④
ㄴ ①　　　　　②　　　　　③　　　　　④

61

① 스트레스 때문에 건강을 잃을까 봐 걱정이 되곤 한다.
② 곤경에 빠져도 불안감이나 무기력감을 느끼지 않는다.
③ 자신감 부족, 우울성, 열등감 등은 나의 주요 단점이다.
④ 사물을 희망적으로 보아 좌절과 분노를 거의 느끼지 않는다.

ㄱ ①　　　　　②　　　　　③　　　　　④
ㄴ ①　　　　　②　　　　　③　　　　　④

62

① 타인의 지시를 따르는 일이 익숙하고 편안하다.
② 남들의 인정을 받는 것을 매우 중요하게 생각한다.
③ 타인의 호감을 얻는 것을 매우 가치 있게 여긴다.
④ 자신이 단체나 조직에서 리더가 되는 경우는 거의 없다.

ㄱ ①　　　　　②　　　　　③　　　　　④
ㄴ ①　　　　　②　　　　　③　　　　　④

63

① 발상과 사고의 전환을 반기지 않는 편이다.
② 레트로(복고풍)에서 안정감을 느낀다.
③ 현실주의 계열보다는 탐미주의 계열의 작품에 관심이 많다.
④ 노회한 연로자보다는 차라리 몽상적인 연소자가 되고 싶다.

ㄱ ①　　　　　②　　　　　③　　　　　④
ㄴ ①　　　　　②　　　　　③　　　　　④

64

① 귀찮아질까 봐 모른 체를 할 때가 많다.
② 타인이나 조직을 신뢰해 헌신하는 편이다.
③ 사과할 때는 진심을 담아 정중하게 사죄하려고 애쓴다.
④ 타인을 위해 자신의 이익을 양보하지 못하는 것은 인간의 본성이라고 생각한다.

ㄱ ①   ②   ③   ④
ㄴ ①   ②   ③   ④

65

① 직업에는 귀천이 없다는 말에 동의하지 않는다.
② 즉흥적인 것은 게으른 것만큼이나 나쁘다고 생각한다.
③ 일에 대한 자긍심과 성취감은 나에게 별다른 영향을 주지 못한다.
④ 신분이 높을수록 요구되는 노블레스 오블리주도 반드시 커질 것이다.

ㄱ ①   ②   ③   ④
ㄴ ①   ②   ③   ④

66

① 좀처럼 상처받거나 흥분하지 않는다.
② 욕구 충족을 위해 충동적으로 행동할 때가 많다.
③ 적당한 스트레스는 능률을 높일 수 있다고 긍정하는 편이다.
④ 감염 우려 때문에 깨끗하지 않은 것을 몹시 꺼려할 때가 많다.

ㄱ ①   ②   ③   ④
ㄴ ①   ②   ③   ④

67

① 리더십이 있다는 소리를 들은 적이 거의 없다.
② 남들에게 내가 어떤 이미지로 보일지 크게 신경 쓰는 편이다.
③ 리더의 판단을 믿고 따르지만 스스로 의견을 말하는 경우가 드물다.
④ 단체의 행동을 효과적으로 통제하는 능력이 있다는 평가를 받는 편이다.

ㄱ ①   ②   ③   ④
ㄴ ①   ②   ③   ④

68

① '업계의 관례'를 존중해야 한다고 여긴다.
② 확실한 것보다는 불확실한 것에서 흥미를 느낀다.
③ 변화가 많은 직업일수록 내 적성에 맞지 않는 것 같다.
④ 진정한 무지는 지식의 부재가 아니라 지식을 얻는 것을 거부하는 태도이다.

ㄱ ① ② ③ ④
ㄴ ① ② ③ ④

69

① 타인을 신뢰해 믿고 기다리는 편이다.
② 남들의 자상한 행동이 꾸며낸 것으로 느껴지곤 한다.
③ 다른 구성원들과 비전을 공유하는 일에 관심이 많다.
④ 이기심은 인간의 자연스러운 본성이므로 타인의 행동을 의심하는 것은 당연하다.

ㄱ ① ② ③ ④
ㄴ ① ② ③ ④

70

① 말보다는 실천력으로 평가받고 싶다.
② 최악의 상황에 대비한 계획도 꼼꼼하게 세워 두는 편이다.
③ 어떤 일을 할 때 충실도보다는 속도를 더욱 중요하게 여긴다.
④ 성공을 위해 수단·방법을 가리지 않고 노력하는 것도 '성실'이 될 수 있을 것이다.

ㄱ ① ② ③ ④
ㄴ ① ② ③ ④

71

① 격정적인 충동을 느낀 적이 거의 없다.
② 스트레스에 민감한 것도 나에게는 스트레스가 된다.
③ 환경에 휩쓸리는 사람이 아니라고 자신한다.
④ 먼 과거의 실수를 잊지 못해 불쾌함을 느낄 때가 많다.

ㄱ ① ② ③ ④
ㄴ ① ② ③ ④

72

① 교제의 범위를 넓히는 일은 나의 관심사가 아니다.
② 자신의 의견을 고집하다가 불필요한 소란을 일으키곤 했다.
③ 보다 큰 흥분을 느낄 수 있는 강렬한 자극을 추구한다.
④ 타인을 교육하고 감독하는 일이 자신의 적성에 맞지 않다고 생각한다.

ㄱ ①   ②   ③   ④
ㄴ ①   ②   ③   ④

73

① 허황된 꿈도 반드시 의미가 있다고 생각한다.
② 변화에 대한 정보를 수용하는 일에 거의 관심이 없다.
③ 자신의 지성을 갈고닦는 최고의 도구는 개방성일 것이다.
④ 다변화·다양화보다는 단일화·통일화 하는 일에 관심이 많다.

ㄱ ①   ②   ③   ④
ㄴ ①   ②   ③   ④

74

① 타인에게 일부러 쩨쩨하게 굴곤 한다.
② 오로지 상대를 위해 손해를 감수할 수 있다.
③ 남들의 생각과 가치관을 잘 헤아리는 편이다.
④ 사람은 누구나 가면을 쓰고 타인을 대한다고 생각한다.

ㄱ ①   ②   ③   ④
ㄴ ①   ②   ③   ④

75

① 규정을 준수하다가 융통성을 잃기도 한다.
② 시간의 누수 없이 일정을 잡는 데 능숙하다.
③ 품성과 행실이 단정하지 못하며 부주의하다는 소리를 듣곤 한다.
④ 스스로가 융통성이 높다고 생각하지만, 남들은 원칙에 소홀하다고 나를 비판한다.

ㄱ ①   ②   ③   ④
ㄴ ①   ②   ③   ④

76

① 패배감 때문에 급격하게 무기력해지곤 한다.
② 마음이 불안할 때마다 하는 좋지 않은 버릇이 있다.
③ 곤란한 일을 만나도 그저 운수가 나쁠 뿐이라고 생각해 극복할 수 있다.
④ 스스로의 감정과 처한 조건은 자신의 능률에 영향을 거의 끼치지 못한다.

ㄱ ①   ②   ③   ④
ㄴ ①   ②   ③   ④

77

① 혈기가 왕성하며 낙천적인 성향이 강하다.
② 타인으로부터 인정을 얻는 것을 중요하게 여기지 않는다.
③ 다수의 사람들을 이끌며 명령을 하는 사람이 되고 싶지 않다.
④ 구성원에게 해야 할 일과 해서는 안 될 행동을 지시하는 일에 능숙하다.

ㄱ ①   ②   ③   ④
ㄴ ①   ②   ③   ④

78

① 유일무이한 사람이 되려면 변화에 주력해야 한다.
② 사고와 발상의 전환을 상당히 껄끄럽게 여긴다.
③ 진정한 정체성은 개방성을 통해 확실해진다고 생각한다.
④ 영화감독처럼 감수성과 독창성이 필요한 일은 하고 싶지 않다.

ㄱ ①   ②   ③   ④
ㄴ ①   ②   ③   ④

79

① 대인관계에서 좀스럽고 인색하다는 핀잔을 듣곤 한다.
② 매우 절박한 상황에서 남을 구하기 위해 내 목숨을 걸 수 있다.
③ 차등적인 인센티브 지급은 나의 의욕을 높이는 최고의 정책이다.
④ 남들의 칭찬을 받으면 과찬으로 들려 몸 둘 바를 모를 때가 많다.

ㄱ ①   ②   ③   ④
ㄴ ①   ②   ③   ④

80

① 스스로에게 동기부여를 하는 것을 중시한다.
② 말과 행동이 같지 않아 핀잔을 받을 때가 많았다.
③ 자잘한 사무도 내 일이라고 여겨 충실하게 할 수 있다.
④ 같은 실수와 사과를 거듭해 신뢰를 잃는 경우가 많았다.

ㄱ ①   ②   ③   ④
ㄴ ①   ②   ③   ④

81

① 좋지 않은 일이 발생해도 평상심을 잃지 않는다.
② 남의 언행 때문에 마음이 아프거나 괴로움을 겪지 않는다.
③ 내 주변에는 나에게 스트레스를 주는 사람들이 너무 많은 것 같다.
④ 사물을 부정적으로 보아 분노와 좌절을 느끼는 경우가 자주 있다.

ㄱ ①   ②   ③   ④
ㄴ ①   ②   ③   ④

82

① 리더십이 있다는 평가를 자주 받는 편이다.
② 타인들이 받아들이는 나의 이미지에 관심이 많다.
③ 조직에서 의사결정을 할 때 수동적·미온적일 때가 많다.
④ 사람을 사귀는 폭을 확장하는 것은 나에게 상당히 피곤한 일이다.

ㄱ ①   ②   ③   ④
ㄴ ①   ②   ③   ④

83

① 삶이란 무엇인지 궁리할 때가 많다.
② 대체로 평범한 것은 악덕에 가깝다고 생각한다.
③ 업무 매뉴얼에 없는 사안은 잘 대응하지 못할 것 같다.
④ 급변하는 최신의 국제 동향을 파악하는 일에 무관심하다.

ㄱ ①   ②   ③   ④
ㄴ ①   ②   ③   ④

84

① 공평한 분배는 조직의 최고의 활력소일 것이다.
② 구호단체의 일원이 되어 박애 활동을 하고 싶을 때가 있다.
③ 미래에는 국가나 단체 사이의 이익 쟁탈전이 더욱 가속화될 것이다.
④ 인간은 이기적인 심성이 강하므로 사람을 전적으로는 신뢰할 수 없다.

ㄱ ①　　　　② 　　　　③ 　　　　④
ㄴ ①　　　　② 　　　　③ 　　　　④

85

① 꼼꼼히 하느라 너무 늦어질 때가 많다.
② 말보다는 실천력으로 타인을 평가하는 편이다.
③ 성실한 사람도 성공하지 못할 때가 많다고 생각한다.
④ 관성에 따라 또는 윗사람들의 지시 때문에 일을 하곤 한다.

ㄱ ①　　　　② 　　　　③ 　　　　④
ㄴ ①　　　　② 　　　　③ 　　　　④

86

① 스트레스를 받아도 집중력이 떨어지지 않는다.
② 하던 일이 좌절되면 극도의 무기력과 분노를 느낀다.
③ 내가 처한 여러 환경에 대해 불만이 별로 없다.
④ 정서적 불안정성이 높아서 행동거지에 악영향을 받을 때가 자주 있다.

ㄱ ①　　　　② 　　　　③ 　　　　④
ㄴ ①　　　　② 　　　　③ 　　　　④

87

① 타인의 생각에 관심이 별로 없다는 핀잔을 듣곤 한다.
② 사교적이지 않아서 낯선 사람들과 쉽게 친해지지 못한다.
③ 유쾌함, 즐거움 등 긍정적 정서를 느끼는 경향이 남들보다 강하다.
④ 주인의식이 부족해 리더가 이끄는 대로 따라갈 뿐일 때가 많다.

ㄱ ①　　　　② 　　　　③ 　　　　④
ㄴ ①　　　　② 　　　　③ 　　　　④

88

① 사물의 이치를 깊이 궁리하기를 즐긴다.
② 독특한 것보다는 일반적이고 무난한 것을 선호한다.
③ 시스템 개선을 위해 새 아이디어를 내는 일은 잘하지 못할 것 같다.
④ 강대국이 되려면 군사력이나 경제력보다는 포용성과 다양성이 중요하다.

ㄱ ①   ②   ③   ④
ㄴ ①   ②   ③   ④

89

① 남을 위해 자신의 손해를 감내하는 것이 몹시 싫다.
② 거절할 때도 상대가 상심하지 않도록 예의를 갖추는 편이다.
③ 조직체 사이에서 연락·조정·중재하는 업무에 잘 어울린다.
④ 남보다 자신의 이익을 우선하는 것은 사람의 자연스러운 심성이라고 생각한다.

ㄱ ①   ②   ③   ④
ㄴ ①   ②   ③   ④

90

① 나의 책임을 절대 남에게 전가하지 않는다.
② 자기 확신이 높고 동기부여를 강하게 느낀다.
③ 노력해봐야 소용없다는 생각이 들 때가 많다.
④ 나는 자신이 여유롭다고 생각하지만, 남들은 내가 나태하다고 비판할 때가 많다.

ㄱ ①   ②   ③   ④
ㄴ ①   ②   ③   ④

91

① 곤경에 빠지면 아무것도 할 수 없고 불안하다.
② 적당한 위기의식은 성취에 도움이 된다고 긍정한다.
③ 열등감에 거의 휘둘리지 않는다.
④ 주어진 상황에 강제당하거나 억압을 느껴 스트레스를 받을 때가 많다.

ㄱ ①   ②   ③   ④
ㄴ ①   ②   ③   ④

92

① 나에 대한 타인의 관심이 부담스럽게 느껴질 때가 많다.
② 몸가짐이 활기차고 신속하며 열정적인 성향이 강하다.
③ 타인이 내 사적인 공간으로 들어오는 것이 매우 부담스럽다.
④ 주장이 강하며 타인에게 영향을 끼치고 싶은 마음이 강하다.

| ㉠ ① | ② | ③ | ④ |
| ㉡ ① | ② | ③ | ④ |

93

① 자유분방하고 개방적인 편이다.
② 철학적 주제를 깊이 생각하곤 한다.
③ 현실성, 실용성이 낮은 아이디어를 몹시 비판할 때가 많다.
④ 즉흥적인 감성은 과제를 수행하는 데 결코 도움이 되지 않을 것이다.

| ㉠ ① | ② | ③ | ④ |
| ㉡ ① | ② | ③ | ④ |

94

① 인간관계에서 가면 뒤로 숨을 때가 많다.
② 빼앗기지 않으려면 반드시 먼저 빼앗아야 한다고 생각한다.
③ 체계, 체제, 조직 등 어떤 시스템에 잘 동화되며 적극 협조한다.
④ 공정성 향상과 이익 확대 중에 하나를 선택하라면 전자를 택할 것이다.

| ㉠ ① | ② | ③ | ④ |
| ㉡ ① | ② | ③ | ④ |

95

① 남들이 꺼려하는 궂은 일도 성실하게 잘할 자신이 있다.
② 권한을 위임할 때는 반드시 책임도 함께 위임해야 한다.
③ 삶에 대한 확고한 비전이나 목적의식이 남들보다 약한 편이다.
④ 학창 시절에 도서 반납 기일이나 과제 제출 기일을 지키지 못할 때가 많았다.

| ㉠ ① | ② | ③ | ④ |
| ㉡ ① | ② | ③ | ④ |

PART 4

96

① 몸이 떨리고 불쾌해져 공포영화를 보는 일이 거의 없다.
② 닥치지도 않은 일을 두고 미리 걱정부터 할 때가 자주 있다.
③ 다른 사람의 말과 행동으로 인해 심적인 고통을 느끼지 않는다.
④ 열악한 환경에서도 상황을 낙관적으로 보아 자신감을 유지할 수 있다.

ㄱ ①   ②   ③   ④
ㄴ ①   ②   ③   ④

97

① 보다 많은 사람들의 존경을 받는 사람이 되고 싶다.
② 조직이나 단체에서 리더가 되는 경우가 많았다.
③ 거친 육체노동보다는 차분한 정신노동을 선호한다.
④ 수줍음을 많이 타는 편이라 발표 업무를 최대한 피하려 한다.

ㄱ ①   ②   ③   ④
ㄴ ①   ②   ③   ④

98

① 명언집, 금언집 등을 즐겨 읽는다.
② 남들의 새로운 업무 방식을 존중해야 한다고 생각한다.
③ 창의적인 생각으로 변화를 주도하는 일은 나의 적성과 거리가 멀다.
④ 신상품 기획에 필요한 독창적인 기획안을 작성하는 일은 잘하지 못할 것 같다.

ㄱ ①   ②   ③   ④
ㄴ ①   ②   ③   ④

99

① 동료의 부족한 점을 내가 대신 채워주는 것은 당연한 일이다.
② 박애주의는 허영심과 정신적 사치의 그럴듯한 포장일 뿐이다.
③ 타인의 권리나 이익을 침해하지 않으려고 세심히 주의하는 편이다.
④ 물리적인 힘, 경제적인 능력을 갖추지 못하면 경쟁에서 쉽게 도태된다.

ㄱ ①   ②   ③   ④
ㄴ ①   ②   ③   ④

100

① 장래에 하고 싶은 것들, 되고 싶은 것들이 별로 없다.
② 섣불리 판단하지 않기 위해 꼼꼼하게 주의하는 편이다.
③ 계획에 대한 강박 때문에 계획에 없는 즉흥적 행동을 꺼린다.
④ 계획에 없는 것이라도 생각난 것은 바로 행동으로 옮기는 경우가 많다.

ㄱ ①   ②   ③   ④
ㄴ ①   ②   ③   ④

101

① 어떠한 경우에도 감정을 잘 다스리는 편이다.
② 어떠한 위안도 나에게는 힘이 되지 못할 때가 많다.
③ 다소 비관적인 상황에서도 평정심을 지켜 열심히 한다.
④ 고민에 빠지면 일을 처리하는 속도가 급감할 때가 많다.

ㄱ ①   ②   ③   ④
ㄴ ①   ②   ③   ④

102

① 친구를 오래간만에 만나면 거리감을 느껴 불편하다.
② 명령을 내리는 사람과 받는 사람 중에 전자가 되고 싶다.
③ 많은 사람들 앞에 나서서 지시를 하는 사람이 되고 싶다.
④ 혼자서는 살 수 없기 때문에 불가피하게 어울려 산다고 생각한다.

ㄱ ①   ②   ③   ④
ㄴ ①   ②   ③   ④

103

① 새로운 것을 보면 항상 흥미를 느낀다.
② 통일성보다는 차별성을 선호하는 편이다.
③ 독자적 창조보다는 실용적 모방에 능숙하다.
④ 상식적이고 무난한 것과 특이하고 색다른 것 중에 전자를 선택할 것이다.

ㄱ ①   ②   ③   ④
ㄴ ①   ②   ③   ④

104

① 집단의 목표를 따르고 순응하는 것은 구성원의 당연한 일이다.
② 인간이 자신만의 이익을 추구하는 것은 지극히 자연스러운 행동이다.
③ 비슷한 처지에 있는 타인에게서 동료 의식, 연대 의식을 느낄 때가 많다.
④ 나는 목적이 수단을 정당화할 수 있다는 마키아벨리즘을 긍정한다.

| ㉠ ① | ② | ③ | ④ |
| ㉡ ① | ② | ③ | ④ |

01 | 면접 유형 및 실전 대책

01 ▶ 면접 주요사항

면접의 사전적 정의는 면접관이 지원자를 직접 만나보고 인품(人品)이나 언행(言行) 따위를 시험하는 일로, 흔히 필기시험 후에 최종적으로 심사하는 방법이다.

최근 주요 기업의 인사담당자들을 대상으로 채용 시 면접이 차지하는 비중을 설문조사했을 때, 50~80% 이상이라고 답한 사람이 전체 응답자의 80%를 넘었다. 이와 대조적으로 지원자들을 대상으로 취업 시험에서 면접을 준비하는 기간을 물었을 때, 대부분의 응답자가 2~3일 정도라고 대답했다.

지원자가 일정 수준의 스펙을 갖추기 위해 자격증 시험과 토익을 치르고 이력서와 자기소개서까지 쓰다 보면 면접까지 챙길 여유가 없는 것이 사실이다. 그리고 서류전형과 인적성검사를 통과해야만 면접을 볼 수 있기 때문에 자연스럽게 면접은 취업시험 과정에서 그 비중이 작아질 수밖에 없다. 하지만 아이러니하게도 실제 채용 과정에서 면접이 차지하는 비중은 절대적이라고 해도 과언이 아니다.

기업들은 채용 과정에서 토론 면접, 인성 면접, 프레젠테이션 면접, 역량 면접 등의 다양한 면접을 실시한다. 1차 커트라인이라고 할 수 있는 서류전형을 통과한 지원자들의 스펙이나 능력은 서로 엇비슷하다고 판단되기 때문에 서류상 보이는 자격증이나 토익 성적보다는 지원자의 인성을 파악하기 위해 면접을 더욱 강화하는 것이다. 일부 기업은 의도적으로 압박 면접을 실시하기도 한다. 지원자가 당황할 수 있는 질문을 던져서 그것에 대한 지원자의 반응을 살펴보는 것이다.

면접은 다르게 생각한다면 '나는 누구인가'에 대한 물음에 해답을 줄 수 있는 가장 현실적이고 미래적인 경험이 될 수 있다. 취업난 속에서 자격증을 취득하고 토익 성적을 올리기 위해 앞만 보고 달려온 지원자들은 자신에 대해서 고민하고 탐구할 수 있는 시간을 평소 쉽게 가질 수 없었을 것이다. 자신을 잘 알고 있어야 자신에 대해서 자신감 있게 말할 수 있다. 대체로 사람들은 자신에게 관대한 편이기 때문에 스스로에 대해서 어떤 기대와 환상을 가지고 있는 경우가 많다. 하지만 면접은 제삼자에 의해 개인의 능력을 객관적으로 평가받는 시험이다. 어떤 지원자들은 다른 사람에게 자신을 표현하는 것을 어려워한다. 평소에 잘 사용하지 않는 용어를 내뱉으면서 거창하게 자신을 포장하는 지원자도 많다. 면접에서 가장 기본은 자기 자신을 면접관에게 알기 쉽게 표현하는 것이다.

이러한 표현을 바탕으로 자신이 앞으로 하고자 하는 것과 그에 대한 이유를 설명해야 한다. 최근에는 자신감을 향상시키거나 말하는 능력을 높이는 학원도 많기 때문에 얼마든지 자신의 단점을 극복할 수 있다.

1. 자기소개의 기술

자기소개를 시키는 이유는 면접자가 지원자의 자기소개서를 압축해서 듣고, 지원자의 첫인상을 평가할 시간을 가질 수 있기 때문이다. 면접을 위한 워밍업이라고 할 수 있으며, 첫인상을 결정하는 과정이므로 매우 중요한 순간이다.

(1) 정해진 시간에 자기소개를 마쳐야 한다.

쉬워 보이지만 의외로 지원자들이 정해진 시간을 넘기거나 혹은 빨리 끝내서 면접관에게 지적을 받는 경우가 많다. 본인이 면접을 받는 마지막 지원자가 아닌 이상, 정해진 시간을 지키지 않는 것은 수많은 지원자를 상대하기에 바쁜 면접관과 대기 시간에 지친 다른 지원자들에게 불쾌감을 줄 수 있다.

또한 회사에서 시간관념은 절대적인 것이므로 반드시 자기소개 시간을 지켜야 한다. 말하기는 1분에 200자 원고지 2장 분량의 글을 읽는 만큼의 속도가 가장 적당하다. 이를 A4 용지에 10point 글자 크기로 작성하면 반 장 분량이 된다.

(2) 간단하지만 신선한 문구로 자기소개를 시작하자.

요즈음 많은 지원자가 이 방법을 사용하고 있기 때문에 웬만한 소재의 문구가 아니면 면접관의 관심을 받을 수 없다. 이러한 문구는 시대적으로 유행하는 광고 카피를 패러디하는 경우와 격언 등을 인용하는 경우, 그리고 지원한 회사의 IC나 경영이념, 인재상 등을 사용하는 경우 등이 있다. 지원자는 이러한 여러 문구 중에 자신의 첫인상을 북돋아 줄 수 있는 것을 선택해서 말해야 한다. 자신의 이름을 문구 속에 적절하게 넣어서 말한다면 좀 더 효과적인 자기소개가 될 것이다.

(3) 무엇을 먼저 말할 것인지 고민하자.

면접관이 많이 던지는 질문 중 하나가 지원동기이다. 그래서 성장기를 바로 건너뛰고, 지원한 회사에 들어오기 위해 대학에서 어떻게 준비했는지를 설명하는 자기소개가 대세이다.

(4) 면접관의 호기심을 자극해 관심을 불러일으킬 수 있게 말하라.

면접관에게 질문을 많이 받는 지원자의 합격률이 반드시 높은 것은 아니지만, 질문을 전혀 안 받는 것보다는 좋은 평가를 기대할 수 있다. 지원한 분야와 관련된 수상 경력이나 프로젝트 등을 말하는 것도 좋다. 이는 지원자의 업무 능력과 직접 연결되는 것이므로 효과적인 자기 홍보가 될 수 있다. 일부 지원자들은 자신만의 특별한 경험을 이야기하는데, 이때는 그 경험이 보편적으로 사람들의 공감대를 얻을 수 있는 것인지 다시 생각해봐야 한다.

(5) 마지막 고개를 넘기가 가장 힘들다.

첫 단추도 중요하지만, 마지막 단추도 중요하다. 하지만 왠지 격식을 따지는 인사말은 지나가는 인사말 같고, 다르게 하자니 예의에 어긋나는 것 같은 기분이 든다. 이때는 처음에 했던 자신만의 문구를 다시 한 번 말하는 것도 좋은 방법이다. 자연스러운 끝맺음이 될 수 있도록 적절한 연습이 필요하다.

2. 1분 자기소개 시 주의사항

(1) 자기소개서와 자기소개가 똑같다면 감점일까?

아무리 자기소개서를 외워서 말한다 해도 자기소개가 자기소개서와 완전히 똑같을 수는 없다. 자기소개서의 분량이 더 많고 회사마다 요구하는 필수 항목들이 있기 때문에 굳이 고민할 필요는 없다. 오히려 자기소개서의 내용을 잘 정리한 자기소개가 더 좋은 결과를 만들 수 있다. 하지만 자기소개서와 상반된 내용을 말하는 것은 적절하지 않다. 지원자의 신뢰성이 떨어진다는 것은 곧 불합격을 의미하기 때문이다.

(2) 말하는 자세를 바르게 익혀라.

지원자가 자기소개를 하는 동안 면접관은 지원자의 동작 하나하나를 관찰한다. 그렇기 때문에 바른 자세가 중요하다는 것은 우리가 익히 알고 있다. 하지만 문제는 무의식적으로 나오는 습관 때문에 자세가 흐트러져 나쁜 인상을 줄 수 있다는 것이다. 이러한 습관을 고칠 수 있는 가장 좋은 방법은 캠코더 등으로 자신의 모습을 담는 것이다. 거울을 사용할 경우에는 시선이 자꾸 자기 눈과 마주치기 때문에 집중하기 힘들다. 하지만 촬영된 동영상은 제삼자의 입장에서 자신을 볼 수 있기 때문에 많은 도움이 된다.

(3) 정확한 발음과 억양으로 자신 있게 말하라.

지원자의 모양새가 아무리 뛰어나도, 목소리가 작고 발음이 부정확하면 큰 감점을 받는다. 이러한 모습은 지원자의 좋은 점에까지 악영향을 끼칠 수 있다. 직장을 흔히 사회생활의 시작이라고 말하는 시대적 정서에서 사람들과 의사소통을 하는 데 문제가 있다고 판단되는 지원자는 부적절한 인재로 평가될 수밖에 없다.

3. 대화법

전문가들이 말하는 대화법의 핵심은 '상대방을 배려하면서 이야기하라.'는 것이다. 대화는 나와 다른 사람의 소통이다. 내용에 대한 공감이나 이해가 없다면 대화는 더 진전되지 않는다.

베스트셀러 『데일 카네기 인간관계론』의 작가인 철학자 카네기가 말하는 최상의 대화법은 자신의 경험을 토대로 이야기하는 것이다. 즉, 살아오면서 직접 겪은 경험이 상대방의 관심을 끌 수 있는 가장 좋은 이야깃거리인 것이다. 특히, 어떤 일을 이루기 위해 노력하는 과정에서 겪은 실패나 희망에 대해 진솔하게 얘기한다면 상대방은 어느새 당신의 편에 서서 그 이야기에 동조할 것이다.

독일의 사업가이자 동기부여 트레이너인 위르겐 힐러의 연설법 중 가장 유명한 것은 '시즐(Sizzle)'을 잡는 것이다. 시즐이란, 새우튀김이나 돈가스가 기름에서 지글지글 튀겨질 때 나는 소리이다. 즉, 자신의 말을 듣고 시즐처럼 반응하는 상대방의 감정에 적절하게 대응하라는 것이다.

말을 시작한 지 10 ~ 15초 안에 상대방의 '시즐'을 알아차려야 한다. 자신의 이야기에 대한 상대방의 첫 반응에 따라 말하기 전략도 달라져야 한다. 첫 이야기의 반응이 미지근하다면 가능한 한 그 이야기를 빨리 마무리하고 새로운 이야깃거리를 생각해내야 한다. 길지 않은 면접 시간 내에 몇 번 오지 않는 대답의 기회를 살리기 위해서 보다 전략적이고 냉철해야 하는 것이다.

4. 차림새

(1) 구두

면접에 어떤 옷을 입어야 할지를 며칠 동안 고민하면서 정작 구두는 면접 보는 날 현관을 나서면서 즉흥적으로 신고 가는 지원자들이 많다. 구두를 보면 그 사람의 됨됨이를 알 수 있다고 한다. 면접관 역시 이러한 것을 놓치지 않기 때문에 지원자는 자신의 구두에 더욱 신경을 써야 한다. 스타일의 마무리는 발끝에서 이루어지는 것이다. 아무리 멋진 옷을 입고 있어도 구두가 어울리지 않는다면 전체 스타일이 흐트러지기 때문이다.

정장용 구두는 디자인이 깔끔하고, 에나멜 가공처리를 하여 광택이 도는 페이턴트 가죽 소재 제품이 무난하다. 검정 계열 구두는 회색과 감색 정장에, 브라운 계열의 구두는 베이지나 갈색 정장에 어울린다. 참고로 구두는 오전에 사는 것보다 발이 충분히 부은 상태인 저녁에 사는 것이 좋다. 마지막으로 당연한 일이지만 반드시 면접을 보는 전날 구두 뒤축이 닳지는 않았는지 확인하고 구두에 광을 내 둔다.

(2) 양말

양말은 정장과 구두의 색상을 비교해서 골라야 한다. 특히 검정이나 감색의 진한 색상의 바지에 흰 양말을 신는 것은 시대에 뒤처지는 일이다. 일반적으로 양말의 색깔은 바지의 색깔과 같아야 한다. 또한 양말의 길이도 신경 써야 한다. 바지를 입을 경우, 의자에 바르게 앉거나 다리를 꼬아서 앉을 때 다리털이 보여서는 안 된다. 반드시 긴 정장 양말을 신어야 한다.

(3) 정장

지원자는 평소에 정장을 입을 기회가 많지 않기 때문에 면접을 볼 때 본인 스스로도 옷을 어색하게 느끼는 경우가 많다. 옷을 불편하게 느끼기 때문에 자세마저 불안정한 지원자도 볼 수 있다. 그러므로 면접 전에 정장을 입고 생활해보는 것도 나쁘지는 않다.

일반적으로 면접을 볼 때는 상대방에게 신뢰감을 줄 수 있는 남색 계열의 옷이나 어떤 계절이든 무난하고 깔끔해보이는 회색 계열의 정장을 많이 입는다. 정장은 유행에 따라서 재킷의 디자인이나 버튼의 개수가 바뀌기 때문에 너무 오래된 옷을 입어서 다른 사람의 옷을 빌려 입고 나온 듯한 인상을 주어서는 안 된다.

(4) 헤어스타일과 메이크업

헤어스타일에 자신이 없다면 미용실에 다녀오는 것도 좋은 방법이다. 또한 자신에게 어울리는 메이크업을 하는 것도 괜찮다. 메이크업은 상대에 대한 예의를 갖추는 것이므로 지나치게 화려한 메이크업이 아니라면 보다 준비된 지원자처럼 보일 수 있다.

5. 첫인상

취업을 위해 성형수술을 받는 사람들에 대한 이야기는 더 이상 뉴스거리가 되지 않는다. 그만큼 많은 사람이 좁은 취업문을 뚫기 위해 이미지 향상에 신경을 쓰고 있다. 이는 면접관에게 좋은 첫인상을 주기 위한 것으로, 지원서에 올리는 증명사진을 이미지 프로그램을 통해 수정하는 이른바 '사이버 성형'이 유행하는 것과 같은 맥락이다. 실제로 외모가 채용 과정에서 영향을 끼치는가에 대한 설문조사에서도 60% 이상의 인사담당자들이 그렇다고 답변했다.

하지만 외모와 첫인상을 절대적인 관계로 이해하는 것은 잘못된 판단이다. 외모가 첫인상에서 많은 부분을 차지하지만, 외모 외에 다른 결점이 발견된다면 그로 인해 장점들이 가려질 수도 있다. 이러한 현상은 아래에서 다시 논하겠다.

첫인상은 말 그대로 한 번밖에 기회가 주어지지 않으며 몇 초 안에 결정된다. 첫인상을 결정짓는 요소 중 시각적인 요소가 80% 이상을 차지한다. 첫눈에 들어오는 생김새나 복장, 표정 등에 의해서 결정되는 것이다. 면접을 시작할 때 자기소개를 시키는 것도 지원자별로 첫인상을 평가하기 위해서이다. 첫인상이 중요한 이유는 만약 첫인상이 부정적으로 인지될 경우, 지원자의 다른 좋은 면까지 거부당하기 때문이다. 이러한 현상을 심리학에서는 초두효과(Primacy Effect)라고 한다.

그래서 한 번 형성된 첫인상은 여간해서 바꾸기 힘들다. 이는 첫인상이 나중에 들어오는 정보까지 영향을 주기 때문이다. 첫인상의 정보가 나중에 들어오는 정보 처리의 지침이 되는 것을 심리학에서는 맥락효과 (Context Effect)라고 한다. 따라서 평소에 첫인상을 좋게 만들기 위한 노력을 꾸준히 해야만 하는 것이다. 좋은 첫인상이 반드시 외모에만 집중되는 것은 아니다. 오히려 깔끔한 옷차림과 부드러운 표정 그리고 말과 행동 등에 의해 전반적인 이미지가 만들어진다. 누구나 이러한 것 중에 한두 가지 단점을 가지고 있다. 요즘은 이미지 컨설팅을 통해서 자신의 단점들을 보완하는 지원자도 있다. 특히, 표정이 밝지 않은 지원자는 평소 웃는 연습을 의식적으로 하여 면접을 받는 동안 계속해서 여유 있는 표정을 짓는 것이 중요하다. 성공한 사람들은 인상이 좋다는 것을 명심하자.

02 ▶ 면접의 유형 및 실전 대책

1. 면접의 유형

과거 천편일률적인 일대일 면접과 달리 면접에는 다양한 유형이 도입되어 현재는 "면접은 이렇게 보는 것이다."라고 말할 수 있는 정해진 유형이 없어졌다. 그러나 대기업 면접에서는 현재까지는 집단 면접과 다대일 면접이 진행되고 있으므로 어느 정도 유형을 파악하여 사전에 대비가 가능하다. 면접의 기본인 단독 면접부터, 다대일 면접, 집단 면접의 유형과 그 대책에 대해 알아보자.

(1) 단독 면접

단독 면접이란 응시자와 면접관이 1대1로 마주하는 형식을 말한다. 면접위원 한 사람과 응시자 한 사람이 마주 앉아 자유로운 화제를 가지고 질의응답을 되풀이하는 방식이다. 이 방식은 면접의 가장 기본적인 방법으로 소요시간은 10 ∼ 20분 정도가 일반적이다.

① 장점

필기시험 등으로 판단할 수 없는 성품이나 능력을 알아내는 데 가장 적합하다고 평가받아 온 면접방식으로 응시자 한 사람 한 사람에 대해 여러 면에서 비교적 폭넓게 파악할 수 있다. 응시자의 입장에서는 한 사람의 면접관만을 대하는 것이므로 상대방에게 집중할 수 있으며, 긴장감도 다른 면접방식에 비해서는 적은 편이다.

② 단점

면접관의 주관이 강하게 작용해 객관성을 저해할 소지가 있으며, 면접 평가표를 활용한다 하더라도 일면적인 평가에 그칠 가능성을 배제할 수 없다. 또한 시간이 많이 소요되는 것도 단점이다.

> **단독 면접 준비 Point**
>
> 단독 면접에 대비하기 위해서는 평소 1대1로 논리 정연하게 대화를 나눌 수 있는 능력을 기르는 것이 중요하다. 그리고 면접장에서는 면접관을 선배나 선생님 혹은 아버지를 대하는 기분으로 면접에 임하는 것이 부담도 훨씬 적고 실력을 발휘할 수 있는 방법이 될 것이다.

(2) 다대일 면접

다대일 면접은 일반적으로 가장 많이 사용되는 면접방법으로 보통 2 ~ 5명의 면접관이 1명의 응시자에게 질문하는 형태의 면접방법이다. 면접관이 여러 명이므로 다각도에서 질문을 하여 응시자에 대한 정보를 많이 알아낼 수 있다는 점 때문에 선호하는 면접방법이다.

하지만 응시자의 입장에서는 질문도 면접관에 따라 각양각색이고 동료 응시자가 없으므로 숨 돌릴 틈도 없게 느껴진다. 또한 관찰하는 눈도 많아서 조그만 실수라도 지나치는 법이 없기 때문에 정신적 압박과 긴장감이 높은 면접방법이다. 따라서 응시자는 긴장을 풀고 한 시험관이 묻더라도 면접관 전원을 향해 대답한다는 기분으로 또박또박 대답하는 자세가 필요하다.

① 장점

면접관이 집중적인 질문과 다양한 관찰을 통해 응시자가 과연 조직에 필요한 인물인가를 완벽히 검증할 수 있다.

② 단점

면접시간이 보통 10 ~ 30분 정도로 좀 긴 편이고 응시자에게 지나친 긴장감을 조성하는 면접방법이다.

> **다대일 면접 준비 Point**
>
> 질문을 들을 때 시선은 면접위원을 향하고 다른 데로 돌리지 말아야 하며, 대답할 때에도 고개를 숙이거나 입속에서 우물거리는 소극적인 태도는 피하도록 한다. 면접위원과 대등하다는 마음가짐으로 편안한 태도를 유지하면 대답도 자연스러운 상태에서 좀 더 충실히 할 수 있고, 이에 따라 면접위원이 받는 인상도 달라진다.

(3) 집단 면접

집단 면접은 다수의 면접관이 여러 명의 응시자를 한꺼번에 평가하는 방식으로 짧은 시간에 능률적으로 면접을 진행할 수 있다. 각 응시자에 대한 질문내용, 질문횟수, 시간배분이 똑같지는 않으며, 모두에게 같은 질문이 주어지기도 하고, 각각 다른 질문을 받기도 한다.

또한 어떤 응시자가 한 대답에 대한 의견을 묻는 등 그때그때의 분위기나 면접관의 의향에 따라 변수가 많다. 집단 면접은 응시자의 입장에서는 개별 면접에 비해 긴장감은 다소 덜한 반면에 다른 응시자들과의 비교가 확실하게 나타나므로 응시자는 몸가짐이나 표현력·논리성 등이 결여되지 않도록 자신의 생각이나 의견을 솔직하게 발표하여 집단 속에 묻히거나 밀려나지 않도록 주의해야 한다.

① 장점

집단 면접의 장점은 면접관이 응시자 한 사람에 대한 관찰시간이 상대적으로 길고, 비교 평가가 가능하기 때문에 결과적으로 평가의 객관성과 신뢰성을 높일 수 있다는 점이며, 응시자는 동료들과 함께 면접을 받기 때문에 긴장감이 다소 덜하다는 것을 들 수 있다. 또한 동료가 답변하는 것을 들으며, 자신의 답변 방식이나 자세를 조정할 수 있다는 것도 큰 이점이다.

② 단점

응답하는 순서에 따라 응시자마다 유리하고 불리한 점이 있고, 면접위원의 입장에서는 각각의 개인적인 문제를 깊게 다루기가 곤란하다는 것이 단점이다.

집단 면접 준비 Point

너무 자기 과시를 하지 않는 것이 좋다. 대답은 자신이 말하고 싶은 내용을 간단명료하게 말해야 한다. 내용이 없는 발언을 한다거나 대답을 질질 끄는 태도는 좋지 않다. 또 말하는 중에 내용이 주제에서 벗어나거나 자기중심적으로만 말하는 것도 피해야 한다. 집단 면접에 대비하기 위해서는 평소에 설득력을 지닌 자신의 논리력을 계발하는 데 힘써야 하며, 다른 사람 앞에서 자신의 의견을 조리 있게 개진할 수 있는 발표력을 갖추는 데에도 많은 노력을 기울여야 한다.

• 실력에는 큰 차이가 없다는 것을 기억하라.
• 동료 응시자들과 서로 협조하라.
• 답변하지 않을 때의 자세가 중요하다.
• 개성 표현은 좋지만 튀는 것은 위험하다.

---

(4) 집단 토론식 면접

집단 토론식 면접은 집단 면접과 형태는 유사하지만 질의응답이 아니라 응시자들끼리의 토론이 중심이 되는 면접방법으로 최근 들어 급증세를 보이고 있다. 이는 공통의 주제에 대해 다양한 견해들이 개진되고 결론을 도출하는 과정, 즉 토론을 통해 응시자의 다양한 면에 대한 평가가 가능하다는 집단 토론식 면접의 장점이 널리 확산된 데 따른 것으로 보인다. 사실 집단 토론식 면접을 활용하면 주제와 관련된 지식 정도와 이해력, 판단력, 설득력, 협동성은 물론 리더십, 조직 적응력, 적극성과 대인관계 능력 등을 쉽게 파악할 수 있다.

토론식 면접에서는 자신의 의견을 명확히 제시하면서도 상대방의 의견을 경청하는 토론의 기본자세가 필수적이며, 지나친 경쟁심이나 자기 과시욕은 접어두는 것이 좋다. 또한 집단 토론의 목적이 결론을 도출해 나가는 과정에 있다는 것을 감안하여 무리하게 자신의 주장을 관철시키기보다 오히려 토론의 질을 높이는 데 기여하는 것이 좋은 인상을 줄 수 있다는 점을 알아야 한다. 취업 희망자들은 토론식 면접이 급속도로 확산되는 추세임을 감안해 특히 철저한 준비를 해야 한다. 평소에 신문의 사설이나 매스컴 등의 토론 프로그램을 주의 깊게 보면서 논리 전개방식을 비롯한 토론 과정을 익히도록 하고, 친구들과 함께 간단한 주제를 놓고 토론을 진행해 볼 필요가 있다. 또한 사회·시사문제에 대해 자기 나름대로의 관점을 정립해두는 것도 꼭 필요하다.

(5) PT 면접

PT 면접, 즉 프레젠테이션 면접은 최근 들어 집단 토론 면접과 더불어 그 활용도가 점차 커지고 있다. PT 면접은 기업마다 특성이 다르고 인재상이 다른 만큼 인성 면접만으로는 알 수 없는 지원자의 문제해결 능력, 전문성, 창의성, 기본 실무능력, 논리성 등을 관찰하는 데 중점을 두는 면접으로, 지원자 간의 변별력이 높아 대부분의 기업에서 적용하고 있으며, 확산되는 추세이다.

면접 시간은 기업별로 차이가 있지만, 전문지식, 시사성 관련 주제를 제시한 다음, 보통 20 ~ 50분 정도 준비하여 5분가량 발표할 시간을 준다. 면접관과 지원자의 단순한 질의응답식이 아닌, 주제에 대해 일정 시간 동안 지원자의 발언과 발표하는 모습 등을 관찰하게 된다. 정확한 답이나 지식보다는 논리적 사고와 의사표현력이 더 중시되기 때문에 자신의 생각을 어떻게 설명하느냐가 매우 중요하다.

PT 면접에서 같은 주제라도 직무별로 평가요소가 달리 나타난다. 예를 들어, 영업직은 설득력과 의사소통 능력에 중점을 둘 수 있겠고, 관리직은 신뢰성과 창의성 등을 더 중요하게 평가한다.

> **PT 면접 준비 Point**
> - 면접관의 관심과 주의를 집중시키고, 발표 태도에 유의한다.
> - 모의 면접이나 거울 면접을 통해 미리 점검한다.
> - PT 내용은 세 가지 정도로 정리해서 말한다.
> - PT 내용에는 자신의 생각이 담겨 있어야 한다.
> - 중간에 자문자답 방식을 활용한다.
> - 평소 지원하는 업계의 동향이나 직무에 대한 전문지식을 쌓아둔다.
> - 부적절한 용어 사용이나 무리한 주장 등은 하지 않는다.

2. 면접의 실전 대책

(1) 면접 대비사항

① 지원 회사에 대한 사전지식을 충분히 준비한다.

필기시험에서 합격 또는 서류전형에서의 합격통지가 온 후 면접시험 날짜가 정해지는 것이 보통이다. 이때 수험자는 면접시험을 대비해 사전에 자기가 지원한 계열사 또는 부서에 대해 폭넓은 지식을 준비할 필요가 있다.

> **지원 회사에 대해 알아두어야 할 사항**
> - 회사의 연혁
> - 회장 또는 사장의 이름, 출신학교, 관심사
> - 회장 또는 사장이 요구하는 신입사원의 인재상
> - 회사의 사훈, 사시, 경영이념, 창업정신
> - 회사의 대표적 상품, 특색
> - 업종별 계열회사의 수
> - 해외지사의 수와 그 위치
> - 신 개발품에 대한 기획 여부
> - 자기가 생각하는 회사의 장단점
> - 회사의 잠재적 능력개발에 대한 제언

② 충분한 수면을 취한다.

충분한 수면으로 안정감을 유지하고 첫 출발의 상쾌한 마음가짐을 갖는다.

③ 얼굴을 생기 있게 한다.

첫인상은 면접에 있어서 가장 결정적인 당락요인이다. 면접관에게 좋은 인상을 줄 수 있도록 화장하는 것도 필요하다. 면접관들이 가장 좋아하는 인상은 얼굴에 생기가 있고 눈동자가 살아 있는 사람, 즉 기가 살아 있는 사람이다.

④ 아침에 인터넷 뉴스를 읽고 간다.

그날의 뉴스가 질문 대상에 오를 수가 있다. 특히 경제면, 정치면, 문화면 등을 유의해서 볼 필요가 있다.

> **출발 전 확인할 사항**
>
> 이력서, 자기소개서, 성적증명서, 졸업(예정)증명서, 지갑, 신분증(주민등록증), 손수건, 휴지, 볼펜, 메모지, 예비스타킹 등을 준비하자.

(2) 면접 시 옷차림

면접에서 옷차림은 간결하고 단정한 느낌을 주는 것이 가장 중요하다. 색상과 디자인 면에서 지나치게 화려한 색상이나, 노출이 심한 디자인은 자칫 면접관의 눈살을 찌푸리게 할 수 있다. 단정한 차림을 유지하면서 자신만의 독특한 멋을 연출하는 것, 지원하는 회사의 분위기를 파악했다는 센스를 보여주는 것 또한 코디네이션의 포인트이다.

> **복장 점검**
>
> • 구두는 잘 닦여 있는가?
> • 옷은 깨끗이 다려져 있으며 스커트 길이는 적당한가?
> • 손톱은 길지 않고 깨끗한가?
> • 머리는 흐트러짐 없이 단정한가?

(3) 면접요령

① 첫인상을 중요시한다.

상대에게 인상을 좋게 주지 않으면 어떠한 얘기를 해도 이쪽의 기분이 충분히 전달되지 않을 수 있다. 예를 들어, '저 친구는 표정이 없고 무엇을 생각하고 있는지 전혀 알 길이 없다.'처럼 생각되면 최악의 상태이다. 우선 청결한 복장, 바른 자세로 침착하게 들어가야 한다. 건강하고 신선한 이미지를 주어야 하기 때문이다.

② 좋은 표정을 짓는다.

얘기를 할 때의 표정은 중요한 사항의 하나다. 거울 앞에서 웃는 연습을 해본다. 웃는 얼굴은 상대를 편안하게 하고, 특히 면접 등 긴박한 분위기에서는 천금의 값이 있다 할 것이다. 그렇다고 하여 항상 웃고만 있어서는 안 된다. 자기의 할 얘기를 진정으로 전하고 싶을 때는 진지한 얼굴로 상대의 눈을 바라보며 얘기한다. 면접을 볼 때 눈을 감고 있으면 마이너스 이미지를 주게 된다.

③ **결론부터 이야기한다.**

자기의 의사나 생각을 상대에게 정확하게 전달하기 위해서 먼저 무엇을 말하고자 하는가를 명확히 결정해 두어야 한다. 대답을 할 경우에는 결론을 먼저 이야기하고 나서 그에 따른 설명과 이유를 덧붙이면 논지(論旨)가 명확해지고 이야기가 깔끔하게 정리된다.

한 가지 사실을 이야기하거나 설명하는 데는 3분이면 충분하다. 복잡한 이야기라도 어느 정도의 길이로 요약해서 이야기하면 상대도 이해하기 쉽고 자기도 정리할 수 있다. 긴 이야기는 오히려 상대를 불쾌하게 할 수가 있다.

④ **질문의 요지를 파악한다.**

면접 때의 이야기는 간결성만으로는 부족하다. 상대의 질문이나 이야기에 대해 적절하고 필요한 대답을 하지 않으면 대화는 끊어지고 자기의 생각도 제대로 표현하지 못하여 면접자로 하여금 수험생의 인품이나 사고방식 등을 명확히 파악할 수 없게 한다. 무엇을 묻고 있는지, 무슨 이야기를 하고 있는지 그 요점을 정확히 알아내야 한다.

면접에서 고득점을 받을 수 있는 성공요령

1. 자기 자신을 겸허하게 판단하라.
2. 지원한 회사에 대해 100% 이해하라.
3. 실전과 같은 연습으로 감각을 익히라.
4. 단답형 답변보다는 구체적으로 이야기를 풀어나가라.
5. 거짓말을 하지 말라.
6. 면접하는 동안 대화의 흐름을 유지하라.
7. 친밀감과 신뢰를 구축하라.
8. 상대방의 말을 성실하게 들으라.
9. 근로조건에 대한 이야기를 풀어나갈 준비를 하라.
10. 끝까지 긴장을 풀지 말라.

02 │ GS칼텍스 실제 면접

(1) 1차 면접

팀장, 임원급 전문면접위원이 전담하는 실무면접으로 주로 다대다 면접이며, 면접 시간은 약 30분이다.

(2) 2차 면접

주로 다대다 면접이고 임원면접으로 진행되며 면접 시간은 약 20 ~ 30분 정도이다.

(3) 면접 기출 질문

- 자기 PR을 해 보시오.
- 취미는 무엇인가?
- 자신의 성실함을 증명해 보시오.
- 자신의 목표에 대해 말해 보시오.
- 자신의 특기에 대해 말해 보시오.
- 교내 활동이나 동아리 활동을 한 적이 있는가? 있다면 그 경험에 대해 말해 보시오.
- 입사 후 포부는 무엇인가?
- 주량은 얼마나 되는가?
- 부모님 직업은 무엇인가?
- 학창시절, 군대시절, 그리고 현재 자신에 대해 표현해 보시오.
- 준비해 왔는데 아직 하지 못한 말이 있는가? 있다면 해 보시오.
- 30대, 또는 40대가 되었을 때 자신이 어떤 모습일지 말해 보시오.
- 최근에 본 영화가 있는가?
- 살면서 가장 힘들거나 어려웠던 때는 언제인가?
- 당신이 정말 마음을 터놓고 모든 것을 이야기할 수 있는 친구는 몇 명이나 되는가?
- 친구들이 말하는 자신의 장점은 무엇인가?
- GS칼텍스에 지원하기 위해 무엇을 준비하였는가?
- 본인이 지원한 직무가 정확히 어떠한 일을 하는 것인지 알고 있는가?
- 친한 친구가 있는지, 어떤 친구인가?
- 기계 관련하여 일해본 경험이 있는가?
- 존경하는 사람이 누구인가?
- 직무에 대해 아는 것을 말해 보시오.
- 하기 싫은 일을 했던 경험에 대해 말해 보시오.
- 최근에 읽은 책은 무엇인가?

- 상사가 회식을 강요할 때 어떻게 할 것인가?
- 회사의 인재상이 무엇인가?
- 가장 성과가 있었던 경험과 가장 힘들었던 경험은 무엇인가?
- 스트레스 해소법은 무엇인가?
- 주변 동료에게 나쁜 평가를 받아본 적이 있는가?
- 퇴근 후 시간을 어떻게 보내는가?
- 본인 직무에서 가장 필요한 역량은 무엇인가?

MEMO

앞선 정보 제공! 도서 업데이트

언제, 왜 업데이트될까?

도서의 학습 효율을 높이기 위해 자료를 추가로 제공할 때!
공기업 · 대기업 필기시험에 변동사항 발생 시 정보 공유를 위해!
공기업 · 대기업 채용 및 시험 관련 중요 이슈가 생겼을 때!

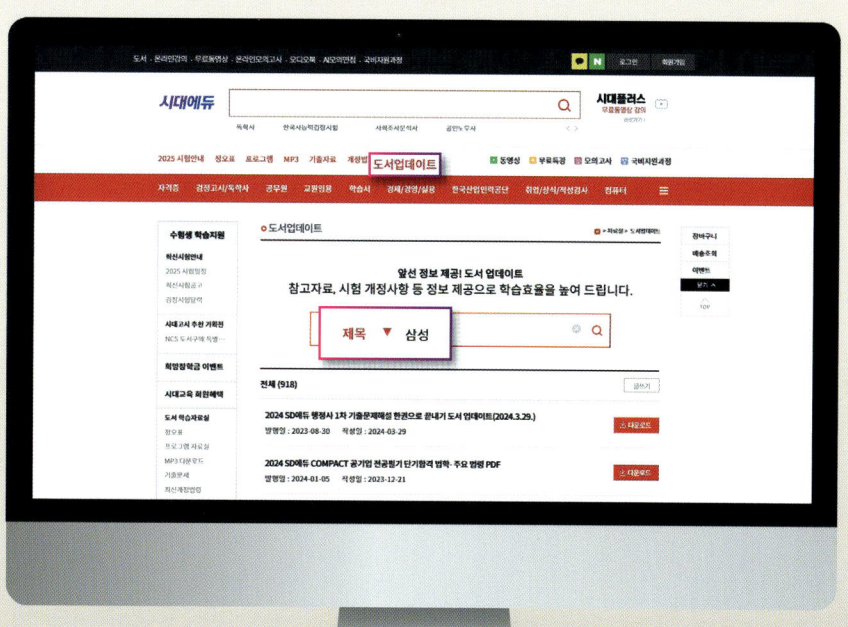

01 시대에듀 도서
www.sdedu.co.kr/book
홈페이지 접속

02 상단 카테고리
「도서업데이트」
클릭

03 해당
기업명으로
검색

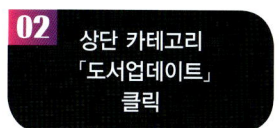

참고자료, 시험 개정사항 등 정보 제공으로 학습효율을 높여 드립니다.

더 이상의
고졸·전문대졸 필기시험 시리즈는 없다!

"알차다"
꼭 알아야 할 내용을 담고 있으니까

"친절하다"
핵심 내용을 쉽게 설명하고 있으니까

"핵심을 뚫는다"
시험 유형과 유사한 문제를 다루니까

"명쾌하다"
상세한 풀이로 완벽하게 익힐 수 있으니까

성공은 나를 응원하는 사람으로부터 시작됩니다.
시대에듀가 당신을 힘차게 응원합니다.

2026
최신판

판매량
1위
YES24 GS칼텍스
부문

GS
칼텍스
생산기술직
온라인 필기시험

통합기본서

편저 | SDC(Sidae Data Center)

정답 및 해설

유형분석 및 모의고사로
최종합격까지

한 권으로
마무리!

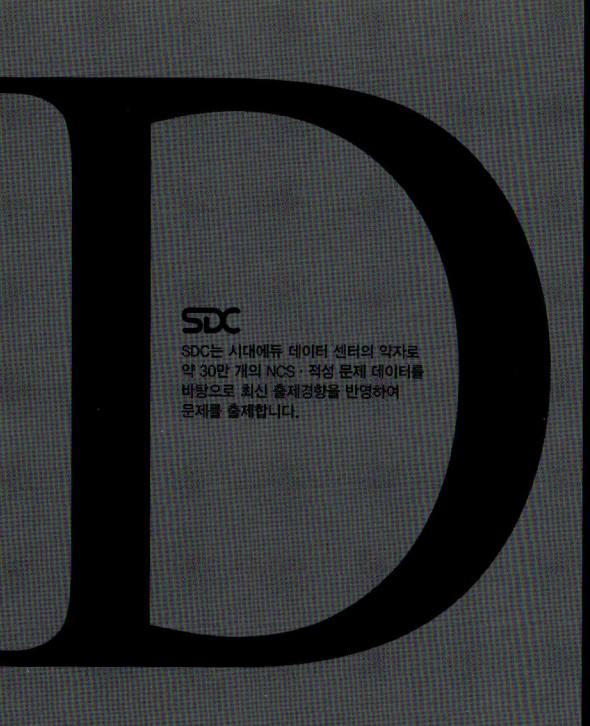

시대에듀

PART

1

직무적성검사

끝까지 책임진다! 시대에듀!

QR코드를 통해 도서 출간 이후 발견된 오류나 개정법령, 변경된 시험 정보, 최신기출문제, 도서 업데이트 자료 등이 있는지 확인해 보세요! **시대에듀 합격 스마트 앱**을 통해서도 알려 드리고 있으니 구글 플레이나 앱 스토어에서 다운받아 사용하세요. 또한, 파본 도서인 경우에는 구입하신 곳에서 교환해 드립니다.

01	02	03	04	05	06	07	08	09	10	11	12	13	14	15	16	17	18	19	20
④	①	④	⑤	③	③	①	②	①	④	③	②	①	④	①	⑤	④	①	④	②
21	**22**	**23**	**24**																
⑤	①	④	②																

01
정답 ④

02
정답 ①

03
정답 ④

04
정답 ⑤

05

정답 ③

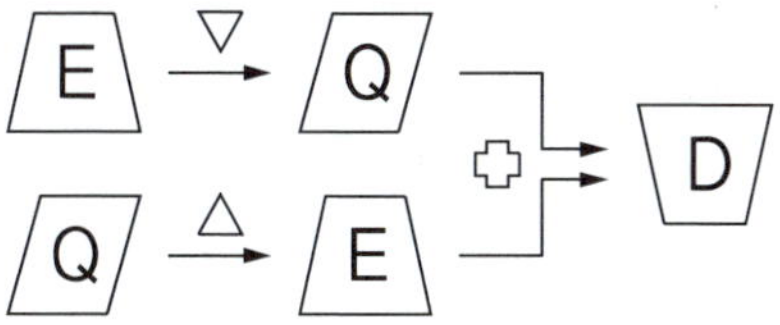

06

정답 ③

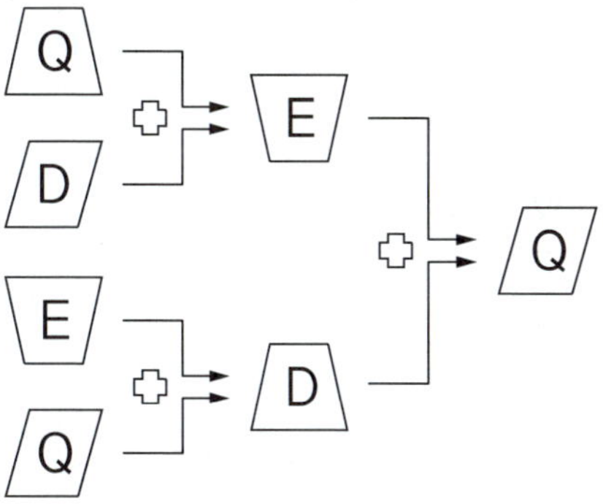

07

정답 ①

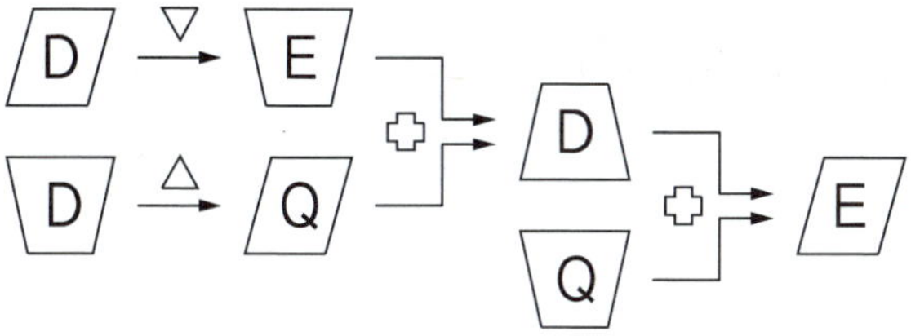

08

정답 ②

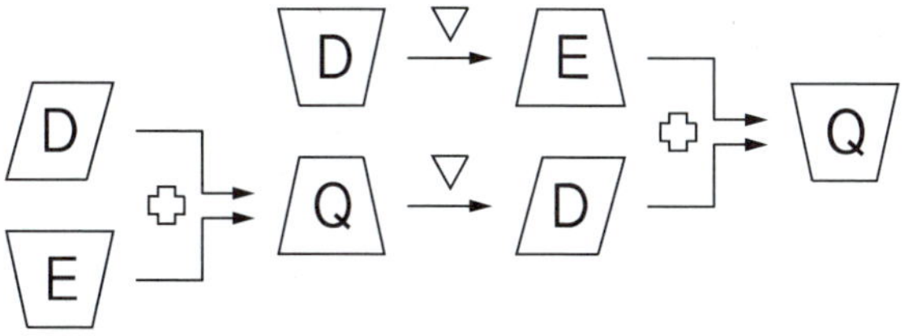

09

정답 ①

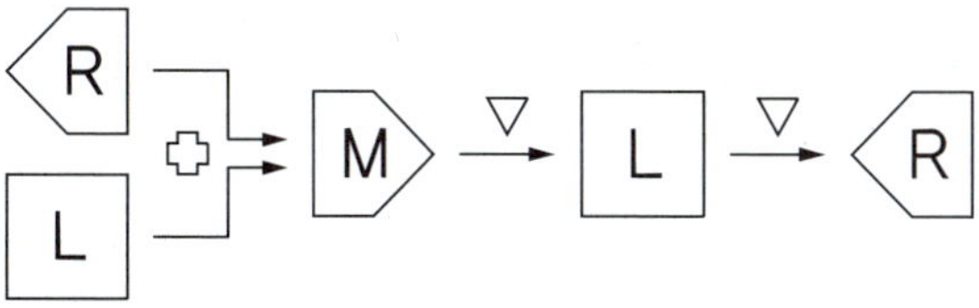

PART 1

10

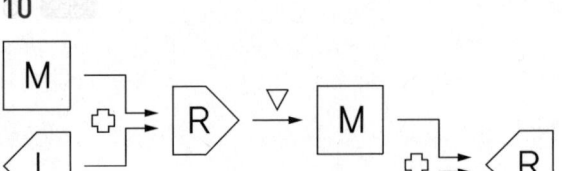

11

12

13

14

15 정답 ①

16 정답 ⑤

17 정답 ④

18 정답 ①

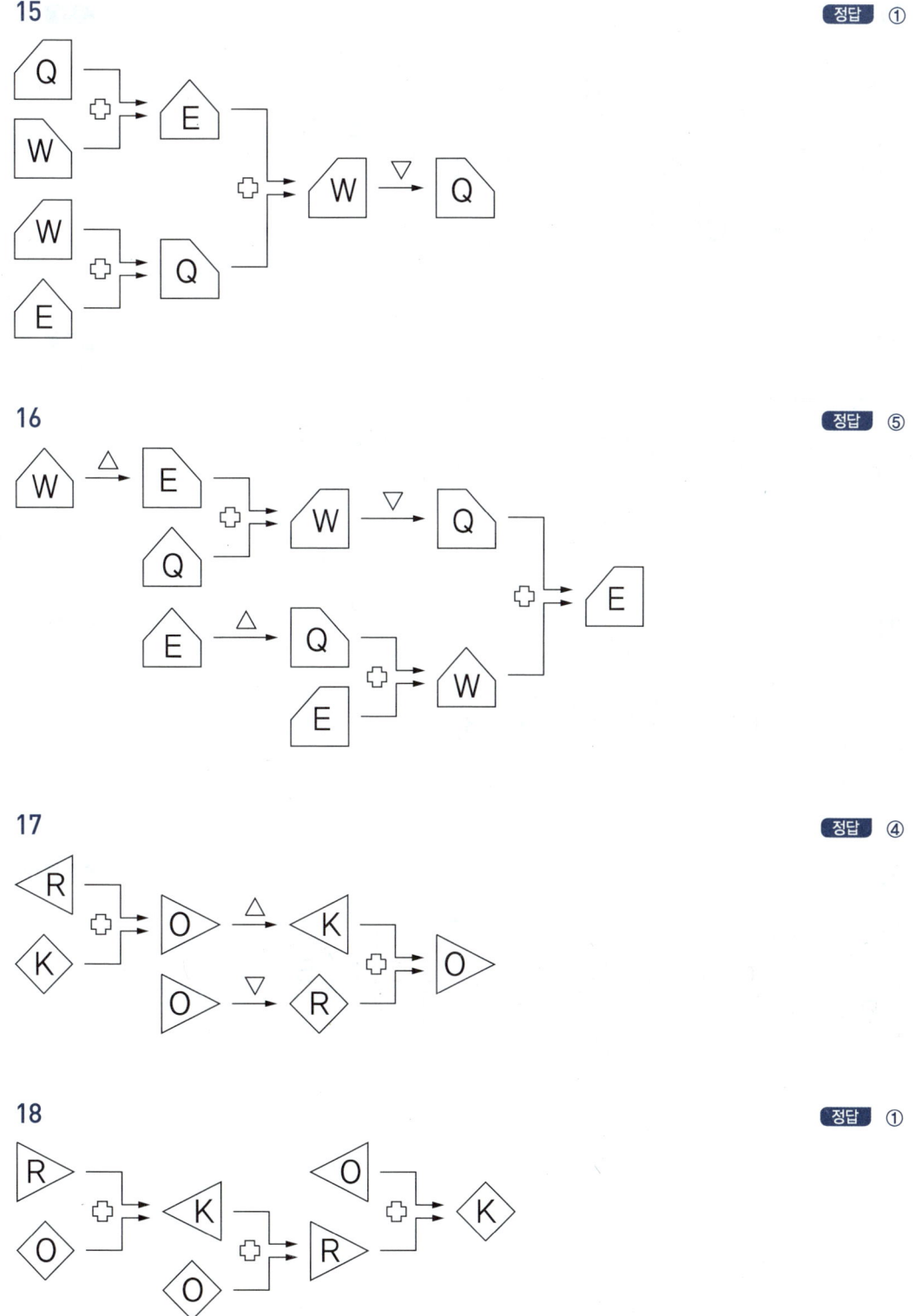

19

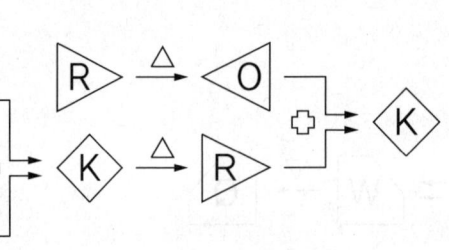

20

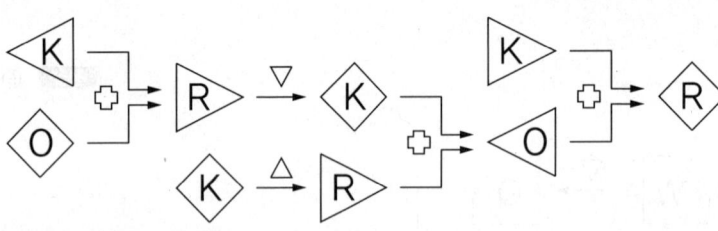

21

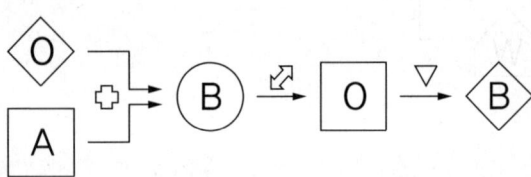

22

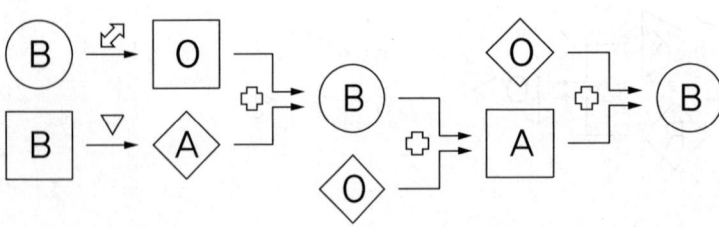

23

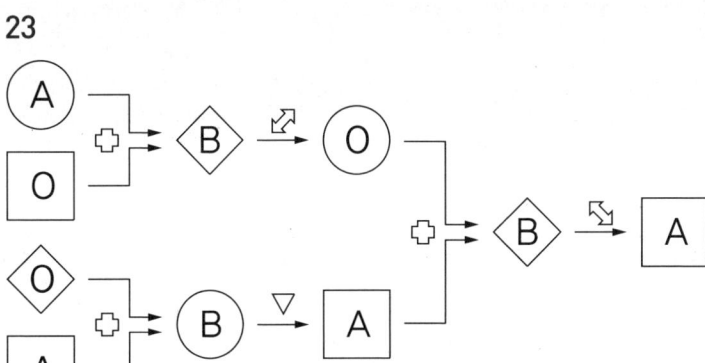

24

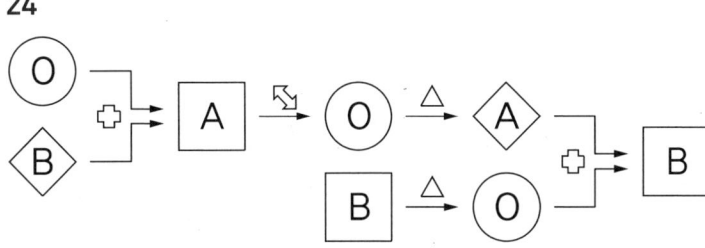

02 | 도식추리 적중예상문제

01	02	03	04	05	06	07	08	09	10	11	12	13	14	15	16	17	18	19	20
②	①	③	②	④	①	②	④	①	②	②	②	③	①	⑤	③	②	②	②	①
21	22	23	24	25	26	27	28	29	30	31	32	33	34	35	36	37	38	39	40
①	③	③	②	⑤	④	①	④	①	②	④	②	⑤	④	②	②	①	④	⑤	①

[1~4]

• 규칙

△ : 맨 앞의 문자 맨 마지막에 추가

□ : 자음 +2

☆ : 모음 −1

◇ : 마지막 문자 맨 앞에 추가

♡ : 역순으로 나열

01
정답 ②

우리사이　→　추비자치　→　투이카티　→　후치파히　→　누티가니　→　루히다리
　　　　　□　　　　　　□　　　　　　□　　　　　　□　　　　　　□

02
정답 ①

오르골　→　오르골오　→　여류결여
　　　　△　　　　　☆

03
정답 ③

무미니　→　니무미니　→　니미무니
　　　　◇　　　　　♡

04
정답 ②

오조담　→　초코맛　→　맛초코맛
　　　　□　　　　　◇

[5~7]

- 규칙
  - ▼ : 첫 번째 문자와 세 번째 문자 자리 교체
  - ⋈ : 첫 번째 문자 맨 끝에 추가
  - ♥ : 각 자릿수 +1
  - ▶◀ : 알파벳 소문자를 대문자로 교체

05
정답 ④

ㅁㅎㅑg   →   ㅁㅎㅑgㅁ   →   ㅑㅎㅁgㅁ
　　　　⋈　　　　　　　　▼

06
정답 ①

ㅋㄱ63ㅈ   →   ㅌㄴ74ㅊ   →   ㅍㄷ85ㅋ
　　　　♥　　　　　　　♥

07
정답 ②

|ㅠfㅏㅜ   → |ㅠfㅏㅜ| → |ㅠFㅏㅜ|
　　　　⋈　　　　　　　▶◀

[8~10]

- 규칙
  - ■ : 1234 → 3412
  - ◎ : 각 자릿수 +1, +2, +3, +4
  - ▲ : 각 자릿수 −1, −2, −1, −2
  - ◇ : 1234 → 4321

08
정답 ④

2Uㅓㅋ   →   ㅋㅓU2   →   ㅊㅏT0
　　　◇　　　　　▲

09
정답 ①

ㅂ5ㄴ6   →   ㄴ6ㅂ5   →   ㄷ8ㅈ9
　　　■　　　　　◎

10
정답 ②

4ㅜDH   →   3ㅗCF   →   FCㅗ3   →   GEㅠ7
　　　▲　　　　◇　　　　　◎

[11~14]

• 규칙

♪ : 첫 번째 문자 맨 앞에 추가
♧ : 첫 번째 문자 맨 끝에 추가
◎ : 첫 번째 문자 삭제
☆ : 첫 번째 문자와 마지막 문자 자리 교체

11
정답 ②

MD4R → MMD4R
    ♪

12
정답 ②

HKLU → UKLH → KLH
    ☆   ◎

13
정답 ③

SWQX → SWQXS → SSWQXS
    ♧   ♪

14
정답 ①

NB5R → NB5RN → NB5RN → B5RN
    ♧   ☆   ◎

[15~18]

• 규칙

◨ : 각 자릿수 +1, −1, −2, +2
◫ : 1234 → 1324
▲ : 1234 → 4231

15
정답 ⑤

ㅇPㄱㅎ → ㅇㄱPㅎ → ㅎㄱPㅇ
     ◫   ▲

16
정답 ③

2ㅂㅌㄷ → ㄷㅂㅌ2 → ㄹㅁㅊ4
       ▲   ◨

17
정답 ②

ㅁㄹbㅍ → ㅍㄹbㅁ → ㅎㄷzㅅ → ㅎzㄷㅅ
       ▲   ◨   ◫

18

ㅈㅊㄴㅎ → ㅈㄴㅊㅎ → ㅊㄱㅇㄴ → ㅊㅇㄱㄴ
    ▣   ◉   ▣

[19~20]

• 규칙

▲ : 각 자릿수 +2, +3, +2, +3
□ : 1234 → 4321
☆ : 각 자릿수 +1, +4, +1, +4
○ : 1234 → 1324

19

P3T7 → R6V0 → RV60
   ▲   ○

20

ㅎ49○ → ㅎ94○ → ㄱ35ㅌ
   ○   ☆

[21~24]

• 규칙

◎ : 1234 → 12344
♣ : 12345 → 1245
■ : 각 자릿수 −1
▽ : 1234 → 2143

21

D5N8 → 5D8N → 5D8NN
   ▽   ◎

22

WB16 → WB166 → WB66 → VA55
    ◎   ♣   ■

23

XQ5M → WP4L → WP4LL
   ■   ◎

24

RS94 → SR49 → SR499 → RQ388
   ▽   ◎   ■

[25~28]

· 규칙

☆ : 각 자릿수 +1

□ : −2, +2, −2, +2

● : 1234 → 4321

▲ : 숫자는 문자로, 문자는 숫자로 변환

25

89ㅂㄱ → 61ㄹㄷ → ㄷㄹ16 → ㄹㅁ27
　　　　□　　　　　●　　　　　☆

26
정답 ④

E7H6 → 5G8F → 3I6H
　　　▲　　　　□

27
정답 ①

KㅂㄹH → HㄹㅂK → IㅁㅅL
　　　●　　　　☆

28
정답 ④

75J1 → 57H3 → 68I4 → FH9D
　　　□　　　　☆　　　　▲

[29~32]

· 규칙

⊕ : 각 자릿수 +2, +0, +0, +2

⊖ : 각 자릿수 −1, +1, +1, −1

◉ : 1234 → 2143

● : 1234 → 4123

29
정답 ①

BUS8 → UB8S → WB8U
　　　◉　　　　⊕

30
정답 ②

IU93 → UI39 → 9UI3 → 8VJ2
　　　◉　　　　●　　　　⊖

31

NWRB → MXSA → XMAS
　　　⊖　　　　　◉

32

OHMJ → QHML → PINK
　　　⊕　　　　　⊖

[33~36]

• 규칙

　○ : 각 자릿수 +0, +1, +2, +3
　◗ : 1234 → 4231
　◐ : 1234 → 1324
　● : 각 자릿수 −3, −2, −1, −0

33

BE13 → 3E1B → 0C0B
　　　◗　　　　　●

34

RABI → RBAI → RCCL
　　　◐　　　　　○

35

BITE → BJVH → BVJH
　　　○　　　　　◐

36

LIFE → LFIE → IDHE
　　　◐　　　　　●

[37~40]

- 규칙
  ▼ : 1234 → 4321
  △ : 각 자릿수 −1, +1, −1, +1
  ● : 각 자릿수 0, −1, 0, −1
  □ : 1234 → 1324

37

정답 ①

ㅅㄴㄹㅁ → ㅁㄹㄴㅅ → ㅁㄴㄹㅅ
　　　▼　　　　　□

38

정답 ④

isog → irof → hsng
　　●　　　△

39

정답 ⑤

wnfy → yfnw → yenv
　　▼　　　●

40

정답 ①

ㅈㄹㅋㄷ → ㅈㅋㄹㄷ → ㅇㅌㄷㄹ
　　　□　　　　△

03 | 기계이해 적중예상문제

01	02	03	04	05	06	07	08	09	10
②	④	①	④	③	④	①	④	①	⑤
11	12	13	14	15	16	17	18	19	20
②	④	②	①	②	③	①	①	④	①
21	22	23	24	25	26	27	28	29	30
①	⑤	②	④	③	②	③	③	②	④
31	32	33	34	35	36	37	38	39	40
④	⑤	④	②	④	①	③	④	①	③
41	42	43	44	45	46	47	48	49	50
②	①	④	④	⑤	①	①	⑤	②	③

01　　정답　②

고정 도르래는 물체에 가해주는 힘의 방향을 바꿔주는 원리로 전류가 유도되는 원리와는 관계가 없다.

02　　정답　④

같은 높이에서는 위치 에너지가 같으며, 위치 에너지가 가장 낮은 C점에서 운동 에너지가 가장 크다.

오답분석

㉠ 각 점에서의 역학적 에너지는 마찰을 무시했으므로 모두 같다.

03　　정답　①

(속력)$=\dfrac{(\text{이동거리})}{(\text{시간})}\left(v=\dfrac{S}{t}\right)$이며 그래프의 기울기를 뜻한다. 따라서 기울기가 가장 큰 A가 속력이 제일 빠르다.

04　　정답　④

추의 무게는 지구가 추를 당기는 힘이다. 이의 반작용은 추가 지구를 당기는 힘이다.

05　　정답　③

모든 저항이 병렬로 연결되어 있으므로

$\dfrac{1}{R_{\text{total}}} = \dfrac{1}{R_1} + \dfrac{1}{R_2} + \dfrac{1}{R_3}$ 이다.

따라서 $\dfrac{1}{R_{\text{total}}} = \dfrac{1}{10} + \dfrac{1}{20} + \dfrac{1}{10} = \dfrac{2+1+2}{20} = \dfrac{5}{20}$ 이므로

$R_{\text{total}} = \dfrac{20}{5} = 4\,\Omega$ 이다.

06　　정답　④

구간 A ~ C까지는 위치 에너지가 점점 커지고 구간 D부터는 위치 에너지에서 운동 에너지로 전환된다.

07　　정답　①

(받침점에서 작용점까지의 거리) : (받침점에서 힘점까지의 거리)
=(지레에 가해주는 힘) : (물체의 무게)
$20\text{cm} : 40\text{cm} = \text{F} : 10\text{N}$
∴ F=5N

08　　정답　④

문제에서 설명하는 내용은 케플러의 법칙 중 제2법칙 면적속도 일정 법칙이다. 행성과 태양을 연결한 선이 같은 시간 동안 움직여 만드는 부채꼴 면적은 언제나 같다. 즉, 행성은 태양에 가장 가까울 때 가장 빠르게 움직인다.

09　　정답　①

평형을 유지한 추에 작용하는 알짜힘은 0이다. 따라서 $k\triangle x - w = 0$이므로 $w = k\triangle x = 150 \times 0.15 = 22.5$N이다.

10　　정답　⑤

건물 옥상에서 수평으로 던진 공은 위치 에너지와 운동 에너지가 계속 변화하지만 위치 에너지와 운동 에너지의 합은 항상 일정한 값을 유지한다. 또한, 역학적 에너지는 변하지 않고 보존된다.

11

정답 ②

1N의 힘을 가할 때 2cm 늘어난다. 따라서 10cm 늘어나려면 5N의 힘이 작용해야 한다.

12

정답 ④

오답분석

① 고속전자의 흐름을 물질에 충돌시켰을 때 생기는 파장이 짧은 전자기파
② 태양광의 스펙트럼을 사진으로 찍었을 때, 가시광선의 단파장보다 바깥쪽에 나타나는 눈에 보이지 않는 빛
③ 가시광선보다 파장이 길며, $0.75\mu m$에서 1mm 범위에 속하는 전자기파
⑤ 파장이 X선보다 짧은 영역의 전자기파이며, 방사성원소로부터 나오는 자연 방사선

13

정답 ②

오답분석

ㄱ. 물체는 움직이지 않으므로 물체의 합력은 0이다.
ㄴ. 물체에 작용하는 힘은 철수가 물체를 당기는 힘과 영수가 물체를 당기는 힘으로써 서로 작용점이 같고 힘의 평형 관계에 있다.

14

정답 ①

역학적 에너지는 보존되므로 위치 에너지가 가장 작은 A지점의 운동 에너지가 가장 크다.

15

정답 ②

회로 전체의 저항은 $\dfrac{1}{R_{\text{total}}} = \dfrac{1}{10+2} + \dfrac{1}{3+1} = \dfrac{4}{12} = \dfrac{1}{3}$
이므로 $R_{\text{total}} = 3\Omega$이다. 회로 전체에 흐르는 전류의 세기는
$I_{total} = \dfrac{V}{R_{\text{total}}} = \dfrac{24}{3} = 8A$이다.
따라서 10Ω에 흐르는 전류의 세기는 다음과 같다.
$I_{10\Omega} = I_{\text{total}} \times \dfrac{R_2}{R_1 + R_2} = 8 \times \dfrac{10+2}{(10+2)+(1+3)}$
$= 8 \times \dfrac{4}{16} = 2A$

16

정답 ③

그래프에서 세 물체에 같은 크기의 힘을 가할 때 속도가 가장 빠른 것은 A, 가장 느린 것은 C이다. 따라서 질량이 가장 큰 것은 C이다.

17

정답 ①

등가속도 직선 운동
가속도의 크기와 방향이 일정한 직선 운동
→ 속도가 일정하게 증가하거나 감소하는 직선 운동

$$v = v_0 + at, \quad s = v_0 t + \frac{1}{2}at^2, \quad 2as = v^2 - v_0^2$$

· v : 나중 속도
· v_0 : 처음 속도
· a : 가속도
· t : 시간
· s : 이동 거리

18

정답 ①

먼저 병렬연결되어 있는 3개(2Ω, 4Ω, 6Ω)의 저항들 중 윗부분의 직렬연결된 두 전구 저항 합은 $R = 2+4 = 6\Omega$이며, 이 두 저항과 6Ω 전구의 저항 합은 $R' = \dfrac{6 \times 6}{6+6} = 3\Omega$이다.
따라서 4개의 전구 전체 저항은 $R'' = 1+3 = 4\Omega$이 된다.

19

정답 ④

체내로 초음파를 보내어 반사된 음파의 주파수를 분석함으로써 체내에서 운동하는 장기나 태아의 진단에 사용한다.

오답분석

① 몸 안으로 렌즈가 부착된 가늘고 긴 관을 주입하여 가시광선으로 인체 내부를 관찰하는 기구
② 신체에서 발생한 열에 의한 몸의 온도 변화를 측정하는 기구
③ 동맥 혈류를 차단하여 간접적으로 동맥 혈압을 측정하는 기구
⑤ 수소핵의 핵자기 공명현상을 이용하여 인체 내부를 이미지화시켜 볼 수 있는 기구

20

정답 ①

솔레노이드 내부의 자기장의 세기는 단위길이당 감은 수와 전류의 세기에 비례한다.

21

정답 ①

가속도는 시간에 대한 속도 변화의 비율을 나타내는 양으로, 질량을 m, 가속도를 a, 힘을 F라고 하면 운동 방정식 F=ma가 성립한다. 그림에서 질량은 1kg이므로, 가속도 a는 힘 F와 같고, 서로 반대 방향으로 작용하는 힘 때문에 F=8N−4N=4N이므로 가속도의 크기는 $4m/s^2$가 된다.

22

정답 ⑤

X선(10^{-12}m ~ 10^{-9}m) < 자외선(10^{-9}m ~ 4×10^{-7}m) < 가시광선(4×10^{-7}m ~ 7×10^{-7}m) < 적외선(7×10^{-7}m ~ 10^{-6}m)

23

정답 ②

행성의 공전 속도는 태양과 가까워지면 빨라지고 멀어지면 느려지므로 이 행성의 공전 속도는 B에서 가장 빠르고, D에서 가장 느리다.

24

정답 ④

그림은 자기장의 변화로 전류를 발생시키는 것이다. 전자기 센서는 금속탐지기, 지하철 출입문 등이 그 예인데, 자기장의 영향으로 물질의 성질이 변하는 것을 이용하여 자기장을 측정하는 센서이므로, 그림과 같은 원리라고 할 수 있다.

25

정답 ③

$$e=-N\frac{d\Phi}{dt}=-500\times\frac{0.04}{10\times10^{-3}}=-2,000\text{V}$$

따라서 코일에 의해 유도되는 기전력의 크기는 2,000V이다.

26

정답 ②

같은 전력을 공급할 때 송전 전압을 n배 높이면 전류의 세기는 $\frac{1}{n}$배로 감소하고, 송전선에서의 전력 손실은 $\frac{1}{n^2}$배로 감소한다. 따라서 송전 전압을 10배로 높이면 전류의 세기는 0.1배로 감소하고 이때 송전선에서 손실되는 전력은 0.01배로 감소한다.

27

정답 ③

막대의 중점은 15cm 지점이므로 받침점에서 5cm 떨어진 지점이다. 왼쪽 힘과 오른쪽 힘의 균형에 관한 식은 다음과 같다.
40N$\times10$cm$=($막대의 무게$)\times5$cm$+10$N$\times20$cm
따라서 막대의 무게는 40N임을 알 수 있다.

28

정답 ③

일은 W=F×s=2N×4m=8J이다.

29

정답 ②

회로에서의 전체저항은 R=$\frac{20V}{2A}$=$10\,\Omega$이다.

$$8+\frac{1}{\frac{1}{4}+\frac{1}{R_A}}=10 \rightarrow \frac{1}{4}+\frac{1}{R_A}=\frac{1}{2} \rightarrow \frac{1}{R_A}=\frac{1}{4}$$

따라서 $R_A=4\,\Omega$이다.

30

정답 ④

열량계 안의 물과 물체가 얻은 열량은 100g의 물이 잃은 열량과 같다.
$1\times0.3\times(T-20)+0.5\times0.2\times(T-20)$
$=1\times0.1\times(50-T)$
따라서 $T=26℃$이다.

31

정답 ④

b의 길이와 한 일의 양은 관계없으므로 한 일의 양은 변함이 없다.

오답분석

①·⑤ ㉠은 작용점으로 a, b의 길이와 관계없다.
② b가 길어질수록 힘은 적게 든다.

32

정답 ⑤

ㄱ. 3부터 8초 사이에는 엘리베이터가 등속운동을 하고 있다. 따라서 혜린이의 몸무게는 원래 몸무게를 유지한다.
ㄴ. 8부터 10초 사이에 가속도 a는 $\frac{0-10}{2}=-5\text{m/s}^2$이다.
따라서 저울이 가리키는 눈금은 $50\times(10-5)=250$N이다.
ㄷ. 엘리베이터가 1층부터 맨 위층까지 이동한 거리는 그래프의 면적과 같다.
$\left(3\times10\times\frac{1}{2}\right)+(5\times10)+\left(2\times10\times\frac{1}{2}\right)=75$m이므로 이 건물의 높이는 70m 이상이다.

33

정답 ④

열기구는 대류 현상에 따라 발생하는 상승기류를 활용하여 하늘로 떠오른다.

34

정답 ②

제시된 그래프의 운동은 8초와 12초에서 방향이 변화하였다.

35 정답 ③

오답분석

ㄴ. '중력＝수직항력＋탄성력'이며 현재 0.1m 늘어난 상태에서 지면에 멈춰 있으므로 위로 수직항력과 함께 탄성력이 작용하고 있다.

36 정답 ④

핀셋은 대표적인 3종 지레 중 하나로 힘점이 작용점과 받침점 사이에 있다. 따라서 힘점은 B, 받침점은 C, 작용점은 A이다.

> **지레의 종류**
> • 1종 지레 : 받침점이 힘점과 작용점 사이에 있는 지레 힘점에 작용하는 힘의 방향과 작용점에 작용하는 힘의 방향이 달라 장도리 등에 적용된다.
> • 2종 지레 : 작용점이 힘점과 받침점 사이에 있는 지레 힘점에 작용하는 힘의 방향과 작용점에 작용하는 힘의 방향이 같으며 병따개 등에 적용된다.
> • 3종 지레 : 힘점이 작용점과 받침점 사이에 있는 지레 1종 지레, 2종 지레에 비해 일을 하기 위해 필요한 힘은 항상 더 크지만, 정교한 작업을 할 때 더욱 유리하며 핀셋, 집게, 젓가락 등에 적용된다.

37 정답 ①

열용량 공식 $[Q(열량)]＝[C(열용량)]×[\Delta T(온도변화)]$에서, 열량을 온도변화로 나눈 값은 그 물체의 열용량이 된다. 그런데 셋 모두 같은 물질인 물이므로 비열이 같아서, 열용량은 질량에 비례한다. 따라서 열용량이 가장 작은 A가 질량이 가장 작다.

38 정답 ④

스피커는 전기신호를 진동판의 진동으로 바꾸어 공기에 소밀파를 발생시켜 음파를 복사한다.

39 정답 ①

전력량은 전력×시간(h)이다.
A는 225Wh, B는 600Wh, C는 64Wh, D는 225Wh이다.

40 정답 ③

ㄱ. A는 원자 2개가 융합하여 새로운 원자와 에너지가 생성되었으므로 핵융합 과정이고, B는 하나의 원자가 입자와 충돌하여 여러 입자로 분열되었으므로 핵분열 반응이다.
ㄷ. 전하량 보존의 법칙에 따라 핵반응 전 전하량의 합과 핵반응 후 전하량은 같고 질량수 보존의 법칙에 의해 핵반응 전 질량수의 합과 핵반응 후 질량수의 합은 같다. 따라서 (가)와 (나) 모두 중성자이다.

오답분석

ㄴ. (가)는 중성자이다.

41 정답 ②

뉴턴의 운동 제2법칙(가속도의 법칙)은 $F＝ma$이고 $a＝\dfrac{F}{m}$이다.

따라서 $a_A＝F$이고 $a_B＝\dfrac{F}{2}$이므로 $a_A : a_B＝2 : 1$이다.

42 정답 ①

$$I＝\frac{V}{R}＝\frac{10}{5}＝2A$$

43 정답 ④

전자기파는 전하를 띤 물체가 진동할 때 발생하는 것으로 매질이 없는 공간에서도 전파되며, 파장에 따라 전파, 가시광선, 적외선, X선으로 분류된다.

44 정답 ④

핵반응 전후 질량수는 보존되므로 235＋1＝92＋141＋중성자 수이다.
따라서 중성자의 수는 3개이다.

45 정답 ⑤

지레는 막대의 한 점을 물체에 받쳐 고정시키고, 한쪽에는 물체를 올려놓고 다른 한쪽에 힘을 가하여 적은 힘을 들여 무거운 물체를 들어 올리는 도구이다. 힘점과 받침점 사이의 거리가 작용점과 받침점 사이의 거리보다 길어야 가한 힘보다 더 큰 힘이 작용점에 작용하게 된다. 지레의 원리를 활용한 생활 속 도구로는 병따개, 가위, 손톱깎이, 젓가락, 펀치, 핀셋 등이 있다.

46

정답 ①

진공상태에서 자유 낙하하는 물체는 그 물체의 질량, 모양, 종류와 관계없이 가속도가 일정하다. 따라서 질량이 다르더라도 지표면에 동시에 도달한다.

오답분석

ㄴ. 위치 에너지는 물체의 질량과 높이에 비례한다.
ㄷ. 가속도는 일정하다.

47

정답 ①

오답분석

② 간섭 : 둘 또는 그 이상의 파동이 서로 만났을 때, 중첩의 원리에 의해 서로 더해지면서 나타나는 현상을 말한다.
③ 회절 : 파동이 장애물 뒤쪽으로 돌아들어 가는 현상으로, 입자가 아닌 파동에서만 나타나는 성질이다. 담장 너머의 사람이 보이지는 않아도 말하는 소리는 들을 수 있는 것이 예이다.
④ 굴절 : 파동이 서로 다른 매질의 경계면을 지나면서 진행 방향이 바뀌는 현상이다. 물컵 속의 연필이 굽어 보이는 현상, 수조 바닥에 놓인 동전이 실제보다 가깝게 떠 보이는 현상 등이 예이다.
⑤ 베르누이의 정리 : 임의의 한 지점에서 일정한 시간 동안 흘러가는 유량은 어느 곳이나 일정하다는 것으로, 비행기의 날개, 골프공의 딤플, 자동차 스포일러, 야구공의 실밥, 분무기 등에 적용된다.

48

정답 ⑤

피겨스케이팅 선수들이 스핀 시 회전속도를 올릴 때 사용되는 원리는 각운동량 보존의 법칙이다. 이는 계의 외부로부터 힘이 작용하지 않는다면 계 내부의 전체 각운동량이 항상 일정한 값으로 보존된다는 법칙으로 반지름과 회전속도는 반비례한다.

49

정답 ②

외접 기어는 회전 방향이 반대이고, 내접 기어는 회전 방향이 같다.

50

정답 ③

• 열렸을 때 전압 $V = IR = 2 \times (15 + 30) = 90$

• 닫혔을 때 저항 $R = 15 + \dfrac{1}{\dfrac{1}{30} + \dfrac{1}{30}} = 30$

∴ $90 \div 30 = 3A$

PART 1

MEMO

01	02	03	04	05	06	07	08	09	10
④	④	①	②	④	②	②	④	⑤	④
11	12	13	14	15	16	17	18	19	20
②	②	①	④	④	①	⑤	④	②	①
21	22	23	24	25	26	27	28	29	30
⑤	②	②	④	①	①	③	④	③	③
31	32	33	34	35	36	37	38	39	40
①	⑤	④	⑤	⑤	④	④	②	②	②
41	42	43	44	45	46	47	48	49	50
③	②	③	③	①	②	②	④	⑤	①
51	52	53	54	55	56	57	58	59	60
③	③	②	⑤	③	④	③	⑤	①	⑤
61	62	63	64	65	66	67	68	69	70
③	③	②	⑤	③	②	④	①	②	⑤
71	72	73	74	75	76	77	78	79	80
②	⑤	①	①	③	②	②	④	⑤	②
81	82	83	84	85	86	87	88	89	90
⑤	⑤	⑤	⑤	②	①	④	④	①	⑤

01   정답 ④

신석기시대에 농경이 시작되었지만 사냥과 고기잡이는 그대로 행해져 생계를 유지하였다.

02   정답 ④

제시된 설명은 청동기시대에 관한 것이며, 청동기시대의 대표적인 유물은 민무늬 토기이다. 청동기시대는 청동기가 생산되어 도구로 사용하기 시작한 때부터 철기를 처음 사용하기 시작한 때까지를 가리킨다. 한반도에서는 청동기 생산이 어렵고 양이 적었기 때문에 청동기시대 동안은 간석기를 병행하여 사용하였다.

오답분석
① · ③ 신석기시대
② 구석기시대
⑤ 철기시대

03   정답 ①

탄화미는 한반도에서 벼농사가 시작되었음을 반영한다.

오답분석
② 청동기시대 유적은 만주와 한반도 일대에 폭넓게 분포되어 있다.
③ 조개껍데기 가면은 신석기시대의 예술품이다.
④ 이른민무늬 토기와 덧무늬 토기는 신석기시대의 토기이다.
⑤ 가락바퀴를 이용하여 원시적인 수공업이 이루어진 것은 신석기시대이다.

04   정답 ②

위만은 기원전 2세기 말 진·한 교체기에 이동해온 연나라 출신 세력으로, 이 당시에 철기 문화가 본격화되었다.

오답분석
① 단군신화에서 단군은 천손의 후손(환웅의 아들)이라고 하였다.
③ 고조선의 8조 금법은 현재 3조만 한서지리지에 전하고 있다.
④ 위만조선은 중국의 한나라와 한반도 남방의 진(辰)과 중계무역을 통해 경제적 이득을 취하였다.
⑤ 고조선의 건국 배경은 청동기 문화로 사유재산제가 발달한 계급사회였다.

05   정답 ④

한 무제는 고조선의 경제적·군사적 성장에 위협을 느껴 수도 왕검성을 공격하였으나, 고조선은 약 1년간 완강하게 저항하였다. 그러나 장기간의 전쟁으로 지배층의 내분이 일어나 왕검성이 함락되어 멸망하였다(기원전 108년).

오답분석
① 임신서기석에는 신라의 화랑들이 3년 동안 유교경전을 공부할 것을 하늘 앞에 맹세한 내용이 적혀 있다.
② 졸본에서 건국된 고구려는 2대 유리왕 재위 후반에 국내성으로 수도를 옮겼다(서기 3년).
③ 백제왕이 일본왕에게 하사한 것으로 알려진 칠지도의 양면에는 60여 자의 명문(銘文)이 새겨져 있다.
⑤ 신라 원성왕 4년(서기 788년)에 유교 경전을 얼마나 잘 이해하고 있는지에 따라 국학의 졸업생을 상·중·하의 3등급으로 구분하는 졸업 시험인 '독서삼품과'를 실시하였다.

06
정답 ②

부여는 기원전 2세기경부터 서기 494년까지 북만주지역에 존속했던 예맥족의 국가로 왕이 죽으면 다른 사람을 함께 묻는 순장 풍습이 있었으며, 흰옷을 즐겨 입었고, 12월에 제천행사 영고를 거행하였다.

오답분석

① 고구려 : 졸본 지방에서 일어나 한반도 북부와 중국 둥베이 지방을 무대로 하여 발전한 고대국가로 668년 신라와 당나라 연합군의 공격으로 멸망하였다. 고구려는 껴묻거리를 관 속에 넣는 후장의 풍속이 있었고, 10월에 제천행사 동맹을 거행하였다.
③ 옥저 : 지금의 함경남도 해안지대에서 두만강 유역일대의 국가로 고구려에 복속 당하였다. 장례풍습으로 사람이 죽으면 가매장 후 뼈를 거두어 목곽에 안치하며 가족을 모두 같은 목곽 속에 안치하는 가족공동묘가 있다.
④ 삼한 : 삼국시대 이전 한반도 중남부지방에 형성되어 있었던 정치집단의 통칭으로 마한·진한·변한을 말한다.
⑤ 가야 : 가야는 낙동강 하류의 변한 땅에서 여러 작은 나라들이 성립한 연맹 왕국이다. 초기에는 김해의 금관가야, 후기에는 고령의 대가야가 연맹을 이끌어갔다.

07
정답 ②

부여는 12월에 열리는 제천행사인 영고가 있었고, 지배 계급이 죽었을 때 부인이나 노비 등의 산 사람을 함께 묻던 순장이라는 풍습이 있었다. 또한 왕 아래 가축의 이름을 딴 마가, 우가, 저가, 구가가 행정 구역인 사출도를 다스렸고, 왕이 통치하는 중앙과 합쳐 5부를 구성하였다.

08
정답 ④

밑줄 친 '그 땅'은 '금관가야'이며, 해당 사료는 금관가야의 마지막 왕인 김구해가 신라 법흥왕 때 나라를 바치면서 항복하는 모습을 보여주고 있다.
ㄴ. 김무력은 금관가야의 마지막 왕인 김구해의 아들로 투항 후 관산성 전투에서 백제의 성왕을 전사시키는 큰 공을 세웠다. 신라의 삼국통일에 공헌한 김유신이 그의 손자이다.
ㄷ. 금관가야는 지금의 경남 김해 지역을 중심으로 발전하였으며, 낙동강 하류의 이점을 살려서 바다를 통한 중계무역과 문화적 발전을 하였다.

오답분석

ㄱ. 후기 가야연맹의 맹주로서 등장한 가야연맹체의 국가는 금관가야가 아닌 대가야이다.

09
정답 ⑤

ㄷ. 백제 근초고왕은 재위 26년(371)에 고구려의 평양성을 공격하여 고국원왕을 전사시켰다.
ㄴ. 백제 침류왕이 즉위한 384년에 인도의 승려 마라난타가 동진으로부터 불교를 들여왔다.
ㄱ. 백제 성왕은 재위 16년(538)에 사비로 수도를 옮기고 남부여로 국호를 개칭하였다. 이는 백제 건국 설화에서처럼 백제의 출발점이 부여였음을 강조하는 것이었다.

10
정답 ④

제시문은 1971년 공주 송산리에서 발굴된 무령왕릉에 대한 설명이다. 무령왕릉은 백제 웅진시대에 조성된 고분으로 중국 남조의 영향을 받은 벽돌무덤이다.

오답분석

① 사신도 벽화가 그려져 있는 것은 고구려의 강서대묘이다.
② 12지 신상은 통일신라 고분 양식의 특징이다.
③ 모줄임 구조의 천장은 고구려와 발해 고분의 특징이다.
⑤ 천마도가 발견된 것은 신라 고분인 경주의 천마총이다.

11
정답 ②

백제는 고이왕 때 6좌평제 16관등 제도를 만들었으며, 수도와 지방의 특수행정구역을 5부·5방·22담로로 나누었다.

12
정답 ②

ㄴ. 4세기 백제 근초고왕 → ㄹ. 5세기 고구려 장수왕 → ㄱ. 6세기 신라 진흥왕 → ㄷ. 7세기 백제 의자왕

13
정답 ①

고구려의 동맹에 대한 사료로 동맹은 동명이라고도 한다. 전부족이 한자리에 모여 국정을 의논하고 시조인 주몽신 등을 모시는 제천의식을 한다.

오답분석

②·③·④·⑤ 삼국시대 이전 국가의 제천행사에는 동예의 무천, 부여의 영고, 삼한의 수릿날·계절제 등이 있다.

14
정답 ④

상수리제도는 신라시대 중앙정부가 지방 향리 또는 지방 향리의 자제를 일종의 볼모로 삼아 지방 세력을 통제하던 제도이다.

15 정답 ④

ㄷ. 울산광역시 울주군 언양읍에 있는 반구대 암각화는 선사시대의 유적이다. 태화강 상류 반구대 일대의 인공호 서쪽 기슭 암벽에 새겨져 있으며, 바위 면에 고래·개·늑대·호랑이·사슴·멧돼지·곰·토끼·여우·거북·물고기·사람 등의 형상과 고래잡이 모습, 배와 어부의 모습, 사냥하는 모습 등이 그려져 있다. 이는 모두 성공적인 사냥을 기원하며 새긴 것으로 보인다.

ㄹ. 천마총 장니 천마도는 말의 안장 양쪽에 달아 늘어뜨리는 장니에 그려진 그림으로, 경주 황남동고분 155호분(천마총)에서 발견되었다. 이는 5~6세기 신라시대의 유물이다.

16 정답 ①

ㄱ. 문무 관료전 지급(신문왕, 687년) → ㄴ. 관료의 녹읍 폐지(신문왕, 689년) → ㄷ. 백성에게 정전 지급(성덕왕, 722년) → ㄹ. 녹봉 폐지 및 녹읍 부활(경덕왕, 757년)

17 정답 ⑤

최초의 진골 출신 왕은 무열왕으로 삼국 통일 이전이다. 통일 이후 신문왕 때 9주 5소경 제도와 9서당 10정 군사제도를 갖추었고, 녹읍을 폐지하고 국학을 설립하였다.

18 정답 ④

통일신라 후기에는 교종이 쇠퇴하고 선종이 유행하였지만, 그 이전에는 교종이 유행하였다.

오답분석
②는 왕오천축국전, ⑤는 성덕대왕신종에 대한 설명이다.

19 정답 ②

제시문은 통일신라 승려 의상이 창건한 영주 부석사에 대한 설명이다. 부석사에는 신라 양식을 계승한 소조아미타여래좌상이 있다.

오답분석
① 고려시대에 조성한 거대한 미륵보살입상이 있는 곳은 논산 관촉사이다.
③ 지눌이 수선사 결사운동을 전개한 곳은 순천 송광사이다.

20 정답 ①

(가) 장보고의 반란은 845년이고, (나) 후고구려 건국은 901년이다. 따라서 (가)와 (나) 사이에 있었던 사건은 견훤의 후백제 건국(900)이다. 후백제 건국 후 후고구려가 잇따라 건국되면서 남북국시대가 끝나고 후삼국시대가 열렸다.

21 정답 ⑤

제시문은 발해에 대한 설명이다. 발해와 신라의 교류 사실을 알 수 있는 교통로인 신라도는 8세기경에 개설되었다.

오답분석
① 발해의 수출품은 말과 모피 등이었다.
② 발해는 926년 거란의 침략으로 멸망하였다.

22 정답 ②

㉠은 '궁예'이고, ㉡은 '견훤'이다.
송악에 후고구려를 건국한 궁예는 영토를 확장하여 철원으로 천도하고 국호를 마진으로 바꾸었다.

23 정답 ②

(가) 문왕은 발해의 제3대 왕으로 무왕의 아들이며, 이름은 대흠무이다.
(나) 발해가 해동성국이라고 불리는 시기에 재위한 왕은 선왕(9세기 초)이다.
ㄱ. 문왕은 동모산에서 중경으로, 중경에서 상경으로, 상경에서 동경으로 수차례에 걸쳐 천도하였다.
ㄹ. 선왕은 일본과의 사신 교류를 활발히 하였는데, 일본은 발해 사신을 영접하는 데 많은 비용을 소비하였다. 이에 부담을 느껴 827년에는 12년마다 한 번씩 사신을 교환하기로 사신 왕래를 제한하였다.

오답분석
ㄴ. 무왕 재위시기에 장문휴가 수군을 이끌고 당의 산둥지방을 공격하였다(732).
ㄷ. 당으로부터 율령을 받아들이고 당의 문물을 적극적으로 수용한 것은 문왕이다.

24 정답 ④

과거 제도는 고려 광종 때 시행되었다.

오답분석
① 북진 정책을 통해 고려의 영토를 평안북도 청천강에서 함경남도 영흥만 부근까지 넓혔다.
② 지방 호족의 자제를 중앙으로 불러 호적 세력을 견제하였다.
③ 세가 강한 호족에게 왕씨 성을 하사하여 왕족으로 신분을 높이는 등 우대하였다.
⑤ 중앙의 고관이 된 자에게 자신의 출신지의 사심관으로 임명하여 출신지에서 문제가 발생하여 연대책임을 지게 하였다.

25 　정답 ①

태학은 소수림왕 2년(372년)에 설립된 우리나라 최초의 관학이다.

오답분석

② 향학은 고려 성종 6년(987)에 지방에 설치된 교육기관이다.
③ 국자감은 고려 성종 11년(992)에 설치되었는데, 충렬왕 원년(1275)에 이름을 국학으로 고치고, 동왕 24년(1298)에는 성균관으로, 공민왕 5년(1356)에는 다시 국자감으로, 동왕 11년(1362)에 다시 성균관으로 고쳐, 조선으로 이어져왔다.
④ 성균관은 조선시대 최고 국립종합대학으로 그 명칭은 고려 충렬왕 때에 국학을 성균관으로 개명한 데서 비롯되었다.
⑤ 서원은 조선시대에 유교의 성현에 대한 제사를 지내고 학자를 키우기 위해 전국 곳곳에 설립한 사설 교육기관이다.

26 　정답 ①

(가) 고려 목종 12년(1009)에 강조가 목종을 폐위시킨 뒤 살해하고 현종을 옹립하였다.
(나) 12세기 초 계속되는 여진의 침입으로 윤관은 숙종에게 별무반을 편성할 것을 건의하였고, 숙종은 윤관의 건의를 받아들여 별무반을 조직하였다(1104). 윤관은 별무반을 이끌고 여진족을 물리친 후 함경도 지역에 동북 9성을 축조하였다(1107, 예종).
(다) 1170년 정중부를 중심으로 한 무신들이 무(武)를 천시하는 시대적 상황에 불만을 품고 의종의 이궁(離宮)인 보현원에서 문신들을 살해한 사건이 일어났다. 이 사건을 계기로 무신 정변이 시작되었다.
(라) 무신정권의 군사적 기반이었던 삼별초는 배중손을 중심으로 강화도에서 진도로, 진도에서 제주도로 근거지를 옮겨가면서 1273년 여·몽 연합군에 의해 전멸될 때까지 항쟁을 계속하였다(1270 ~ 1273).

27 　정답 ③

밑줄 친 '왕'은 '고려 인종'으로, 고려 인종 때 권력을 장악하고 있던 외척 세력인 이자겸은 척준경과 함께 난을 일으켜 스스로 왕위를 찬탈하고자 하였으나 실패하였다(1126). 이후 인종은 왕권을 회복시키기 위한 정치 개혁을 단행하였고, 이 과정에서 김부식을 중심으로 한 개경 세력과 묘청, 정지상을 중심으로 한 서경 세력 간의 대립이 발생하였다.

28 　정답 ④

12목에 지방관을 파견한 것은 고려 성종 때이다.

오답분석

① 광종은 독자적인 광덕 연호를 사용하였다.
② 노비안검법을 시행하여 억울하게 노비가 된 사람을 양인이 될 수 있게 하였다.
③ 후주 출신 쌍기의 제안을 받아들여 과거제도를 시행하였다.
⑤ 공복(公服)을 4가지로 제정하였다.

29 　정답 ③

오답분석

ㄷ. 정방은 무신정권기 최우가 자기 집에 설치한 인사담당 기관이다. 고려시대 최고위 무신 합좌기구는 중방이다.

30 　정답 ③

제시된 사료는 신돈이 권력을 잡은 후 죽임을 당하는 내용으로 밑줄 친 왕은 고려 공민왕이다. 국자감을 성균관으로 개편한 것은 충렬왕 때이다.

오답분석

① 1356년 원의 고려 내정 간섭 기구인 정동행성 이문소를 폐지하였다.
② 1356년 무력으로 원에 빼앗겼던 쌍성총관부를 수복하였다.
④ 1352년 무신 정권기에 설치된 정방을 폐지하였다.
⑤ 1356년 원의 연호를 폐지하고, 관제를 복구하였으며 몽고풍을 폐지하는 등 반원 자주 정책을 펼쳤다.

31 　정답 ①

ㄴ. 호족 : 건국 초 집권세력으로 시간이 흐르면서 문벌을 형성하였다.
ㅁ. 문벌귀족 : 고려 중기 성종 이후로 문벌귀족이 형성되었으며, 음서로 관직을 독점하고 공음전의 혜택을 받았다.
ㄱ. 무신 : 고려 중기 문벌귀족을 몰아내고 정권을 차지하였으며, 중방과 교정도감 등을 통해 정치를 하였다.
ㄷ. 권문세족 : 원 간섭기에 성장한 세력으로 친원파이며, 대농장을 보유하였다.
ㄹ. 신진사대부 : 고려 말의 집권 세력으로 친명파이며 성리학을 공부하였다. 조선 건국을 주도하였다.

32　정답 ⑤

ㄷ. 해동 천태종을 창시하여 불교계를 통합하고, 폐단을 없애려 했던 의천이 죽은 뒤 교단은 다시 분열되어 귀족 중심의 불교가 지속되었다.

ㄹ. 요세는 백련사 결사운동을 통해 자신의 행동을 진정으로 참회하는 법화사상, 정토신앙을 강조하였다.

오답분석

ㄱ. 지눌은 조계종을 창시한 승려이다. 선종 중심으로 교종을 포용하는 선교일치를 주장한 것은 옳다.

ㄴ. 유・불일치설을 주장한 승려는 지눌의 제자인 혜심이다.

33　정답 ①

밑줄 친 왕은 고려시대 광종이다. 광종은 황제를 칭하고 독자적인 연호(광덕, 준풍)를 사용하는 '칭제건원'을 통해 왕권을 강화하였다.

오답분석

② 2성 6부의 중앙관제가 마련된 것은 성종 때이다.

③ 교정도감은 무신 최충헌이 설치하였다.

④・⑤ 태조 왕건에 대한 설명이다.

34　정답 ⑤

(라) 동북 9성 축조 : 1107년

(다) 무신정권 시기 : 1170 ~ 1270년

(가) 삼별초 항쟁 : 1270 ~ 1273년

(나) 조선 건국 : 1392년

35　정답 ⑤

강감찬은 거란의 소배압이 이끄는 10만 대군에 맞서 귀주에서 대승을 거두었다(1019). 이후 고려는 개경에 나성을 쌓아 도성 주변 수비를 강화하고, 압록강에서 동해안 도련포에 이르는 천리장성을 쌓아 거란과 여진의 침략에 대비하였다.

36　정답 ②

첫 번째 사건은 고려 명종 3년(1173)에 문신 출신 김보당이 무신정권에 대항해 일으킨 '김보당의 난'이고, 두 번째 사건은 고려 명종 4년(1174)에 서경유수로 있던 조위총이 무신정권에 반대하는 민중들의 기세를 이용해 정권을 탈취하기 위해 일으킨 '조위총의 난'이다. 그리고 세 번째 사건은 고려 왕실 및 귀족의 보호 하에 특권을 누렸던 불교 세력이 무신 집권 이후 그 특권을 박탈당하고, 정권의 횡포가 극심해져 일으킨 '개경 승도의 난'이다. 이 세 사건 모두 무신의 정권 침탈에 반발하여 발생하였다.

37　정답 ④

제시된 지도에 표시된 곳은 서울이고, 고구려 장수왕이 남진정책을 위해 천도한 곳은 평양이다.

38　정답 ④

광군사는 고려시대 광군을 통제하던 관서로 정종 때 개경에 설치되었다.

39　정답 ②

국자감은 성종 때 설치된 국립교육기관으로 고려 최고의 교육기관이다.

오답분석

① 주창수렴법은 주마다 창고를 설치한 것으로 구휼제도인 의창을 확대하였다.

③ 현종 때 전국을 5도(행정적, 안찰사 파견)와 양계(국경선 부근, 병마사 파견)로 개편하였다.

④ 초조대장경은 거란의 침입을 불심으로 막고자 조판하였다.

⑤ 주현공거법은 주현마다 과거 합격자를 할당하는 제도로 향리의 자제가 과거에 응시할 수 있게 되었다.

40　정답 ②

ㄱ. 『삼국사기』 : 1145년 경 김부식 등이 고려 인종의 명을 받아 편찬한 삼국시대의 정사로 본기 28권(고구려 10권, 백제 6권, 신라・통일신라 12권), 지(志) 9권, 표 3권, 열전 10권으로 구성되어 있다. 기전체이며 우리나라의 현존하는 역사서 중 가장 오래된 것이다. 유교적 사관에 입각하여 기술되었으며, 신라 계승 의식이 드러나 있다.

ㄴ. 『삼국유사』 : 고려 충렬왕 때 보각국사 일연이 삼국(고구려・백제・신라)의 유사(遺事)를 모아 지은 역사서이다. 단군조선부터 통일신라까지 다루고 있으며, 불교에 관한 내용과 설화가 많은 것이 특징이다. 또한, 이 책이 전하는 향가 14수는 우리나라 고대 문학을 연구하는 데 귀중한 자료가 되고 있다.

오답분석

ㄷ. 『동명왕편』 : 고려 후기 이규보가 고구려 동명왕(東明王)에 관해 쓴 장편의 서사시로 그의 문집 『동국이상국집(東國李相國集)』 제3권에 수록되어 있다. 서장(序章)에서는 동명왕 탄생 이전의 계보를, 본장(本章)에서는 출생과 건국 과정을, 그리고 종장(終章)에서는 동명왕의 후계자인 유리왕의 경력과 작가의 느낌을 노래하였다. 이는 당시 중화중심의 역사관에서 탈피하여 우리 민족의 우월성 및 고구려 계승 국가로서의 자부심을 보여주고 있으며, 외적에 대한 항거정신이 잘 나타나 있다.

ㄹ. 『조선상고사』: 신채호가 쓴 역사서로 단군조선부터 고구려·백제·신라의 삼국시대까지 다루고 있다. 이 책의 내용은 본래 '조선일보'에 연재되던 신채호의 '조선사'의 일부였는데, 연재가 상고사 부분에서 끝난 채로 1948년 단행본으로 출판되면서 제목이 『조선상고사』가 되었다. 제1편 총론에서 신채호는 역사를 '아(我)와 비아(非我)의 투쟁'으로 밝히고 있으며, 조선민족과 타민족·민족적인 것과 비민족적인 것·주체적인 것과 사대적인 것·혁신적인 것과 보수적인 것 사이의 투쟁을 구명하는 방식으로 연사연구를 진행하였다.

41 정답 ③

제시문은 최승로의 시무 28조의 일부로 성종이 이를 받아들여 유교를 통치의 근본이념으로 하였다. 또한 성종은 당의 3성 6부제를 받아들여 2성 6부제로 제도를 개편하였다.

오답분석

① 성종 때 지방에 12목을 설치하고, 지방관을 파견하였다.
② 광종 때 노비안검법으로 억울한 노비들이 해방되었으나, 성종 때 노비환천법을 시행해 다시 노비로 되돌렸다.
④ 성종 때 최초의 철전인 건원중보를 제조하였다.
⑤ 성종 때 압록강의 여진족을 몰아내고, 강동 6주를 확보함으로써 압록강을 경계로 하는 영토를 차지하게 되었다.

42 정답 ②

고려 백정은 일반 주·부·군·현에 거주하면서 주로 농업에 종사하는 농민층을 말한다.

오답분석

ㄴ. 고려 백정은 일반적인 국역 의무를 가졌지만, 국가에 대한 특정한 직역이 없었기 때문에 백정이라 불렸다.
ㄹ. 고려 백정은 일반 농민층이다. 반면, 조선시대 백정은 천민에 속하였다.

43 정답 ②

빈칸에 들어갈 나라는 조선이다. 정도전은 고려 말의 유학자로, 대표적인 신진사대부이며 이성계를 도와 조선 건국에 큰 공을 세웠다. 이성계는 위화도 회군을 통해 정권을 장악하였고, 전시과 대신 과전법을 시행하였으며, 수도를 개성에서 한양으로 천도하였다. ②는 고려를 건국한 왕건이 펼친 정책이다.

44 정답 ③

조선 제4대 왕인 세종의 업적이다.

45 정답 ①

조선 세종 때 편찬된 영농의 기본 지침서는 『농사직설』이다. 『농가집성』은 효종 때 신속이 편찬한 농서로 이앙법과 수전농법에 관한 내용이 실려 있다.

오답분석

② 간의대는 세종 때 서운관에서 경복궁 내에 설립한 천문대이며, 간의, 혼천의와 같은 천문관측기구들을 사용하였다.
⑤ 교서관은 활자 주조를 담당하였고, 서적의 인쇄를 담당한 예조의 속아문이다.

46 정답 ②

자료는 현대 사회의 사법부에 관한 설명으로, 사법부는 삼권분립주의와 법치주의에 입각하여 법을 해석하고 판단하여 적용하는 헌법기관이다. 이와 관련 있는 조선시대의 기관은 조선시대의 사법 기관인 의금부이다.

오답분석

① 홍문관 : 조선시대 궁중의 경서(經書)·사적(史籍)의 관리, 문한(文翰)의 처리 및 왕의 자문에 응하는 일을 맡아보던 관청
③ 호조 : 조선시대 호구(戶口)·공부(貢賦)·전량(錢糧)·식화(食貨)에 관한 일을 관장하던 관서
④ 한성부 : 조선왕조 수도(首都)의 행정구역 또는 조선 왕조 수도를 관할하는 관청의 명칭
⑤ 국자감 : 고려시대 국립교육기관으로 국가에서 필요한 인재를 양성하기 위한 최고의 교육기관

47 정답 ②

제시문의 왕은 북벌을 계획했던 효종이다. 효종 때 러시아가 만주 지역까지 침략해오자 청은 조선에 원병을 요청하였고, 조선에서는 두 차례에 걸쳐 조총 부대를 출병시켰다(1654, 1658).

48
정답 ④

조선시대의 광산은 정부가 독점하여 필요한 광물을 채굴하였으나, 17세기 중엽 민간인에게 광산 채굴을 허용하고 세금을 받는 설점수세제를 시행하였다. 이에 따라 조선 후기에 광업 활동이 활발하게 전개되었다.

ㄴ. 조선 후기에는 상업이 발달하여 다양한 상품의 유통이 활발해졌다. 이에 따라 농민들은 담배, 면화, 인삼 등의 상품 작물을 재배하였다.

ㄹ. 18세기 이후 상업의 발전으로 사상(私商)이 전국 각지에서 활발한 상업 활동을 전개하였다. 개성의 송상은 전국에 송방이라는 지점을 설치하고, 청과 일본 사이의 중계무역으로 많은 부를 축적하였다.

오답분석

ㄱ · ㄷ. 고려시대의 경제 모습이다.

49
정답 ⑤

제시문은 임진왜란 이후 조선 후기 사회상에 대한 내용으로 선혜청은 광해군 때 대동법을 관리하기 위해 설치된 관서이다. 해동통보와 건원중보는 고려시대의 금속화폐이다.

오답분석

① 조선 후기에는 천인도 공명첩을 사서 양인이 될 수 있었다.
② 조선 후기에 공물 대신 쌀로 바치는 대동법이 시행되었다.
③ 조선 후기에 시장에 내다 팔기 위한 작물인 상품작물이 재배되었다.
④ 조선 후기에 실증적인 학문인 실학이 등장하였다.

50
정답 ①

인종의 뒤를 이어 명종이 어린 나이로 즉위하자, 명종의 어머니 문정왕후가 수렴청정을 하였다. 인종의 외척인 윤임을 중심으로 한 대윤 세력과 명종의 외척인 윤원형을 중심으로 한 소윤 세력의 대립으로 을사사화(1545)가 발생하여 윤임을 비롯한 대윤 세력과 사림들이 큰 피해를 입었다.

51
정답 ③

제시문의 '조선의 실정에 맞는 농법'을 소개한 이 농서는 세종 때 간행된 『농사직설』이다. 성현이 『악학궤범』을 편찬한 때는 성종 때의 일이다.

오답분석

① 세종은 훈민정음을 반포한 이후 훈민정음을 이용한 서적들을 편찬하기 시작하였는데, 대표적인 것이 바로 『용비어천가』, 『석보상절』, 『월인천강지곡』 등이다.
② 세종 때 만들어진 새로운 역법인 『칠정산』 내 · 외편에 대한 설명이다.

④ 1441년(세종 23년) 서운관에서 측우기가 제작되었고, 다음해인 1442년(세종 24년) 5월에 측우에 대한 제도를 신설하고 한양과 각 도의 군현에 설치하였다.
⑤ 세종 때 기존 계미자를 보완한 경자자(세종 2년), 갑인자(세종 16년), 병진자(세종 18년)와 같이 다양한 금속활자가 주조되어 인쇄술이 크게 발전하였다.

52
정답 ③

제시문의 '이것'은 조선왕조실록으로, 조선시대에 일어난 사건을 고르면 된다. 직전법은 세조가 실시한 토지 제도로, 관리의 토지 세습 등을 지급할 토지가 부족하게 되자 국가 재정확보의 목적과 중앙 집권화의 일환으로 직전법을 시행하였다.

오답분석

① 제가 회의를 열어 죄인을 처벌한 국가는 고구려이다.
② 고려 경종 때에 해당하는 설명이다.
④ 신라시대의 화랑도에 해당하는 설명이다.
⑤ 고려시대의 팔만대장경에 해당하는 설명이다.

53
정답 ②

제시문은 균역법에 대한 내용으로 균역법은 영조 때 시행하였다. 영조는 노비종모법을 시행하여 노비 소생의 자녀의 경우 어머니의 신분을 따르게 하였다.

오답분석

① 『속대전』은 1746년(영조 22년) 『경국대전』 시행 이후에 공포된 법령 중에서 시행할 법령만을 추려서 편찬한 통일 법전이다.
③ 영조는 사사로이 건립한 서언을 철폐할 것과 이후 사사로이 서원을 건립하는 자는 처벌한다고 명하였다.
④ 영조는 신문고 제도를 다시 시행하였다.
⑤ 영조는 홍수 시 큰 피해가 나타나는 등의 문제점을 해결하기 위해 청계천 준설을 시행하였다.

54
정답 ⑤

제시된 내용은 조선 후기 신분사회 구조의 변동과 관련된 것이다.

55
정답 ③

제시된 설명의 부서는 조선시대의 호조(戶曹)이다. 호조는 오늘날의 기획재정부에 해당하며 호구(戶口)·공부(貢賦) 및 식량과 기타 재화에 대한 정무(政務)를 맡아보던 중앙관청이다.

오답분석
① 이조(吏曹)는 오늘날의 행정안전부에 해당하며 육조 가운데 문관의 선임과 훈봉, 관원의 성적 고사(考査), 포폄(褒貶)에 대한 일을 맡아보던 관아이다.
② 병조(兵曹)는 오늘날의 국방부에 해당하며 육조 가운데 무선(武選), 군무(軍務), 의위(儀衛)에 대한 일을 맡아보던 관아이다.
④ 공조(工曹)는 오늘날의 국토교통부와 교육부의 과학 분야에 해당하며 육조 가운데 산택(山澤), 공장(工匠), 영조(營造)를 맡아보던 관아이다.
⑤ 예조(禮曹)는 오늘날의 교육부, 문화체육관광부, 외교부 등에 해당하며 육조 가운데 의례(儀禮), 제향(祭享), 조회(朝會), 교빙(交聘), 학교(學校), 과거(科擧) 등 방대한 행정 업무를 맡아보던 관아이다.

56
정답 ③

제시된 내용은 조선 중기 명종 대에 일어난 임꺽정의 난(1559~1562)에 대한 것이다. 이들은 황해도 구월산을 근거지로 하여 활동하였으며, 구성원은 주로 신분제에 불만을 품은 천민과 불합리한 수취 체제로 인해 생활이 어려워진 농민이었다. 양반 및 관청을 공격하고 왕에게 바치는 공물을 빼앗기도 하였다.

오답분석
① 만적은 고려의 무신집권기 최고의 권력자인 최충헌의 사노비로 왕후장상의 씨가 따로 없다는 주장을 펼쳤으며, 신분 해방 운동을 추진하였다.
② 최우는 최충헌의 아들로 팔만대장경 재조를 완성하게 하였고, 강화도 천도를 단행하였다.
④ 김사미는 고려 무신집권기인 1193년 7월 경상도 운문(현재의 청도)의 운문사를 거점으로 농민봉기를 일으켰다.
⑤ 홍경래는 1811년(순조 11년)에 조선 순조 11년(1811) 평안도 일대에서 지역 차별 철폐를 내세워 봉기를 일으켰다.

57
정답 ③

㉠ 준론탕평은 정조의 탕평책이고, ㉡ 완론탕평은 영조의 탕평책이다. 1771년 영조는 신문고 제도를 부활시켜 백성의 목소리를 듣고자 하였다.

오답분석
① 환국을 시도한 왕은 숙종이다.
② 서원을 대폭 정리한 왕은 영조이다.
④·⑤ 초계문신제 실시와 화성 건설은 정조의 업적이다.

58
정답 ⑤

제시된 내용의 여당과 야당은 각각의 정치적 견해가 비슷한 사람끼리 모여 집단을 이룬 것이다. 이와 가장 비슷한 형태의 과거 정치 형태는 붕당정치라고 할 수 있다.

59
정답 ①

제시된 자료의 인물은 흥선대원군이다. 흥선대원군은 전국 600여 개소의 서원 가운데 47개소만 남긴 채 모두 철폐하였다. 대원군은 이 과정으로 서원에 딸린 토지와 노비를 몰수하여 국가 재정을 확충하고자 했으며, 동시에 백성에 대한 양반과 유생들의 횡포를 막고자 했다. 또한 환정을 개혁하여 사창제를 실시하고, 군정을 개혁하여 호포제를 시행하였다.

오답분석
ㄷ. 정조가 추진한 정책이다.
ㄹ. 고종가 추진한 정책이다.

60
정답 ⑤

제시된 작품은 조선 후기의 실학자 박지원이 지은 『양반전』으로, 양반의 횡포와 허례허식을 풍자하는 내용을 담고 있다. 이 작품이 지어진 조선 후기에는 서민문화가 발전하여 판소리와 탈춤 등의 공연이 성행하였다.

오답분석
① 임진왜란 시기인 조선 중기에 대한 설명이다.
② 고려에 대한 설명이다.
③ 병자호란 직후인 조선 중기에 대한 설명이다.
④ 조선 전기에 대한 설명이다.

61

자료는 위정척사운동에 대한 내용이다. 연대순으로 하여 표로 정리하면 다음과 같다.

1860 년대	이항로, 기정진	병인양요가 일어난 후 서양과의 교역을 반대하며 대원군의 통상 거부 정책을 지지하였다.
1870 년대	최익현	일본과의 강화도 조약 체결에 대해 상소문을 올려 왜를 서양과 다를 바가 없다고 비평하며 개항에 반대하였다.
1880 년대	이만손	일본에 수신사로 파견되었던 김홍집이 돌아와 『조선책략』을 소개하며 미국과 수교할 것을 건의하자 이에 대한 반발로 이만손 등은 상소 운동을 벌였다.
1890 년대	유인석, 이소응	을미사변으로 명성황후가 일본에 의해 시해되고 을미개혁으로 단발령이 내려지자 이에 대한 반발로 유인석, 이소응 등이 의병 운동을 일으켰다.

ⓒ에 해당하는 것은 『조선책략』으로, 『조선책략』은 청의 황쭌센이 러시아를 견제하기 위해 쓴 것이며 조선은 청, 일, 미국과 교섭해야 한다고 주장하고 있다.

62

제물포 조약은 임오군란이 원인이 되어 체결되었다. 그 결과 군란 주모자들은 처벌하고, 배상금을 지불하였으며, 일본은 공사관에 경비를 구실로 1개 대대 병력을 한성에 파견하였다.

63

고종은 이상설, 이준, 이위종을 헤이그 특사로 파견하였고, 일제는 이를 빌미로 고종을 강제 퇴위(1907.7)시키고, 한일신협약(정미7조약)을 강요하였다. 또한 고종 황제의 강제 퇴위와 한일신협약에 대한 민족항일운동이 거세지자 통감 이토는 순종황제를 협박하여 군대마저 해산(1907.8)하고 실질적으로 한국을 지배하기 시작하였다.

ㄱ. 나철, 오기호 등은 1909년 1월 15일에 대종교를 창시하였다.

ㄷ. 이인영과 허위가 지휘하는 연합의병부대는 경기도 양주에 집결하여 서울 근교까지 진격하였으나, 총대장 이인영이 부친상으로 낙향하게 되었고, 일본군의 반격이 심하여 더 이상 전진하지 못하고 후퇴하였다(1908.1).

오답분석

ㄴ. 최익현은 을사의병에 참여하였다가 체포되어 일본 대마도로 유배되어 단식투쟁을 하다가 1906년 11월에 순국하였다.

ㄹ. 장지연의 「시일야방성대곡」의 발표는 을사늑약 이후인 1905년의 일이다.

64

제시문은 국채보상운동에 관한 격문이다. 국채보상운동은 서상돈, 김광제 등의 제안으로 대구에서 시작된 주권 수호 운동으로 일본에서 도입한 차관 1,300만 원을 갚아 주권을 회복하고자 하였다(1907). 각종 계몽 단체와 대한매일신보, 황성신문, 제국신문 등의 언론 기관의 지원을 받아 전국 각지로 확산되었다.

65

일본이 운요호 사건을 계기로 조선 정부에 문호 개방을 요구하면서 체결하게 된 강화도 조약은 우리나라 최초의 근대적 조약이었으나, 일본의 요구에 따라 부산, 원산, 인천을 개항하고 일본인에 대한 치외법권과 해안 측량권을 보장하는 불평등 조약이었다.

66

일본은 러일전쟁 중 독도를 불법적으로 시마네 현에 편입시켰다(1904).

67

보기는 조선 정조의 업적으로 정조는 왕권 호위 강화를 위해 장용위를 설치하고, 이후 장용영으로 개칭하였다.

오답분석

① 인조 때 창설된 북벌 담당 기병 조직

② 인조 때 창설된 경기 지역 수비 부대

③ 숙종 때 창설된 한성 수비 기병 조직

⑤ 선조 때 설치된 수도 수비 부대

68

흥선대원군은 임진왜란 때 불탄 경복궁을 재건하여 왕실의 위엄을 높이고자 하였다.

오답분석

② 흥선대원군이 안동 김씨 세력을 숙청하면서 세도 정치가 종식되었다.

③ 흥선대원군은 양반과 평민 구분 없이 모두 군역을 지는 호포제를 시행하였다.

④ 흥선대원군은 비변사를 폐지하고 삼군부를 두어 군사 업무를 맡게 하였다.

⑤ 흥선대원군은 폐단이 심한 환곡을 개혁하여 사창제를 실시하였다.

69
정답 ②

ㄱ. 병인박해(1866. 1) - ㅁ. 제너럴셔먼호 사건(1866. 7) - ㄷ. 병인양요(1866. 9) - ㄴ. 신미양요(1871) - ㄹ. 강화도 조약(1876)

70
정답 ⑤

제시된 연보는 김좌진과 함께 청산리 전투를 이끌었던 홍범도에 대한 내용이다. 홍범도의 대한독립군은 봉오동 전투를 승리로 이끌었다.

71
정답 ②

갑신정변 이후 미국에서 돌아온 서재필은 독립신문을 창간하고, 독립협회를 설립하였으며, 청의 사신을 맞던 영은문을 헐고 그 자리에 독립문을 세웠다. 독립협회는 만민공동회와 관민공동회를 개최하여 민중에게 근대적 지식과 국권, 민권 사상을 고취시켰으며, 헌의 6조를 결의하여 고종에게 건의하였다. 독립협회는 의회의 설립과 서구식 입헌군주제의 실현을 목표로 하고 있었으나, 보수 세력이 동원한 황국 협회의 방해와 고종에 의해 3년 만에 해산되었다.

72
정답 ⑤

흥사단은 1913년 5월 13일 도산 안창호 선생이 미국 샌프란시스코에서 유학 중인 청년 학생들을 중심으로 조직한 민족운동 단체로, 설립 목표는 민족 부흥을 위한 실력 양성이었다.

오답분석
① 의열단은 1919년 11월 만주 지린성에서 조직된 무력 독립운동 단체로, 1920년대에 일본 고관 암살과 관공서 폭파 등의 활발한 활동을 하였다.
② 대한광복회는 1915년 7월 대구에서 결성된 독립운동 단체로, 1910년대 독립을 목적으로 무장투쟁을 전개해 독립을 달성하려 했던 대표적인 국내 독립운동 단체이다.
③ 신민회는 1907년 조직된 항일 비밀결사 조직으로, 전국적인 규모로서 국권을 회복하는 데 목적을 두었다.
④ 한인애국단은 1931년 상하이에서 조직된 항일 독립운동 단체로, 일본의 주요인물 암살을 목적으로 하였다.

73
정답 ①

일제는 산미증식계획이 예상대로 되지 않자 이를 대체할 새로운 수탈의 수단으로서 남면북양정책을 생각해냈다. 남면북양정책은 당시 조선의 값싼 노동력을 이용해 한반도를 일제의 공업원료 공급지로 활용하려는 정책으로, 남쪽에서는 목화와 누에고치 재배를, 북쪽에서는 면양(緬洋) 사육을 강요한 정책이다. 이는 1930년대 내내 계속되었다.

74
정답 ①

김옥균은 1880년대 초 조사시찰단의 파견을 주선하고 국내 혁신세력을 모아 개화당의 세력 확장을 도모했다. 임오군란 이후, 1882년 9월 수신사 박영효의 고문이 되어 함께 일본으로 떠나 『치도약론』을 쓰기도 했다. 또한 1884년 우정국 준공 축하연을 계기로 친청 세력이었던 민씨 수구파의 대신들을 처단하고 갑신정변을 단행했다.

오답분석
② 유관순은 일제강점기 때의 독립운동가로 1919년 3·1 운동을 주도했다.
③ 김원봉은 일제강점기 때의 독립운동가이다. 그는 의열단을 조직하여 국내의 일제 수탈 기관 파괴, 요인 암살 등 아나키즘적 투쟁을 주도했다.
④ 신채호는 일제강점기의 독립운동가·사학자·언론인이다. 민족사관을 수립, 한국 근대사학의 기초를 확립했다.
⑤ 윤봉길은 일제강점기의 독립운동가로 1932년 4월 29일 일왕의 생일 행사장에 도시락 폭탄을 던져 일본 상하이 파견군 대장 등을 처단했다.

75
정답 ③

제시문은 을사늑약(1905)으로 이를 계기로 을사의병이 전개되었다. 을사의병 때 평민 의병장 신돌석 등이 등장하여 활약하였고, 최익현은 쓰시마에 유배되어 순국하였다.

오답분석
①·② 을미사변과 단발령을 계기로 전개된 을미의병의 특징이다.
④·⑤ 고종의 강제 퇴위와 군대 해산을 계기로 전개된 정미의병의 특징이다.

76
정답 ②

제시된 자료에서 설명하는 우리나라 최초의 민간신문은 서재필이 창간한 독립신문이다. 독립신문보다 먼저 한성순보와 한성주보가 있었지만, 이 둘은 정부가 발행한 신문이며 한문으로 이루어져 있었다. 이에 반해 독립신문은 한글로 발행되어 민중 계몽에 앞장섰으며, 이후 언론의 중요성을 인식시켜 매일신문, 제국신문, 황성신문 등 여러 민간신문이 창간되는 계기를 마련했다.

77
정답 ②

제시문은 헌병경찰제도로 1910년대의 통치 방식이다. 조선어, 조선역사 과목이 폐지된 것은 1930년 이후 민족 말살 통치 기간의 교육정책이고, 1910년대에는 역사·지리 과목은 존재했지만 교육이 사실상 금지되었다.

78 　　　　　　　　　　　　정답 ④

제시문은 김구의 성명서로 남한 단독 선거 실시가 결정되자 통일정부를 주장하며 발표되었다. 김구는 김규식 등과 함께 방북하여 남북 협상을 개최(1948. 4)하고, 5·10 총 선거에 불참하는 등 통일 정부 수립 운동을 전개하였다.

[오답분석]
① 이승만은 정읍 발언을 통해 남한 단독 정부 수립을 주장하였다.
② 좌·우 합작 위원회는 남북 분단 방지를 위해 여운형, 김규식 등이 주도하였다.
③ 조선노동당은 1949년 북로당과 남로당이 합당하여 김일성을 위원장으로 창당하였다.
⑤ 건국 준비 위원회는 1945년 8월 여운형과 안재홍을 중심으로 결성되었다.

79 　　　　　　　　　　　　정답 ⑤

박은식은 『한국통사』에서 민족정신을 '조선혼'으로 강조하였다.

[오답분석]
①·③ 신채호
② 정인보
④ 손진태, 이병도

80 　　　　　　　　　　　　정답 ②

ㄱ. 정미조약(1547년) : 사량진 왜변 이후 단절되었던 일본과의 국교를 47년에 다시 허용한 조약
ㄴ. 정축조약(1637년) : 병자호란 후에 청에 항복하면서 맺어진 조약
ㅁ. 톈진조약(1858년) : 애로호 사건 이후 청나라가 서양의 여러 나라와 맺은 불평등 조약
ㄷ. 강화도조약(1876년) : 조선과 일본 간에 체결된 수호조약
ㄹ. 한성조약(1884년) : 갑신정변 뒤처리를 마무리 짓기 위하여 일본과 맺은 조약

81 　　　　　　　　　　　　정답 ⑤

제시된 내용은 대한매일신보에 대한 설명이다. 1904년(대한제국 광무 8) 7월 18일 양기탁이 영국인 베델과 함께 한글과 영문으로 발간한 항일 신문으로 1910년 일제의 손에 넘어가기 전까지 외국인의 치외법권을 이용하여 꾸준히 대중을 계몽하고 항일사상을 고취시키는 등 민족지로서의 역할을 하였다.

82 　　　　　　　　　　　　정답 ⑤

제시문은 국채보상운동에 대한 내용이다. 국채보상운동은 일본이 조선에 빌려 준 국채를 갚아 경제적으로 독립하자는 운동으로 1907년 2월 서상돈 등에 의해 대구에서 시작되었다. 대한매일신보, 황성신문 등 언론기관이 자금 모집에 적극 참여했으며 남자들은 금연하고, 부녀자들은 비녀와 가락지를 팔아서 이에 호응했다. 일제는 친일 단체인 일진회를 내세워 국채 보상 운동을 방해하였고, 통감부에서 국채보상회의 간사인 양기탁을 횡령이라는 누명을 씌워 구속하는 등 적극적으로 탄압했다. 결국 국채보상운동은 좌절되었다.

83 　　　　　　　　　　　　정답 ⑤

3·1 운동은 3단계로 구분할 수 있다. 첫 번째는 시위 운동을 점화하는 단계이다. 두 번째는 시위 운동이 대도시에서 중소도시로 확산된 단계로, 상인, 노동자들까지 시위 운동에 가세하였다. 세 번째는 중소도시에서 읍면 단위의 농촌으로 파급되는 시기로 주도 세력은 농민이었다. 이들은 일제의 수탈을 가장 극심하게 받은 계층으로 일제에 대한 증오심이 강력하였고, 일제가 무력으로 무자비하게 탄압하자 시위도 무력 저항의 형태로 변화하였다.

84 　　　　　　　　　　　　정답 ⑤

ㄴ. 4·19 혁명(1960) - ㅁ. 제1차 경제개발 5개년 계획(1962) - ㄱ. 국민건강보험 실시(1977) - ㄹ. 남북한 유엔 동시 가입(1991) - ㄷ. IMF 외환위기(1997)

85 　　　　　　　　　　　　정답 ②

한국전쟁은 1950년 6월 25일 새벽에 북한군이 남북군사분계선이던 38도선 전역에 걸쳐 기습 남침함으로써 일어났다.

86 　　　　　　　　　　　　정답 ①

1952년 7월에 이루어진 것으로 1950년 국회의원 선거에서 이승만을 지지하는 세력이 낙선하자 간선제로 대통령에 뽑힐 수 없을 것 같았던 이승만은 발췌 개헌을 통해 대통령 직선제 등으로 변경하였다.

[오답분석]
② 1954년 대통령 중임을 1차로 제한한 규정을 초대 대통령에 한하여 폐지하는 개헌
③ 1960년 4·19혁명 이후 내각책임제로 전환되면서 시행한 개헌으로 의원내각제 도입
④ 1972년 대통령 장기집권을 위해 유신체제로 전환을 위한 개헌
⑤ 1987년 6.29선언에서 약속된 직선제 개헌. 5년 단임제

87
정답 ②

1972년 8월 3일 대통령의 긴급명령으로 발포된 경제 조치로 기업에 많은 특혜를 주었다.

오답분석
① 인도 뉴델리 밀회 사건 : 1954년 신익희가 조소앙을 비밀리에 만났다는 내용의 성명서를 함상훈이 발표한 사건이다.
③ 3.15 부정 선거 : 1960년 3월 15일에 시행된 선거에서 부정행위를 저지른 사건이다.
④ 부산정치파동 : 1952년에 임시수도였던 부산에서 일어난 정치적 소요사건이다.
⑤ 발췌개헌 : 1952년 대통령 직선제와 상·하 양원제를 골자로 하는 헌법 개정이다.

88
정답 ④

3·15 부정선거는 1960년 3월 15일, 4·19 혁명은 1960년 4월 19일, 5·16 군사정변은 1961년 5월 16일에 일어났다.

오답분석
① 헌법 제정 : 1948년 5월
② 발췌 개헌 : 1952년 7월
③ 사사오입 개헌 : 1954년 11월
⑤ 베트남 파병 : 1964 ~ 1973년

89
정답 ①

6·15 남북 공동선언은 2000년 김대중 대통령이 북한의 김정일 국방위원장과 정상회담을 통해 합의된 내용을 발표한 것으로 통일 문제의 자주적 해결, 1국가 2체제 통일방안, 이산가족 문제의 인도적 해결, 남북 간 교류 활성화 등을 합의하였다.

오답분석
② 88 서울 올림픽 개최 : 노태우 대통령 때인 1988년 서울에서 제24회 올림픽을 개최하였다.
③ 남북한 동시 UN가입 : 노태우 대통령 때인 1991년 남북한 UN 동시가입을 하였다.
④ 한반도 비핵화 공동선언 : 노태우 대통령 때인 1991년 남북한이 한반도 비핵화를 선언하였다.
⑤ 소련과 수교 : 노태우 대통령 때인 1990년에 한국과 소련이 공식 수교하였다.

90
정답 ⑤

(라) 4·19 혁명(1960) → (다) 독일에 광부, 간호사 파견(1963 ~ 1980) → (가) 야간 통행금지 해제(1982) → (마) 금 모으기 운동(1998) → (나) 남북정상회담(2000)

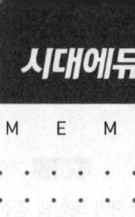

최종점검 모의고사

최종점검 모의고사

01 ▶ 연역적 사고

01	02	03	04	05	06	07	08	09	10	11	12	13	14	15	16	17	18	19	20
②	⑤	①	④	④	②	①	③	④	②	①	③	③	⑤	②	⑤	⑤	①	③	⑤

21	22	23	24
②	③	④	④

01

정답 ②

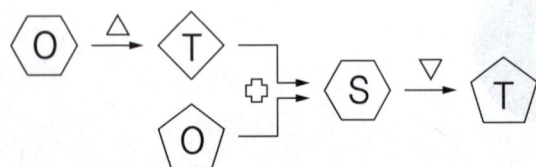

02

정답 ⑤

03

정답 ①

04
정답 ④

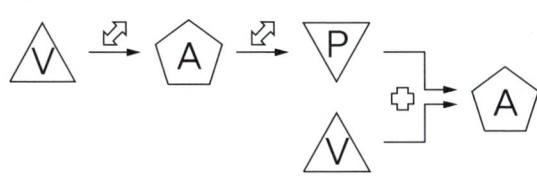

05
정답 ④

06
정답 ②

07
정답 ①

08
정답 ③

09 정답 ④

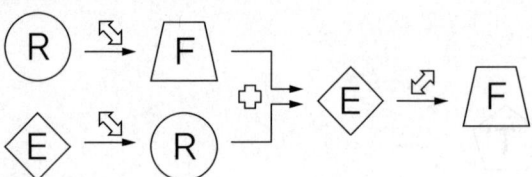

10 정답 ②

11 정답 ①

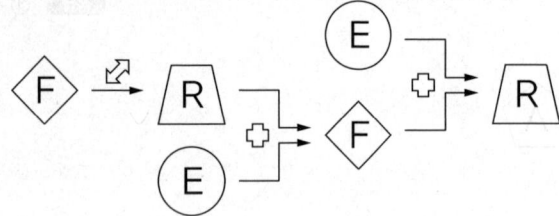

12 정답 ③

13 정답 ③

14 정답 ⑤

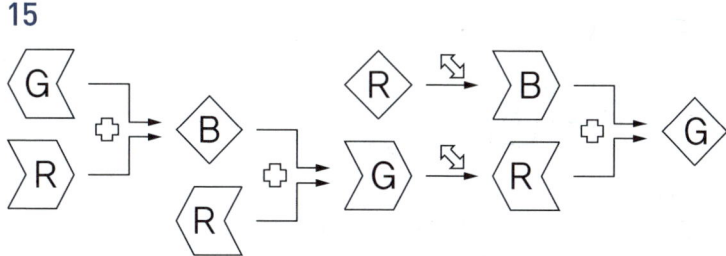

15 정답 ②

16 정답 ⑤

17 정답 ⑤

18　

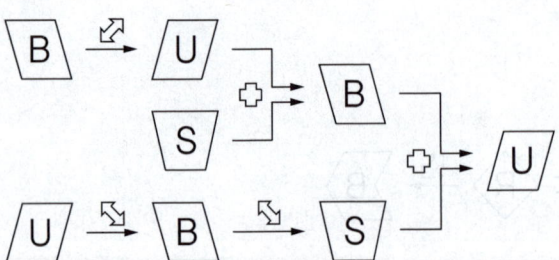

19　

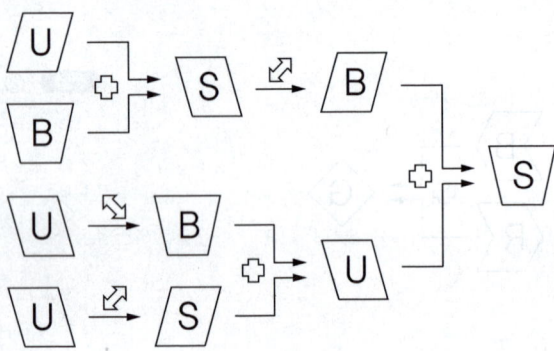

20　

21

22

정답 ③

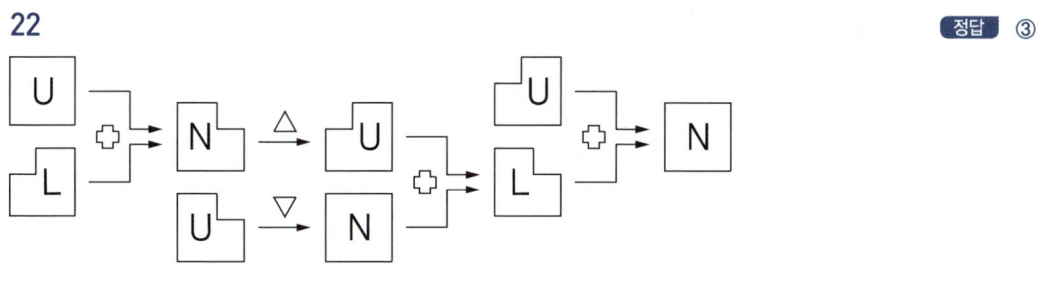

23

정답 ④

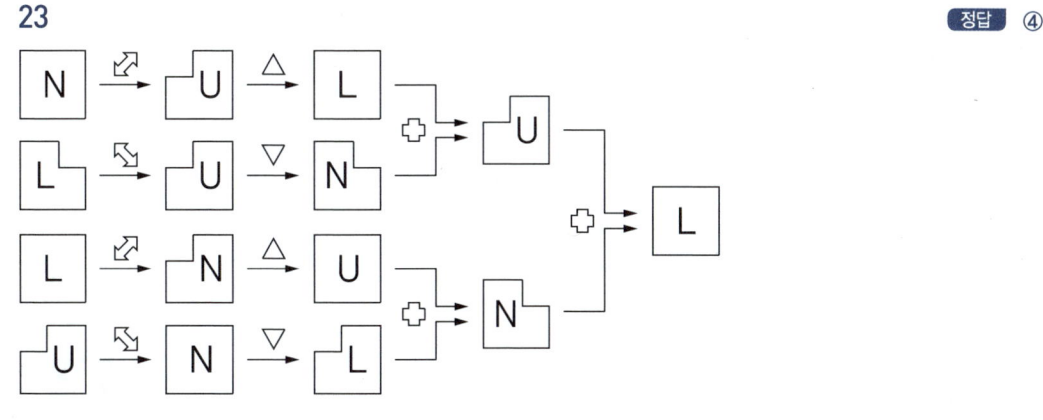

24

정답 ④

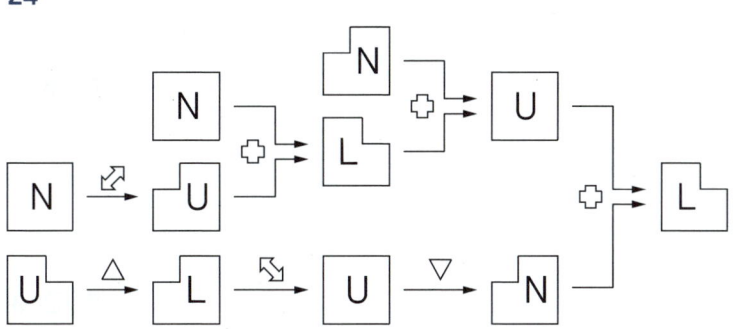

01	02	03	04	05	06	07	08	09	10	11	12	13	14	15	16	17	18	19	20
④	③	④	④	①	③	④	④	②	⑤	④	③	③	②	③	①	①	①	④	③

[1~4]

• 규칙

◁ : 각 자릿수 +2, +1, +1, +2

♣ : 1234 → 3412

▲ : 각 자릿수 -4, -3, -2, -1

□ : 1234 → 1324

01　　　　　　　　　　　　　　　　　　　　　　　　　　　　　　정답 ④

ㄷ5ㅇ6　→　ㅁ6ㅈ8　→　ㄱ3ㅅ7
　　　　　　◁　　　　　　　　▲

02　　　　　　　　　　　　　　　　　　　　　　　　　　　　　　정답 ③

ㅇ2ㄴ8　→　ㅇㄴ28　→　28ㅇㄴ
　　　　　　□　　　　　　　　♣

03　　　　　　　　　　　　　　　　　　　　　　　　　　　　　　정답 ④

ㅅ7ㄷ3　→　ㄷ4ㄱ2　→　ㄷㄱ42
　　　　　　▲　　　　　　　　□

04　　　　　　　　　　　　　　　　　　　　　　　　　　　　　　정답 ④

ㄱKN2　→　N2ㄱK　→　P3ㄴM
　　　　　　♣　　　　　　　　◁

[5~8]

• 규칙

◙ : 각 자릿수에서 차례대로 +1, -1, -2, +2

▣ : 첫 번째와 두 번째 문자 자리 바꾸기

▲ : 맨 앞과 마지막 문자 자리 바꾸기

05

정답 ①

652P → 562P → P625
    ◩   ▲

06

정답 ③

AT3C → CT3A → DS1C
    ▲   ◙

07

정답 ④

S4F3 → 34FS → 43DU → 34DU
    ▲   ◙   ◩

08

정답 ④

1EB7 → E1B7 → F0Z9 → 0FZ9
    ◩   ◙   ◩

[9~12]

• 규칙
☎ : 각 자릿수에서 차례대로 +2, +3, +1, −1
🖥 : 역순으로 재배열
📂 : 각 자릿수마다 −2
📖 : 두 번째와 세 번째 문자 자리 바꾸기

09

정답 ②

□2D4 → □D24 → 42D□
    📖   🖥

10

정답 ⑤

Ghㅈㅊ → Efㅅㅇ → Giㅇㅅ
     📂   ☎

11

정답 ④

5ㅎㅎN → 3ㅌㅌL → 3ㅌㅌL
     📂   📖

12

정답 ③

x123 → 321x → 552w
   🖥   ☎

[13~16]

- 규칙
  - **▼** : 첫 번째와 세 번째 문자 자리 바꾸기
  - **▶◁** : 두 번째 문자를 맨 뒤에 추가
  - **♥** : 각 자릿수마다 +1
  - **▶◀** : 알파벳 대문자를 소문자로 바꾸기

13
정답 ③

ㄱKㄷㅣ → ㄱKㄷㅣK → ㄷKㄱㅣK
      ▶◁   ▼

14
정답 ②

ㅏHㄹㅌ → ㅑIㅁㅍ → ㅓJㅂㅎ
     ♥   ♥

15
정답 ③

JㅋㅎE → JㅋㅎEㅋ → jㅋㅎeㅋ
     ▶◁   ▶◀

16
정답 ①

EGㅈㄴ → egㅈㄴ → ㅈgeㄴ → ㅊhfㄷ
     ▶◀   ▼   ♥

[17~20]

- 규칙
  - Σ : 세 번째 문자를 맨 뒤에 추가
  - Δ : 역순으로 재배열
  - Φ : 각 자릿수마다 −1
  - Ω : 맨 뒤 문자를 맨 앞으로 보내기

17
정답 ①

ㅑㅕㅓㅕ → ㅕㅑㅕㅓ → ㅓㅣㅑ
     Ω Φ

18
정답 ①

073g → 962f → 962f2
     Φ Σ

19

rIN9 → 9NIr → 9NIrI
　　　Δ　　　　Σ

20

ㅂㅌㅎㅁ → ㅁㅋㅍㄹ → ㄹㅁㅋㅍ
　　　　Φ　　　　　Ω

03 ▶ 기계이해

01	02	03	04	05	06	07	08	09	10
①	②	④	①	③	②	②	②	④	③
11	12	13	14	15	16	17	18	19	20
④	③	③	③	④	④	①	④	②	③
21	22	23	24	25	26	27	28	29	30
②	④	④	①	③	⑤	②	④	①	①
31	32	33	34	35	36	37	38	39	40
③	②	①	①	③	②	①	⑤	④	②
41	42	43	44	45	46				
③	②	①	①	①	④				

01

LCD는 특정한 색의 빛만 통과시키는 액정을 이용하여 만든다.

02
정답 ②

$F = m \times a$

질량이 2kg이고, 가속도가 2m/s^2이므로 힘의 크기는 4N이다.

03
정답 ④

ㄱ. 관성의 법칙
ㄴ. 중력의 법칙
ㄷ · ㄹ. 작용 · 반작용의 법칙

작용 · 반작용의 법칙
A물체가 B물체에게 힘을 가하면(작용) B물체 역시 A물체에 똑같은 크기의 힘을 가한다는 것이다(반작용). 즉, A물체가 B물체에 주는 작용과 B물체가 A물체에 주는 반작용은 크기가 같고 방향이 반대이다.

오답분석
• 관성의 법칙
  뉴턴의 운동법칙 중 제1법칙으로, 외부에서 힘이 가해지지 않는 한 모든 물체는 자기의 상태를 그대로 유지하려고 하는 법칙이다.
• 중력의 법칙
  질량이 있는 모든 물체는 다른 물체를 끌어당기며, 그 힘은 물체들의 질량의 곱에 비례하고 그 사이의 거리의 제곱과는 반비례한다는 법칙이다. 쉽게 말하면 지표 근처의 물체를 아래 방향으로 당기는 힘이다.

04
정답 ①

힘의 방향과 지표면이 수평이므로 (일의 양)=(힘)×(거리)이고 (힘)=(마찰계수)×(질량)×(중력가속도)이다.
따라서 (일의 양)=0.8×5×10×3=120J이다.

05
정답 ③

오답분석
ㄱ. 도구를 이용하면 힘에는 이득을 얻을 수 있지만 일에서는 이득을 얻을 수 없다(일의 원리).
ㄴ. 구조물은 무게 중심이 낮을수록 안정된다.

06
정답 ②

오답분석
ㄷ. 유체 속에서 작용하는 압력은 압력의 단위인 Pa(파스칼) 또는 N/m^2을 사용한다.

07
정답 ②

ㄱ. 모든 지점에서 역학적 에너지는 같으므로 질량이 m인 물체를 높이가 h인 지점에서 떨어뜨릴 때의 역학적 에너지는 mgh이고, 지면에 도달하기까지 모든 지점에서의 역학적 에너지 또한 mgh이다.

ㄹ. 모든 지점에서 역학적 에너지는 같으므로
(높이 h에서의 위치에너지)$=mgh$,
(지면에서의 운동에너지)$=\dfrac{1}{2}mv^2$이고 (위치에너지)$=$(운동에너지)이다.
따라서 $mgh = \dfrac{1}{2}mv^2$이므로 $v = \sqrt{2gh}$이므로 지면에 도달할 때의 속도는 질량과 무관하다.

오답분석
ㄴ. 지면에 도달할 때의 속력은 $v = \sqrt{2gh}$이다.
ㄷ. 속력이 $\dfrac{v}{2}$인 점에서의 높이를 h'라 할 때,
역학적 에너지는 $mgh' + \dfrac{1}{2}m\left(\dfrac{v}{2}\right)^2 = mgh$이다.
$\dfrac{1}{2}m\left(\dfrac{v}{2}\right)^2 = \dfrac{1}{4} \times \dfrac{1}{2}mv^2 = \dfrac{1}{4}mgh$이므로
$mgh' = \dfrac{3}{4}mgh$에서 $h' = \dfrac{3}{4}h$이다.

08
정답 ②

골프공 딤플의 원리는 홈을 파서 바람에 의한 공기 저항을 줄여 더 잘 날아가도록 하는 것이다. 상어 아가미는 이 원리와는 상관이 없다.

09
정답 ④

(역학적 에너지)=(운동 에너지)+(위치 에너지)

$$= \frac{1}{2}mv^2 + mgh$$

$$= \frac{1}{2} \times 2kg \times (3m/s)^2 + 2kg \times 10m/s^2 \times 5m$$

$$\therefore 109J$$

10
정답 ③

원자력 발전은 핵에너지를 이용한 것으로 핵분열을 통해 에너지를 발생시킨다. 이로 인해 방사성 폐기물이 발생하게 된다.

11
정답 ④

태양광 발전은 발전기의 도움 없이 태양전지를 이용하여 태양의 빛에너지를 직접 전기 에너지로 전환시키는 발전 방식이다. 태양광을 이용하면 고갈될 염려가 없고, 환경오염 물질을 배출하지 않아서 친환경 발전이라 할 수 있다.

12
정답 ③

ㄱ. 태양에서 나오는 열에너지가 별도의 매개체 없이 전달되므로 복사 현상에 해당된다.
ㄴ. 프라이팬의 열이 달걀에 전달되는 것이므로 전도 현상에 해당된다.
ㄷ. 온도가 높은 것은 위로, 온도가 낮은 것은 아래로 가는 것은 대류 현상에 해당되고, 제시된 예시는 이를 활용한 것이다.

13
정답 ③

비행기 날개 윗면에서 흐르는 공기는 아랫면에서 흐르는 공기보다 빠르며 압력이 낮아 날개는 위쪽으로 힘을 받게 된다. 이 힘을 '양력'이라고 한다.

14
정답 ③

외접 기어는 회전 방향이 반대이고, 내접 기어는 회전 방향이 같다.

15
정답 ④

모든 마찰과 저항을 무시할 경우 경사면과 상관 없이 공이 지면에 도달하는 순간 속력은 모두 동일하다. 역학적 에너지 보존 법칙(역학적 에너지=위치 에너지+운동 에너지)에 따라 처음 출발할 때는 운동 에너지가 0이고, 지면에 도달한 순간은 위치 에너지가 0이 된다(h=0m). 따라서 처음 위치 에너지는 지면에 도달한 순간 모두 운동 에너지로 전환되어 물체의 무게와 상관없이 같은 높이에서 속력이 같음을 알 수 있다.

16
정답 ④

가속도 센서는 이동하는 물체의 가속도나 충격의 세기를 측정하는 센서로, 자동차, 선박, 기차 등 각종 운송 수단, 공장자동화 및 로봇 등의 제어 시스템에 사용된다.

17
정답 ①

물체에 힘이 작용할 때, 가속도는 힘의 크기에 비례하고, 질량에 반비례하므로 $\frac{4}{2} = 2m/s^2$ 이다.

18
정답 ④

역학적 에너지를 전기 에너지로 전환시켜주는 장치는 발전기이다.

19
정답 ②

저항의 연결에서 병렬연결일 경우는 다음과 같은 식이 성립한다.

$$\frac{1}{R} = \frac{1}{R_1} + \frac{1}{R_2} + \frac{1}{R_3} = \frac{1}{2} + \frac{1}{2} + \frac{1}{2}$$

따라서 R(합성저항)$= \frac{3}{2} \Omega$이 된다.

20
정답 ③

운동 에너지$\left(\frac{1}{2}mv^2 \right)$는 질량에 비례한다. 따라서 질량이 가장 큰 C의 운동 에너지가 가장 크다.

21
정답 ②

재생 에너지원은 사용해도 없어지지 않고 다시 생겨나는 에너지원으로 태양, 지열, 바람, 파도 등이 해당된다.

22 정답 ④

오답분석

ㄴ. 열기관은 고열원에서 저열원으로 이동한다. 저열원에서 고열원으로 이동시키는 기관은 열펌프이다.

23 정답 ④

$F = m \times a$

$\therefore \ m = \dfrac{F}{a} = \dfrac{8}{2} = 4\text{kg}$

24 정답 ①

오답분석

ㄴ. 유리판 속에서의 속력은 A가 B보다 더 빠르다.

ㄷ. 진동수의 차이는 공기 중과 유리판이 같고 파장의 차이가 생기게 된다.

25 정답 ③

지레의 원리를 적용하면 $100 \times 1 = F \times 4$이고 $F = 25\text{N}$이다.

지레의 원리	서로 반대 방향으로 회전하려는 돌림힘의 크기가 같다면 지레는 회전하지 않음 $F \times a = w \times b$
일의 원리	지레와 같은 도구를 사용하여 일을 할 때, 힘의 크기가 줄어드는 대신 힘을 작용한 거리가 길어져 전체적인 일의 양은 변하지 않음 $F \times s = w \times h$

26 정답 ⑤

고온의 물체가 잃어버린 열량만큼 저온의 물체가 열량을 얻어 온도가 같아지면 열의 이동이 없는 열평형 상태에 이르게 된다.

27 정답 ②

합성저항 : $4 + \dfrac{4 \times 4}{4+4} = 6\Omega$

$12V = I \times 6\Omega$

$\therefore \ I = 2\text{A}$

28 정답 ④

탄성력은 $F = kx$이므로 탄성계수 $k = \dfrac{4N}{5cm} = 0.8\text{N/cm}$이다.

따라서 용수철에 가해진 힘은 $0.8\text{N/cm} \times 8\text{cm} = 6.4\text{N}$이다.

29 정답 ①

$E = Pt$이므로 A ~ E난로가 사용한 전기에너지를 구하면 다음과 같다.

구분	소비전력	사용시간	전기에너지
A	1,300W	6시간	$1,300 \times 6 \times 3,600$ $= (7,800 \times 3,600)\text{J}$
B	1,200W	5시간	$1,200 \times 5 \times 3,600$ $= (6,000 \times 3,600)\text{J}$
C	1,500W	4시간	$1,500 \times 4 \times 3,600$ $= (6,000 \times 3,600)\text{J}$
D	1,000W	7시간	$1,000 \times 7 \times 3,600$ $= (7,000 \times 3,600)\text{J}$
E	800W	9시간	$800 \times 9 \times 3,600$ $= (7,200 \times 3,600)\text{J}$

따라서 가장 많은 전기에너지를 사용한 난로는 A이다.

30 정답 ①

8초 후 속도는 $5\text{m/s} + 4\text{m/s}^2 \times 8\text{s} = 37\text{m/s}$이며, 평균 속도 는 $\dfrac{\text{처음 속도} + \text{나중 속도}}{2} = \dfrac{5\text{m/s} + 37\text{m/s}}{2} = 21\text{m/s}$이다.

31 정답 ③

역학적 에너지 보존 법칙으로 감소한 운동 에너지는 증가한 위치 에너지와 같다.

따라서 (위치 에너지) = (질량) × (중력가속도) × (높이) = $2\text{kg} \times 9.8\text{m/s}^2 \times 3\text{m} = 58.8\text{J}$이다.

32 정답 ②

그림과 같은 상황에서 손을 대면, 손에서 검전기로 전자가 들어오면서 금속박이 오므라든다. 따라서 전자는 금속판에서 금속박으로 이동하며, 금속박 사이에서는 척력이 사라지게 되므로 금속박이 오므라든다.

33 정답 ①

오답분석

② 환자의 몸 안에서 들리는 소리를 들어서 질병의 진단을 하는데 사용하는 의료기기

③ 신체에서 발생한 열에 의한 몸의 온도 변화를 측정하는 기구

④ 동맥 혈류를 차단하여 간접적으로 동맥 혈압을 측정하는 기구

⑤ 초전도 현상을 이용한 자기공명 영상장치로 인체 내부를 들여다보는 기구

34 정답 ①

제시된 그림은 열에너지를 전기에너지로 전환하는 지열 발전 방식에 해당한다. 지열 발전은 좁은 면적에 설비·설치가 가능하며, 날씨의 영향을 받지 않는 반면, 설치 장소에는 제한이 있고, 설치비용이 많이 들며 장기적인 보수를 필요로 한다.

35 정답 ③

분자의 상대적 질량이 작은 기체일수록 분자의 평균 운동 속력이 크다. 분자량이 가장 작으면 평균 속도가 가장 크므로, 평균 속도가 가장 큰 수소가 분자량이 가장 작다.

36 정답 ②

자동차 측면 거울, 편의점 감시 거울, 도로반사경, 화장용 손거울은 되도록 넓은 시야를 확보해야 하므로 볼록거울을 사용한다. 하지만 치과용 거울의 경우, 좁은 곳을 자세하게 봐야 하므로 거울과의 거리에 따라 확대하여 볼 수 있는 오목거울을 사용한다.

37 정답 ①

중력은 지구가 물체를 지구 중심 방향으로 끌어당기는 힘으로 물체의 질량에 비례한다.

38 정답 ⑤

카오스 이론은 예측이 불가능한 무질서한 상태 속에서 질서정연함을 밝히는 것이 목적인 이론이다.

39 정답 ④

작용·반작용의 법칙
• 물체 A가 물체 B에 힘을 미치면(작용) 물체 B도 물체 A에 힘을 미친다(반작용).
• 두 물체 사이에 작용과 반작용은 크기가 같고 방향은 반대이며, 동일 직선상에서 서로 다른 물체에 작용한다.

40 정답 ②

풍선이 하늘 위로 올라갈 때 부피가 증가하는 것은 부피와 압력은 서로 반비례한다는 보일의 법칙과 관련이 있다.

오답분석
①·③·④·⑤ 물체가 열을 얻으면 부피가 증가하고, 열을 잃으면 부피가 감소하는 열팽창과 관련이 있다.

41 정답 ③

저항이 30Ω일 때, $4=\dfrac{V}{30}$이므로 $V=120$이다.

따라서 저항이 20Ω일 때 전류 I는 $\dfrac{120}{20}=6A$이다.

42 정답 ②

$-10N+4N=-6N$[$(-)$는 힘의 방향이 왼쪽임을 뜻한다]
뉴턴의 운동 제2법칙(가속도의 법칙)에 따라 $F=m\times a$이다.
$\therefore a=\dfrac{F}{m}=\dfrac{6}{3}=2m/s^2$

43 정답 ①

열효율(e)은 열기관에 공급된 열량에 대해 일로 전환된 비율이다.

$e=\dfrac{W}{Q_1}=\dfrac{Q_1-Q_2}{Q_1}\times100$

(Q_1 : 열기관에 공급된 열량, Q_2 : 외부로 방출한 열량)

따라서 열효율(e)$=\dfrac{100-80}{100}\times100=20\%$이다.

44 정답 ①

(가)는 닫힌 우주, (나)는 열린 우주, (다)는 평평한 우주이다. 닫힌 우주에서 우주의 밀도는 임계밀도보다 크며, 열린 우주는 영원히 팽창하고, 평평한 우주는 팽창하다가 멈춘다.

45 정답 ①

주기와 진동수는 역수의 관계에 있다. 따라서 0.5초의 주기를 가지고 있으면 진동수는 $\dfrac{1}{0.5}=2Hz$이다.

오답분석

ㄴ. 매질은 위아래로 진동만 하게 된다. 현재 P의 위치는 잠시 후 아래쪽으로 움직이는 것을 유추할 수 있다.

ㄷ. 파동의 전파 속도는 $\dfrac{(파장)}{(주기)}=\dfrac{2}{0.5}=4m/s$가 된다.

46 정답 ④

핵분열을 이용한 발전 방식은 원자력 발전이다.

01	02	03	04	05	06	07	08	09	10
④	③	③	②	④	③	③	③	②	③

01 　　　정답 ④

삼한은 제정이 분리되어 있었기 때문에 정치적 지배자인 군장과 제사장인 천군이 지배하는 지역을 구분했다. 그중 소도는 제사장인 천군이 다스리는 곳으로 국법이 미치지 못하는 지역이었기 때문에 죄인들이 숨어도 잡아갈 수 없었다.

02 　　　정답 ③

698년 고구려 유민 출신인 대조영은 당나라군을 격파하고, 고구려 유민과 말갈인을 모아 지린성(길림성)의 동모산 근처에 도읍을 정하고 발해를 세웠다. 발해는 중국에서 볼 때 바다 동쪽에 있으므로 '해동성국'이라고 불렸으며 이는 9세기 무렵 전성기를 맞이한 발해의 국력을 높이 평가하여 붙인 이름이다.

03 　　　정답 ③

ㄴ. 7세기에 만들어졌으며, 부여 정림사에 세워져 있다.
ㄷ. '창왕명석조사리감'은 부여 능산리 절터에서 발견된 백제의 문화재로 돌로 만들어진 사리함을 보관하는 용기이다. 백제 위덕왕 때 만들어졌다.

오답분석
ㄱ. '백률사 석당'은 이차돈의 순교비의 다른 명칭으로 법흥왕 때에 불교 공인을 위해 순교한 이차돈을 추모하여 헌덕왕 때에 세운 신라의 유물이다.
ㄹ. 통일신라시대의 석등이다.

04 　　　정답 ②

성균관은 충렬왕 때 국학에서 성균감으로 개칭되고, 충선왕 때 성균관으로 개칭되었다. 그 후 공민왕 때 유학교육이 강화되면서 부흥하였다.

오답분석
① 충선왕, ③ 우왕, ④ 충목왕, ⑤ 태조 왕건의 정책이다.

05 　　　정답 ④

오답분석
ㄱ. 상수리 제도는 신라시대 중앙 정부가 지방 세력을 통제하던 방식이다.
ㄷ. 경재소는 조선시대 중앙 정부의 관리가 자기 출신 지역 유향소들을 관리·감독하던 기구이다.

06 　　　정답 ③

제시문은 조선 후기의 상품 작물 재배에 대한 것이다. 조선 후기에는 장시가 점차 증가하여 인삼·담배·쌀·목화·채소·약재 등을 재배하여 팔았는데 특히, 쌀의 상품화가 활발하였다. 또한, 상공업의 발달에 따라 전국적으로 장시가 크게 늘어났다.

07 　　　정답 ③

6조 직계제는 태종 때 처음 시행하였으며, 세종 때 의정부 서사제로 바뀌었다가, 세조 때 6조 직계제로 다시 부활하였다.

08 　　　정답 ③

제시문은 임진왜란(1592) 당시 선조가 의주로 피난을 간 것에 대한 글이다. 이후 조선은 1953년 침입한 왜군을 물리치기 위하여 군사제도를 재정비·재편성해 삼수병(포수, 살수, 사수)을 중심으로 하는 훈련도감을 설치하였다.

오답분석
① 별무반은 고려 숙종시기 여진 정벌에 대비하여 만든 군사조직으로 신기군(기병), 항마군(승병), 신보군(보병) 등으로 편성되었다.
② 장용영은 조선 후기 정조가 왕권 강화를 위해 설치한 군영으로 국왕의 호위를 위해 편성된 친위부대이다.
④ 군무아문은 1894년 고종시기 갑오개혁 이후 편제된 8개의 중앙행정부서(8아문) 중 군사에 관한 일을 담당한 부서이다.
⑤ 삼별초는 고려시대 경찰 및 전투의 임무를 수행한 부대로, 무신집권기 최씨 정권의 사병의 역할로 쓰인 좌별초·우별초·신의군을 말한다.

09

보기는 원산학사에 대한 설명으로 1883년에 설립되었다. 보빙사는 외국에 보빙(報聘)을 명목으로 파견하는 사절단으로 미국과 조미수호통상조약(1882)을 체결 한 후 1883년 친선을 위해 파견하였다. 박문국은 편찬, 인쇄 등을 맡은 출판기관으로 1883년 김옥균, 박영효 등이 설치하였다.

오답분석

ㄴ. 임오군란은 1882년 구식 군대가 일으킨 군란이다.
ㄹ. 갑신정변은 1884년 급진개화파가 일으킨 정변이다.

10

한·미 원조 협정은 1948년 12월 10일 한미 정부 간에 체결된 미국의 원조 관련 협정으로, 1950년대에는 미국의 원조에 기반을 두고 밀가루, 설탕, 면직물을 중심으로 한 삼백 산업이 활성화되어 소비재 공업이 성장하였다.

MEMO